이 책은 읽기 편한 대화체이지만, 베일에 가려진 이슬람 선교의 현실 뿐 아니라 일반 성도들에게는 잘 알려지지 않은 현대 선교학에서 제시하는 여러 중요한 이슈들까지 폭넓게 다루고 있다. 수많은 괴담과 악성루머 등으로 이슬람포비아가 성도들 안에 퍼지며 배척과 대결의 구도가 형성되고 있지만, 저자의 무슬림을 사랑하는 "삶"을 보아온 저는 "열린 마음"으로 이 책을 읽을 수 있었다. 이 책을 읽는 동안, 악마같이 느껴졌던 무슬림이란 존재가 하나님이 창조하신 "귀한 사람들"로 다가오는 놀라운 변화를 경험하게 된다.

중동선교의 시작과 끝을 묻다

도발적인 이슬람 선교 읽기

김동문

중동선교의 시작과 끝을 묻다
– 도발적인 이슬람 선교 읽기

지은이   김동문
초판발행   2017년 4월 27일

펴낸이   배용하
내지디자인   이상희
일러스트   몽실언니
등록   제364-2008-000013호
펴낸곳   도서출판 대장간
    www.daejanggan.org
등록한곳   대전광역시 동구 우암로 75-21
편집부   전화 (042) 673-7424
영업부   전화 (042) 673-7424전송 (042) 623-1424
분류   **신학 | 비교종교 | 선교**

ISBN   978-89-7071-413-4 03230
CIP제어번호   2017009715

 값 15,000원

차례

추천의 글 / 13

서문 / 15

일러두기 / 18

제 1장 선교, 선교하는 삶 다시읽기

1. '선교'가 바로 선교? / 21

2. '믿음 선교'와 무대책은 다르다 / 26

3. '교회의 후원을 받는 선교사'를 넘어서자 / 31

4. 선교, 지루한(?) 일상과 친해지는 것이다 / 36

5. 선교사의 삶, 현지인처럼 사는 것만이 아니다 / 41

6. 나다움과 선교사다움의 균형을 이루자 / 46

7. 선교사는 문화적 유목민이고 경계인일 뿐이다 / 51

제 2장 한국교회 선교 다시읽기

1. 몸으로 가든지 돈으로 보내든지 하라? / 59

2. 3무(무지 · 무모 · 무례) 선교, 선교의 위기를 부른다 / 64

3. 따라잡기 선교가 아닌 딛고 넘어서는 선교를 하자 / 69

4. 비전트립, 땅이라도 제대로 밟는 땅 밟기 하자 / 74

5. 지금 이 자리가 빠진, 세계 선교를 다시 생각하자 / 79

6. 선교사 후원이 선교 후원의 끝이 아니다 / 85

7. 믿기 때문에, 합리적 의심을 하자 / 90

제 3장 이슬람 선교 신화 깨기

1. 이슬람권 선교는 3D 선교? / 97

2. 이슬람이 유대교보다 기독교 이해에 더 가깝다 / 102

3. 꾸란 번역은 이슬람화 전략의 일환이다? / 107

4. 꾸란도 하디스에도 관심을 갖자 / 113

5. 이슬람권에서 사역하면 이슬람 전문가? / 119

6. 전문성 없어도 전문인 선교는 가능하다 / 124

7. 백 투 예루살렘? 복음의 서진은 오해이다 / 129

제 4장 선교를 위한 거룩한 전쟁은 없다

1. 이슬람 세계 다시읽기 / 137

2. '아랍은 비호감, 성지는 호감' 은 아니다 / 143

3. 무슬림들은 자나 깨나 그들의 일상을 산다 / 148

4. 김선일의 죽음과 아프간 피랍 사태를 떠올리며 / 154

5. 이슬람국가는 불쌍한 나라이다? / 159

6. 이슬람국가는 반기독교적이다? / 165

7. 이슬람 선교 '다와' / 172

제 5장 공감 있는 소통하기

1. 아랍어, 눈이 아닌 귀로 익히는 것이다 / 181

2. 민속과 전통놀이로 마음 같이하자 / 189

3. 아랍 속담으로 생각 나누자 / 194

4. 몸짓, 보디랭귀지(Body Language)로 교감하자 / 200

5. 아랍의 유머로 공감하자 / 211

6. 대중가요로 노래하기 / 220

7. 영화, 한국에서 만난 「오마르」와 「와즈다」 / 230

제 6장 이슬람 선교의 시작과 끝을 묻다

1. 이슬람 선교의 시작과 끝을 묻다 / 237

2. 명목상 무슬림 증가, 그러나 예배자는 감소 / 242

3. 국내 이주자 선교와 해외 선교를 병합하자 / 247

4. 꿈, 환상, 기적을 통해서도 일하시는 하나님 / 252

5. 한국 내 40만 무슬림 존재는 괴담 / 259

6. 무슬림 이주자, 우리의 이웃? / 267

7. 강퍅한 내 마음을 깨뜨리자 / 273

저자 후기 / 279

내가 선교사로 살면서 갈등을 겪었던 것은 '선교에 대한 회의감'이었다. 이런 게 선교 사역이라면 과연 내가 이렇게 내 인생을 내어놓을 가치가 있는 것인지 깊은 의문을 제기하면서 선교지에서 16년을 보냈다. 우리가 지향했던 선교 사역에 무엇인가 모자란 면이 있다는 것을 인지했기 때문이리라. 그동안 한국 선교가 양적으로 급성장을 이뤄왔지만, 반면에 그만큼 부작용을 경험했다. 김동문 선교사의 책『중동 선교의 시작과 끝을 묻다』는 자신의 중동 선교사역을 통해 깨달은 선교사역의 본질을 얘기한다. 우리에게 2% 부족했던 것이 무엇인지, 그것을 채우기 위해서는 어떻게 해야 할지 … 이 책은 중동 선교를 넘어서 선교의 기본 정신을 우리에게 제시한다. 그뿐만 아니라 구체적인 실행방안도 제시한다. 이 책은 내가 선교 강의를 할 때 필요한 아주 중요한 자료가 될 것이다.

안지영 목사 / 전 GBT 선교사

읽는 내내 무릎을 탁 치며 공감하며 마음을 시원케 해 주는 구절들, 알지 못했던 사실들에 대해 놀라움을 금치 못하게 하는 구절들, 그리고 무슬림들이 '사람'으로 다가오게 해주는 따뜻한 내용들이 마음에 여러 복합적인 감정으로 남아있다. 개인적 반성과 후회, 안타까움과 함께 마음에 따뜻함과 앞으로의 다짐도 남는다.

이 책은 무슬림과 이슬람에 대해 "새롭고 신선한 시각"을 제시해 줄 수 있는 아주 귀한 자료다.

염려 한 가지는, 퓰러에서 선교학 공부를 통해 배운 여러 새로운 점들과 중요한 포인트들 – 특히 하나님의 선교, 선교적인 삶, 이웃에게 다가가는 삶, 일방적 선포보다는 관계를 통한 증인된 삶 등에 대해서 실제 현장 – 에 있는 선교사들조차도, 큰 이해가 없다는 것을 깨닫고 개인적으로는 적잖이 놀랐다. 여전히 3~40년 전의 선교개념들, 정복적이고 우악스런 대결구도의 선교개념, 땅 밟기와 지역의 영과의 대결구도로만 몰고 가는 시각들, 오래 전에 개발된 '방법들' 만을 반복하는 것에서 벗어나지 못한 여러 비인격적 선교의 개념과 방법들이 여전히 너무나 저변에 깔려있음을 보면서 놀란다.

이런 면에서 기존 교회나 일반 교인들은 말할 것도 없이 "하나님이 행하시는 선교"에 대해 접근하지 못하는 현실이 느껴진다. 저자의 이런 중요하고 좋은 개념들과 새로운 가치관들이 효과적이고 설득력 있게 잘 전달되면 좋겠다.

아무쪼록 누군가 시작해야 할 "목소리 내기와 건전한 지적들"에 사람들이 눈을 열어 많은 이들이 이 책의 진가를 알아볼 수 있게 되기를….

권태형 / YWAM, 풀러신학교 M.Div.

무슬림의 눈높이와 가슴 높이로

'레드 콤플렉스', 붉은 색 강박증! 한 때 온 세계를 휘어잡은 적이 있다. 지금도 그 영향력은 대단하다. 한국 사회도 예외가 아니었다. 지금도 종종 그 맹위를 떨치곤 하는 사라지지 않은 위력을 보여준다. 여기에 더하여 한국 기독교인들은 물론이고 전 세계 대대다수의 기독교인들에게 자리하고 있는 또 다른 이념적 경향이 있다. '이슬람포비아'라고 부를 만한 이슬람에 대한 적대감과 혐오감이다. 이 이슬람포비아는 이슬람을 무조건 경시, 적대敵對하거나 대립시킴으로 기독교인들의 무장을 촉구한다. 가장 최악의 적그리스도 집단 이슬람을 깨뜨려야한다고, 잠재적인 테러리스트 무슬림의 유입을 막아야 한다고 주장한다.무슬림의 유입을 막고 이슬람과 맞서는 것을 영적 전쟁으로 선포한다.

날이 갈수록 한국 교회 안팎에서 이슬람포비아 위세는 더욱 커지고 있다. 지난 해 4·13 총선에서 기독자유당, 기독당 등의 주요 정책 안에, 이슬람에 대해 적대적인 정책이 버젓이 들어갈 정도였다. 이슬람 세계의 사람들, 무슬림 이주자는 한 인격체로 자리매김하려 들지 않는 이들이 늘고 있다. 그러나 분명한 것은 이슬람 세계 속에 살고 있는 무슬림들도 우리와 같은 인격체이며, 굳이 말한다면 하나의 이념적 종교적 가해자가 아닌 피해자들이라는 점이다.

적잖은 한국 기독교인들은 이슬람에 대한 공포감과 혐오감을 동시적으로 갖고 있다. 기독교 목회자와 선교사들에게서도 이슬람포비아 태도를 접하곤 한다. 어떻게 이슬람을 보아야할 것인지에 대한 강의와 토론들은 기독교 안팎에서 많이 이뤄지고 있다. 대개가 공격적이고, 이슬람에 대해 적대적인 주장들로 채워진다. 그런데 배제와 차별의 태도가 하나님의 마음을 반영하고 있는 것인지는, 지극히 의심스럽다.

다른 한편에서는, 이슬람 선교 방법을 다루는 책들도 적지 않다. 그러나 나는, 이런 종류의 적지 않은 책에서 이슬람과 무슬림에 대한 억측과 과도한 악마화가 담겨있다고 생각한다. 이슬람 선교를 이슬람에 대한 공포와 혐오를 담아서 다루는 책들도 많다.

이 책은 이슬람 또는 무슬림에 관한 이야기가 아니다. 어떻게 무슬림을 공략할 것인가도 관심을 보이지 않았다. 나는 조금 다른 시각에서 이 고민을 품어 보았다. 선교하는 이들선교사나 선교단체의 입장에서 무슬림을 규정하지 않았다. 이슬람 세계와 무슬림의 삶에 대한 이해와 나눔을 위해 우리가 버려야할 관점, 가져야할 태도에 초점을 두고자 했다. 선교 방법을 다루기보다, 이슬람 선교에 얽힌 우리의 오래된 어떤 관점과 태도를 되짚어보고자 했다. 이슬람선교에 관한 우리의 어떤 확신들이 근거가 없거나 지나치게 과장되거나 조작된 것임도 지적했다. 상대를 바로 알지 못하면 섬길 수없고, 알지 못하면 도울 수 없다.

이 책의 목적에 맞춰, 내가 펴낸 『이슬람의 두 얼굴』예영커뮤니케이션, 2001, 『이슬람 신화 깨기 무슬림 바로보기』홍성사, 2005, 『기독교와 이슬람 그 만남이 빚어낸 공존과 갈등』세창출판사, 2011의 일부 내용을 보완하여 사용하였다. 이 책을 대하는 독자들이 무슬림을 향한 정도가 지나친 배제와 혐오를 넘어설 이유를 찾았으면 좋겠다. 시민교양과 포용, 인격적 복음 나눔으로 무슬림을 마주하는 균형을 잡을 수 있기를 바란다. 무엇보다도 하나님은 나와 우리 없이도 선교하시는 분임을, 우리가 혐오하고 내쫓는 이들의 하나님도 되심을 곱씹어보기를 기대한다.

2017년 2월

김 동 문

일러두기

1. 이슬람, 무슬림, 알라, 무함마드로 표기하였다. 그러나 인용문에서는 원문의 표기를 그대로 담았다.
2. 아랍은 아랍어를 국어로 사용하는 나라, 국민, 사람을 표현할 때 사용하였다.
3. 이슬람 국가는 이슬람이 국교인 나라들과 무슬림이 절대다수인 나라들을 일컫는 표현으로 사용했다.
4. 중동국가는, 아랍국가와 이란, 터키, 사이프러스, 아프가니스탄 등이 포함된 나라들을 표현할 때 사용하였다.
5. 이 책에서 다루는 이슬람권은 별다른 언급이 없는 한 아랍 이슬람 지역을 표현하였다.

제1장
선교, 선교하는 삶 다시읽기

세계 선교는 여전히 한국교회의 중심 가치이다. 여기에 더불어 미션얼 처치 선교적 교회 논의도 한창이다. 여러 곳에서 선교대회와 선교훈련, 선교기도, 선교사 파송도 이어진다. 교회 안팎에서도 이른바 선교보고가 주어지고, 민족과 열방을 품기 위한 각종 집회도 계속된다. 선교 단체도 늘고 있고, 파송 선교사, 직업 선교사도 늘고 있다. 선교는 이런 점에서 여전한 한국교회의 전략의 하나이고, 중심 가치의 하나로 보인다. 여전히 선교하는 삶, 선교사로의 헌신은 특별한 것으로 자리 잡은 듯하다.

그런데, 선교가 무엇인지 돌아봐야 한다. 위에서 언급한 선교활동이 교회의 선교적 교회됨의 증거가 될 수도 아닐 수도 있기 때문이다. 선교사의 삶이 선교하는 삶 그 자체일 수도 아닐 수도 있기 때문이다. 선교, 선교함, 선교됨, 하나님의 선교, 선교적 교회됨 등에 대한 고민을 담아서, 선교 이야기를 풀어본다.

1

'선교'가 바로 선교?

선교한국 대회 참석자의 규모가 줄었다고 한다. 지난해 8월에도 서울의 세종대학교 교정에서 선교한국 2016이 펼쳐졌다. 2천여 명이 참여했다. 미국 LA에서도 지난 해 6월에 2016 한인세계선교대회가 열렸다. 대회 참석자들의 수는 예년보다 줄어들었다고들 말한다. 그렇다고 선교 관심자, 헌신자의 선교에 대한 관심이 급감한 것은 아니다. BAM^{Business As Mission} 같은 단일 주제를 다루는 선교대회 참석자들은 늘고 있기 때문이다. 전국 단위의 선교 집회도 늘고, 선교헌신자도 파송되는 선교사도 줄어들지 않고 있다.

한국세계선교협의회^{KWMA}에 의하면, 2016년 12월 말 기준으로 171개국에 27,205명의 선교사를 파송했다. 해마다 다양한 명분과 이름으로 이른바 선교현장을 찾는 단기선교팀의 인원도, 방문 지역도 늘고 있다. 상대적으로 선교의 사각지대였던 아랍 이슬람권은 1990년대 초와 비교하면, 4-5배는 족히 늘어난 것 같다..

'선교적 삶'과 '선교사의 삶'

모든 믿는 이들은 하나님의 영광을 온 세상에 드러내는 '선교적' 삶으로 부름 받았다. 이 선교적 삶으로부터 제외된 믿음의 사람들은 없다. 당사자가 그 역할을 수행하든 안하든지 간에. 선교적 삶은 세계를 품은 그리스도인으로서, 지금 현재 주어진 자리에 사는 것이다. 선교적 삶을 수행하는 자리중 하나가 선교사의 삶일 수 있다. 그러나 선교사의 삶만이 선교적 삶의 모든 것일 수는 없다. 선교사로서의 헌신이 선교적 삶을 살아가는 가장 고귀한 헌신은 아니다.

"선교사로 불리는 것도 포기할 수 있나요? 교회를 방문해도 누구하나 주목해주지 않고, 선교사로 대접해주지 않아도 선교하는 삶을 살 수 있나요?…" 개인적으로는 선교사의 삶보다 선교하는 삶을 충실히 살아가는 것이 더 힘들고 어려운 것이 아닌가 생각한다. 그야말로 이름도 없이 빛도 없이 선교하는 삶을 살아가는 것에 비한다면, 선교사는 선교사라는 이름도 있고, 나름 교회나 믿음의 공동체로부터 주목을 받는 것도 사실이다. 선교하는 삶을 살아가는 이들은 하나님과 자신 만의 놀라운 비밀을 간직하며 자족하며 살아가는 이들일 수 있다.

'선교 헌신'에 헌신하지 말라

선교사로서의 부르심인가? 선교로의 부르심인가? 나는 모든 그리스도인들이 선교적 삶으로 부름 받았다고 믿는다. 그렇지만 모든 그리스도인들이 선교사로 부름 받았다고 전혀 믿지 않는다. 물론 여기서 '선교사'는 선교적 삶을 사는 이를 지칭하는 말이 아니다. 직업으로서어떤 경우는 소명으로서 '선교사'로 사는 이를 말한다.

그런데 '누가 선교사인가'에 대해 종종 현장에서는 때때로 논란과 갈등이 있다. 선교사 안에는 선교사로 알려진 이들, 선교사라고 생각하는 이들,

선교사로 간주되는 이들이 있다. 요즘은 '나 홀로 선교사' 또는 '독립군'으로 불리는 교단이나 특정 선교단체에 소속되거나 보냄 받지 않은, 개 교회나 공동체에서 보냄 받은 이들도 늘고 있다.

선교사는 '파송 주체'를 기준으로 규정할 수 있는 것인가? 아니면 '나는 선교사'라는 자의식을 토대로 정의할 수 있는 것일까? 그도 아니면 '선교사적 삶의 증거'를 가진 이들을 선교사로 불러야 하는 것인가? "큰 교단이나 국제단체에서 파송되었으면 뭘 하나? 실제 사역의 열매로 선교사를 판단하는 것이 더 중요하지 않은가?" "그래도 공신력 있는 교단이나 단체가 선교사를 제대로 분별하여 보내는 것이니 그것을 기준으로 삼아야 하지 않는가?" 다른 한편으로는 사도 바울 같은 경우를 언급하면서 '나를 하나님이 보내셨다'고 주장하는 이들도 있다. '부르심'을 말하면 그야말로 대책이 없다. '판단중지'를 해야 할 판이다. 자신이 선교사인 것은 하나님이 부르셨기 때문인데, 자신이 선교사인 것을 인정하지 않으면 하나님을 부인하는 행위라는 식이다.

이들의 선교적 열정을 뭐라 판단하고 싶지는 않다. 그러나 선교사는 소명이기도 하지만, 직업이기도 하다. 그리고 전문직이기도 하다. 그런 까닭에, 자신의 소명만으로 선교사가 되는 것은 위험하다. 선교단체에 있어야 건강한 사역을 할 수 있다고 주장하는 것은 아니다. 그러나 선교사는 공적 신분이다. 걸맞은 단체나 기관을 통해 선교사로서의 부르심을 검토 받고, 공인받는 번거로움을 감수하는 것이 적절하다고 생각한다.

나 홀로 선교사는 선교사라고 자신의 정체성을 주장하기보다, 그냥 익명성을 갖고 직업 선교사들보다 더 선교하는 삶을 살아가면 될 일이다. 자신의 선택이 자신의 선교사로서의 부르심을 공인받지 않는 것이라면, 그 선택으로 인한 불편함도 감수하면 된다. 소속 단체가 안겨주는 일종의 보호막이나 지휘와 사역 조언, 견제 등도 포기하는 것이다. 또한 이른바 직업 선교사가 누리는 특혜도 포기하라. 선교지의 선교사 모임에 참여하는 자격도 포기하고, 자녀들을 선교사 자녀학교에 보내는 권리도 포기하는 것이다. 선교사로서 누리는 정신적, 사회적 혜택은 포기하지 못하면서, 교단 소속이나 선교단체 소속을 거부하는 것은, 자연스럽지 못하다. 대가를 치루지 않고, 다양한 혜택을 포기하지 못하는 모습은 우리들의 일상이기도 하다.

　나는 사회적 책임을 수행하는 이들을 사회선교사로 부르는 것에 반대한다. 나는 '선교사'라는 타문화권 사역자라는 전통적인 입장을 갖고 있다. 간사 등의 호칭이 나는 더 친근하고 자랑스럽다. 보다 근본적으로는 선교사 호칭이 대세를 이루는 흐름에 주눅 들었거나 피해의식에 젖어, 아니면 시류에 편승하여 그런 용어를 수용한 것이 아닌가 의구심이 갖고 있다. 선교하는 삶을 사는 이들 모두가 선교사가 될 필요는 없다. 자신의 결단과 신택을 갖고, 직업 선교사이든 아니든 선교하는 삶을 살아가는 것은 특권이고 의무이다.

　얼마 전까지만 해도 타문화권 사역자, 즉 선교사의 허입 조건은 달랐다. '주님을 믿는 자여야 한다', '해외선교에 헌신한 자여야 한다', '선교사로의 부르심에 대한 확신이 있어야 한다', '제자 훈련의 경험이 있어야 한다', '영어 정도는 말할 줄 알아야 한다.' 해외선교사로 받아들여지기 위해서는 제

출할 서류와 인터뷰도 많았다. 그러나 오늘날 선교사의 문턱은 턱없을 정도로 낮아졌다. 문호는 활짝 열렸다. 누구든지 마음만 있으면, 아니 마음이 없더라도 해외에 나가려고 할 경우 선교사로 불릴 수 있게 되었다. 직장을 따라 해외로 나가는 사람에게도, 유학을 떠나는 이들에게도 '자비량 선교사' 파송이 이뤄지는 지경이 되었다. 그 덕분인지 해마다 선교 헌신자와 선교사 이름으로 파송되는 수는 중단 없는 상승세를 보이며 비상飛上하고 있다.

지금 이 자리에서

연합수련회 같은 집회에서는 의례 선교 헌신 메시지가 주어진다. "혹시 나를 선교사로 부르시면 어떡하지!" 이런 부담을 갖는 이들과 부담 없이 선교헌신을 하는 이들을 보게 된다. 그런데 자신이 현재 머물고 있는 자리에서 다양한 민족들과 이웃하는 것에 무관심한 이들도 많다. 선교가 하나의 헌신된 기독교인을 위한 세트 메뉴가 된 듯하다.

그런데 본토 친척 아비 집을 떠난 이들은 다 선교사의 삶으로 부름 받은 것이 아닐까? 선교사의 삶의 한 부분이 선교사라는 직책을 가지고 사는 이들이 있는 것일 뿐이고, 선교적 삶이 선교사의 삶보다 더 큰 것이라고 생각한다. 졸업 이후 어느 곳에 가서 선교사로 헌신하겠다는 고백도 소중하지만, 지금 있는 곳에서 주변의 타문화권 이웃들에게 마음 열어주는 만큼 마음을 열고 사는 것은, 현재 지금 이 자리에서 해야 하는 중요한 역할이다. 아무나 교포로 유학생으로 상사 파견 요원으로 부름 받는 것은 아니기 때문이다.

2

'믿음 선교'와 무대책은 다르다

부름 받아 나선 이 몸, 가야할 곳을 가야한다. "부름 받아 나선 이 몸 어디든지 가오리다…", "어디든 보내만 주시면 기꺼이 가겠습니다" 이런 마음으로 준비된 선교 헌신자들과 예비 선교사들, 선교지 재배치를 기다리는 선교사들이 있다. 믿음의 조상 아브라함이 갈 곳을 모르고 하나님이 지시하는 곳으로 갔듯이, 우리들도 그렇게 하는 것이 옳다고 생각하는 이들이 적지 않다.

"이곳에서 무슬림 사역을 제대로 할 수 없음을 알았어요. 소반산에 다른 아랍 국가로 옮기려고 합니다." 10여 년 전 아랍 이슬람 지역의 A국가에 머물고 있던 박선교사 가정은 C국가로 옮기기로 결심하였다. 박선교사 가정은 그동안 고민도 했고 기도도 했다. A국가로 파송 받은 지 채 일 년이 되지 않은 시점이었다. 한인 사역자들이 다른 지역보다 상당히 많다는 점도 그렇고, 이슬람 지역인데도 무슬림을 대상으로 하는 사역을 하는 한인 사역자들이 적다는 것도 한몫을 하였다. 사실 박선교사 가정은 A국가로

오기 전에도 A국가에 관한 구체적인 정보나 지침·안내를 받은 적이 없었다. 그러나 막상 A국가에 도착하여 실상을 알게 되면서 고민이 시작되었다. 박선교사처럼 제대로 된 현장 안내와 배치를 받지 못하여 본의 아니게 고민하거나 곤혹한 상황을 겪는 사역자들이 생각보다 많다.

이런 경우를 두고 선교에 헌신했기에 당연히 받을 수 있는 고난을 받고 있다고 말할 수 없다. 자신이 속한 단체의 시행착오로 인해 겪지 않아도 될 고통을 겪고 있는 셈이다. 선교현장은 여호와 이레를 자동적으로 체험할 수 있는 현장만이 아니다. 그 현장은 오늘도 개인이나 교회, 단체에 의해 수많은 시행착오들이 벌어진다. 그 과정에 가해자 없는 피해자만 양산되곤 한다. 이런 상황들이 기도 편지 등에 잘 드러나지 않는 경우가 많다.

부름 받아 나선 이 몸, 함께할 단체를 분별하여야 한다. 오선교사는 E단체에서 아랍 이슬람 지역의 F국가로 파송되었다. E단체는 오선교사를 E단체와 협력하고 있는 G기업의 F국가 지사에 파송하였다. 그러나 오선교사는 파송 받은 지 한 달도 되지 않아 무능력을 이유로 G기업에서 해고되었다. 선교사가 선교하는 기업 G기업에 의해 선교사역과 직접 관련이 없는 사유, 무능력을 이유로 해고된 것이다. 그러나 오선교사는 갈 곳이 없었다. 자신을 파송한 교회나 주변 후원자들에게 자신의 해고 사유를 밝힐 수도 없었고, 그렇다고 한국으로 돌아갈 수도 없었다. 결국 멀지 않은 유럽의 한 국가로 자리를 옮겨야 했다.

선교사로 헌신하고 이른바 선교 현장에 오는 것만이 능사가 아니다. 꼼꼼하게 자신이 할 수 있는 일이 가고자 하는아니면 가라고 안내받은 그 현장에 있는지, 자신이 하고 싶은 일이 그 현장에서 꼭 필요한 일인지, 자신이 속한 단체가 그 현장에서 제대로 된 사역을 하고 있는지 등을 꼼꼼하게 짚어보아야 한다. 그것은 중요하다. 그런데도 자신이 속한 단체자신을 선교사로 받아들여준 단체를 무비판적으로 신뢰하는 경향이 있다. 그러나 어떤 특정 파송

단체를 선택하기 전에 이모저모 살펴보아야 한다. 어떤이에게 좋은 단체라고 하여 나에게도 좋은 단체가 되는 것은 아니다. 서로가 맞아야 한다. 헌신자인 나와 단체 그리고 무엇보다도 선교 현장의 사람들이 서로 맞아야 한다. 그것이 현장에서의 시행착오를 줄일 수 있는 하나의 대책일 수 있다.

선교 헌신자는 꼼꼼하게 파송 단체를 구별하여야 한다. 그러기에 단체들의 과장 과대광고에 현혹당하지 않는 지혜와 분별력이 필요하다. 선교 현장에 가기만 하면 헌신자를 그냥 버려두지 않는 하나님께서 벌써 모든 것을 예비해 두셨다거나, '여호와 이레'니 '믿음선교'니 하면서 알쏭달쏭한 달콤한 말로 유혹한다면 경계를 해야 한다. 부름 받아 나선 이 몸 가야할 곳을 가야 한다. 어디든지 가겠다는 헌신 가득한 마음을 포기하는 것도 또 다른 헌신이다. 하나님께서는 우리가 방향 없는 싸움을 힘겹게 싸우는 것을 기뻐하시지 않으신다.

부름 받아 나선 이 몸, 열정을 내려놓아야 한다. 선교사로서의 헌신은 분별력 있는 헌신을 요구한다. 그것은 나의 열정을 따라 힘껏 헌신하고 싶은 마음에 '아니오' 할 수 있는 용기이다. 그러나 열정적인 우리들은 열정을 감추는 것에 서툴기만 한다. 뒷일을 다 하나님께 맡기는 식이다. I국가는 물론 일부 이슬람 국가는 요즘 비자가 연장이 되지 않아 그 나라를 떠나는 사역자들이 늘고 있다. 물론 비이슬람 국가들 가운데도 비자연장이 어려워진 나라들은 얼마든지 있다. 2007년 여름 아프가니스탄의 경우, 중앙아시아의 일부 국가에서도 이 같은 일들이 벌어졌다. 유럽과 미주 지역 선교사들도 추방 또는 추방에 준하는 조치출국 명령서를 당했다. 그런데 이 중에 한인 사역자들도 일부 포함되어 있었다. 한인 사역자들의 출국 조치는 I국 정부의 기독교 탄압에 의해서 이뤄진 것이라는 주장도 있었다. 그런데 그 속을 들여다보면 공교롭게도 너무 헌신적이었던 단기 사역자들의 분별없는 헌신이 한 몫하고 있었다.

기독교 NGO 구성원으로 파송된 단기 사역자가 NGO 활동을 하면서 현지 무슬림을 위하여 너무 열심히 뜨겁게 기도하는 것으로 현지 무슬림을 자극하는 경우가 대표적인 사례이다. 결국 단기사역자의 헌신적인 수고가 현지인 교회 사역과 NGO 지부장으로 사회 개발 사역에 힘을 쏟고 있던 장기 사역자인 J선교사 가정이 I국을 떠나도록 자극했고, J선교사의 재입국이 거부되는 상황까지 펼쳐졌다. 이 사례를 드는 것은 단기 선교 사역을 비판하기 위한 것이 아니다. 우리의 열정보다 더 소중한 것이 있음을 말하고자 하는 것이다. 나의 열정보다 다른 이들의 섬김을 소중하게 생각할 수 있는 배려가 아쉽다.

선교사는 그 개인의 관심과 경험, 은사와 재능까지도 포기하는 것일까? 그것은 오해이다. 내 자신이나 내가 속한 교회나 단체에서 그것을 요구할는지 모르지만, 하나님께서 우리의 은사와 재능, 소명과 관심사조차 하나도 버릴 것 없이 다 그분을 위하여 사용할 수 있기를 원하신다. 그렇지 않다면 우리 모두를 일반 교육과정이 아니라 유치원 때부터 선교사 양성 과정 하나만을 만들어두시고 그 코스를 다 밟도록 하셔야 했을 것이다. 인간의 몸을 입고 인간이 되어 오셨기에 인간의 모든 삶의 과정을 그대로 따르셨던 주님은 우리에게 헌신의 의미가 무엇인지를 몸으로 보여주신다.

선교사가 되기 위하여 모든 것을 포기하여야 한다는 것은 일종의 압력이

며 강박관념이다. 선교사는 선교사라는 직분을 가지고 '임무를 명받은 곳' 사명지로 가는 것이지 선교사라는 새로운 인간으로 태어나는 것이 아니다. 우리의 경험과 은사, 관심사와 재능 모든 것을 제대로 드려서 섬길 수 있는 선교의 기회가 예상보다 넘쳐난다. 우리가 우리의 선교사로서의 헌신을 포기할 수 있다면, 오히려 선교에 참여할 수 있는 기회는 더 크고 넓게 다가올 것이다.

선교단체를 위하여 선교사나 선교 헌신자, 후원자와 후원교회가 존재하는 것이 아니다. 선교단체는 말 그대로 선교를 돕는 하나의 도구일 뿐이다. 선교적인 삶으로의 부름은 선교단체의 어떤 특정 프로젝트를 살리기 위한 일꾼으로 부름 받는 것, 그것을 넘어서 있을 때가 많다. 하나님은 선교 프로젝트를 살리기 위하여 나를 부르신 것이 아니다. 나를 더욱 살리고 선교지의 한 인격을 더욱 살리시기 위하여 나를 부르시는 것이다. 나의 은사와 재능, 경험과 관심사 모든 것을 포기하도록 헌신을 요구하는 단체, 다시 봐야할 이유가 여기에 있다.

우리 눈에, 더 헌신적으로 보이는 어떤 결단을 포기할 준비가 되어 있는가?

3

'교회의 후원을 받는 선교사'를 넘어서자

이 꼭지글 제목을 접하면서 섣부르게 오해하지 않았으면 좋겠다. 나는 이 글에서 자비량 선교사, 자비량 선교를 말하려고 하는 것이 아니다. 교회와 선교사의 역할에 대해 문제를 제기하고 싶은 것이다.

선교사가 선교 사역에만 너무 집중하는 경우, 아주 헌신적으로 비춰질 수 있다. 그런데 선교사의 삶은 일상이다. 그 일상의 다양한 주제를 이해하고 배워가고 나누는 것, 다만 그 대상이 나와 다른 민족을 대상으로 하고 있을 뿐이다. 말 없는 말로도 대화를 나눌 수 있는 수준이 되면 얼마나 좋을까하는 상상에 젖어본다. 한국말로 농담을 하는 수준 이상으로 현지어로 현지인들과도 농담을 주고받을 수 있으면 또 얼마나 좋을까. 그러나 현지에서의 체류 기간이 늘어가는 것이 현지에 대한 이해의 깊이와 넓이와 높이가 자라가는 것과 같지만은 않다. '나이만' 들어가는 것 같다.

선교지에서 일상적으로 하는 것 중 기도 편지를 쓰고, 연말에 후원 요청서 등을 보내는 일도 있다. 해마다 해외의 선교사들에게도 연말연시가 다

가온다. 연말이 가까워 올 때면 많은 선교사들은 적지 않은 긴장감을 느끼는 것 같다. 새해를 맞이할 때면 올해는 어디서 후원이 줄어들거나 끊어지지는 않았을까 마음이 쓰인다. 겉으로는 담담한 척하면서도 실은 그렇지 않다. 미리 알려주지도 않고 후원관계가 끊어지는 경우도 많다. 해마다 연초에 소속 단체에서 보내주는 의 후원 현황을 조금 무거운 마음으로 꼼꼼히 살펴보게 된다. 이것은 피할 수 없는 선교사의 현실인지도 모른다.

후원 교회와 선교사, 돈만 오가는 사이가 아니어야 한다. 가끔 선교지를 방문하는 이들이 있다. 그것도 이른바 성지순례로 이 지역을 찾는 경우들이 있다. 나는 이들이 그곳에서 만나게 되는 이들과의 관계에 조금 예의를 차려주었으면 한다. 이들 중에는 선교지 방문 기간에 자신에게 베풀어주는 호의의 정도에 따라 후원 가능성이나 후원 지속 여부를 평가하려는 이들이 종종 있다. 성지순례 편의를 잘 도와주었다고 그것으로 후원받는 자와 후원하는 자의 관계를 맺는 것도 조심스럽다. 성지순례 과정이 선교 현장 그 자체와는 약간의 거리가 있기 때문이다.

선교지에서 선교사들을 유혹하지 않았으면 한다. '담임목사인 나에게 또는 우리 담임목사에게 잘 보이면…' 하는 식의 눈치도 주지 않았으면 한다. 몰려오는 성지 순례객들 덕분에 모처럼 성지 안내를 맡았던 한 선교사가 있었다. 그 교회는 나름 서울에서 큰 교회였던 모양이다. 같이 오셨던 그 교회의 담임 목사님 내외가 있었다. 목사 사모가 "선교사님, 후원이 필요하신가요?"하며 넌지시 후원 가능성을 비추었다 한다. 그 말을 듣자 선교사는 "후원 잘 받고 있어요. 마음 쓰시지 않아도 됩니다"라고 조금 차갑게 받아쳤다고 한다.

후원이 아쉬운 대부분의 선교사들은 본의 아니게 선교지를 방문하는 큰 교회 목회자들이나 선교 담당 관계자들에게 눈길을 주는 것은 어쩔 수 없는 것 같다. 선교지를 방문해서 선교사들에게 이런 저런 많은 약속들을 하는 이들도 종종 있다. "한국 오시면 꼭 연락주세요…"하는 소박한 수준에서부터 "우리 교회에서 가능한 수단을 동원하여 사역을 지원하도록 하겠습니다"는 말까지 다양한 말들을 쏟아놓고 가는 이들이 있다. 그러나 그냥 그 분위기에서 한마디 해본 경우들도 많은 모양이다.

해마다 연말은 다가온다. 만약 피치 못할 사정으로 후원을 중단하거나 줄여야 한다면, 말미를 주고 미리 알려주시는 것도 좋을 것 같다. 그런 방침이 1월 1일이 지나서야 결정이 되는 경우가 아니라면 말이다. 단순하게 재정을 후원하고 재정을 지원받는 관계가 아니었다면 말이다. 재정 후원 관계가 중단되어도 서로를 기억할 수 있는 관계가 되면 좋겠다.

선교사는 도움이 필요한 사람?

2006년 12월 초순, 미국 중동부의 미시간주州 디트로이트시를 방문했다. 그곳의 한 한인교회에서 이슬람 선교 세미나와 주일 예배 설교자로 섬길 수 있었다. 내가 디트로이트에 도착하기 전 내게 전해진 일정대로라면 주일 오후에 다른 교회에서 주일 오후 예배에 말씀을 전하기로 되어 있었다. 그래서 서둘러 초청 교회의 차량 지원을 받아 그 교회로 향했다. 예배 시간, 뜨겁게 찬양하고 있었다. 그런데 예배 안내를 맡은 이도 외부 강사설교자가 온다는 것을 모르고 있었다. 어찌된 일일까? 엉거주춤 앞자리로 자리를 옮겼다. 순서가 되면 불러주겠지 싶어서였다. 그런데 담임 목사가 말씀을 전하는 시간이 되었다. 나에 대한 아무런 언급도 없었다. 나는 그렇게 멋쩍은 분위기로 예배를 마쳤다.

예배 후에 담임 목사 사무실에서 조심스럽게 말을 던졌다. "혹시 저 초대하셨던 것 아닌가요?" 그러자 담임 목사의 짧은 어색한 답변이 돌아왔다. '초청에 대한 제안을 다른 선배 목사님이 하시긴 했는데 확정한 것은 아니었어요. 그러셨군요! 이것 참 미안하게 되었습니다.' 그러면서 이내 선교

담당 집사를 통해 100달러짜리 수표 한 장을 끊어 오도록 했다. 그때 나의 기분은 복잡했다. "내가 왜 이 수표를 받아야 하는가? 선교사의 모습이 이렇게 비춰지는 것인가?…" 사실 재능기부로 교회를 방문하고 말씀을 전하는 것이 이상스러울 것도 없는데, 말씀도 전하지 않았는데 이런 수표를 받아야 하는 것인가… 왠지 내 자신이 초라하게 느껴졌다. 선교사는 후원교회의 후원을 받는 존재 그 이상이다. 선교사는 교회가 바로 선교하도록 돕는 도우미다. 선교사는 교회가 자신, 자신의 사역을 보게 하는 이가 아니고, 자신이 섬기는 선교지 주민들을 보도록 돕는 도우미이다. 교회에서 정기적으로 보내주는 후원금은 이런 면에서는, 교회가 받은 것에 대해 지불해야 하는 대가이다. 교회는 조금 더 겸손해져야할 것 같고, 선교사는 교회를 섬기는 사역에 당당해지면 좋겠다.

따로 또 같이 동역하는 사이를 꿈꾸자

선교사가 후원 교회 앞에서도 당당하게 자신의 비전과 역할을 밝힐 수 있으면 좋겠다. 담임 목사나 선교부 관계자들 눈치 보면서, 적당하게 말하지 않을 수 있으면 좋겠다. 후원이 끊어질지언정 당당하고 소신 있게 현장을 담아낼 수 있는 그런 용기가 필요하다. '예는 예, 아닌 것은 아니오'라고 말할 수 있는 후원 교회와 선교사의 관계가 더욱 든든해졌으면 한다. 물론 이런 것은 쉽지 않은 과정이다.

서울의 한 교회에서 선교를 담당하면서 새롭게 교회 후원 선교사가 된 이들을 만날 때면, 한 가지 부탁을 하곤 했다. 교회로부터 후원금을 받고 있다고 생각하지 말고 교회에 대한 가르침에 대한 대가로 생각해달라고 말했다. 선교사님 덕분에 후원자들이 선교사님이 섬기시는 그 땅과 사람들에 대해 더 친해질 수 있도록 도와주시라고, 한국에 살고 있는 그 나라 사람들에 대해 선교사님을 떠올리면서 더 친절해질 수 있도록 도와달라고 부탁했다. 교회가 후원자로서 갑이 아니라, 배우는 학생으로서 그 몫을 다할 수 있었으면 좋겠다고 말했다. 후원하는 가정교회나 교회 구성원들에게는, 선교 후원의 성패는, 후원 기간이 늘어가는 것만큼 후원 선교사가 사역하는 나라와 그 백성들에 대한 이해가 깊어지고 넓어지는 것이어야 한다고 말했다. 그러나 많은 교회의 경우, 선교사에 대해 재정 후원과 기도 후원을 하고는 있지만, 이런 관계면에서 성장하고 깊어지는 경우가 많지 않다.

　　선교사의 어떤 특정한 사역에로의 부르심은 변화 가능성이 있다. 선교사의 직분은 그대로이지만, 그 직책에 변화가 있을 수 있는 것이다. 그렇지만 그 직책 변화가 후원 교회나 파송교회의 선교 정책의 변화에 바탕을 두지 않은 것이었으면 한다. 현장에 필요한 일이며 동시에 선교사가 감당할 수 있는 감당하여야 하는 일이면 좋겠다. 선교사를 위한 후원 교회, 후원 교회를 위한 선교사의 사역 그 사이에는 균형이 필요하다. 그 균형을 단순하게 말할 수는 없다. '따로 또 같이' 동역하는 것은 아닐까.

선교, 지루한(?) 일상과 친해지는 것이다

라마단 기간 내내 해가 지기 직전과 직후의 거리에는 그야말로 움직이는 이들이 전혀 없다. 낮 시간 동안의 공식적인 금식 이후의 식사를 하기때문이다. 라마단 본래의 의미에 무관심한 채 라마단 달을 보내는 무슬림들이 점점 늘고 있다. 본질이나 내용보다 겉모양만 그럴듯하게 꾸미는 것을 외식이라고 한다면, 자신의 진심을 감춘 채 '척하는' 외식하는 이들이 늘고 있다. 이렇게 말하면 '무슬림을 보라, 그들은 외식하는 자들이다'고 몰아붙일 이들이 적지 않다. 그러니 우리의 겉치레니 외식도 만만치 않다. 예수 그리스도의 탄생 의미와 사역과 고난의 뜻에 무관심한 채 '연말연시 특별절기'가 되어버린 성탄절이 그 단적인 예이다. 선교현장도 예외가 아니다. 사람 사는 곳은 다 똑같기 때문이다.

치열한 선교

치열한 선교에 대해 나 또한 중동 땅을 밟은 초기에 심각하게 고민한 적

이 있다. 사역 현장은 언제나 치열하게 복음을 전하는 것만으로 '충만'하다고 생각했다. 그러나 그 안에는 그냥 일상이 있었을 뿐이다. 치열하게 현지인들을 만나는 것조차 하나의 일상일 뿐이었다. 이라크 전쟁 직후 이라크 지원 사역을 진행했을 때도 바그다드 함락 직후는 구호품을 나눠주거나 지역 사회 개발 프로그램을 새로 진행할 때는 많이 분주했다. '이런 것이 치열한 현지 사역?' 그러나 그것도 잠시 뿐이었다. 처음에는 새로운 일이 분명했지만, 이후에는 그런 일들도 그저 일상일 뿐이었다. 매일매일 알콩달콩 살 수 있다고 기대하고 시작한 결혼 생활도 밀월기간이 지나면 일상이 이어지는 것과 마찬가지이다. 이런 비유가 적절할지는 모르겠다. 그러나 '꿈'과 '현실' 사이에는 크건 작건 간격이 있다. 사역 현장은 더욱 그런 것 같다.

여기서 본격적인 고민이 시작되는 것이다. 개종자를 만나고 현지인 사역을 꾸준하게 진행한다고 해도 그것이 일상이 되어버린 시점은 많은 생각을 하게 한다. 자극적이고, 치열한 무엇인가가 필요하다는 내면 깊숙한 곳에서 들려오는 일종의 '유혹'이 존재한다. 더 열심히 일하고자 하는 의욕을 '유혹'으로 표현했다. 그렇다. 그것은 유혹이다. 더 강렬한 어떤 행동을 하려는 동기 안에는 보여주고 싶은 일종의 '자기 과시'의 함정이 도사리곤 했기 때문이다. 물론 그렇지 않은 수많은 사역자들이 있다. 어찌되었든 일상이 되어버린 사역이나 사역지에서의 삶은 '평범함' 그 자체이다. 이 평범함은 종종 '지루함'으로 느껴지기도 한다.

단기 사역자들이 장기 사역자의 삶을 이해하지 못하는 대목이 여기에 있는 것 같다. 단기 사역은 그 기간이 몇 년이라 할지라도, 아니면 단기 사역을 몇 번씩 하고 있다고 할지라도 다른 것 같다. 게다가 한두 주 왔다가 돌아가는 사역은 일상을 살아가는 장기 사역자의 삶을 이해하기 힘든 구석이 있다. 현장을 방문한 이들이 장기 사역자들을 보면서 어떤 경우에는 매너리즘에 빠져있다고 말할 수도 있다. 그럴 수도 있다. 그렇지만 일상이 되어버린 사역현장에서의 삶을 이어가는 것은 '현실'이다.

스타벅스의 충격

"여기 요르단 맞아요?" 캐나다 토론토에서 이곳을 찾은 한 한국인 이 아무개 목사의 눈이 휘둥그레진다. 이 목사가 요르단을 방문한 것은 물론 이번이 처음이 아니다. 여러 차례 이곳을 찾았고, 단기 사역 팀들도 이끌었다. 그렇지만 10년 전 여름 그 날 요르단 암만의 두 얼굴을 본 충격어린 표정이 지금도 선명하다. 암만 시내 부富티 나는 곳 압둔 지역의 스타벅스 카페, 그곳에는 밤이 깊어갈수록 조명 빛이 더 화려해진다. 커피 한 잔을 주문하여 가져가기 위해 고급스런 차량들이 줄을 지어 있다. 넉넉한 야외 주차장도 마련되어 있다. 카페 안쪽은 젊은이들로 가득하다. 대부분이 요르단인 이거나 아랍인들 그것도 젊은이들이다. 나누는 대화 주제가 무엇인지 모르지만 유창한 영어 발음도 아랍어와 뒤엉키고 있다. 화려하고 세련된 실내에서 바라보는 바깥 풍경은 이색적이다. 멀리서는 요르단의 서민 지역 산동네가 희미한 등불로 넘쳐나고 있다. 커피 한 잔에 5천 원 정도, 이곳의 평범한 50만원 월급쟁이들에게는 거리감이 느껴진다.

이 스타벅스 주변 지역은 아직도 양과 염소 떼를 몰고 다니는 이들이 있고, 이들의 허름한 천막집도 어렵지 않게 볼 수 있다. 미국 문화의 상징과도 같은 스타벅스의 화려한 불빛은 반미로 알려진 아랍 세계의 두 얼굴이다. 스타벅스 커피를 마시면 친미, 안마시면 반미? 그것은 전혀 모를 일이다.

스타벅스 안으로 들어가자. 2층 건물, 무선 인터넷을 즐기는 이들은 물론 따스하면서도 진한 커피의 향과 시원한 바깥바람을 함께 즐기는 이들이 테라스에 가득하다. 그곳에는 영어 못하는 사람들이 별로 없다. 커피를 주문할 때도 서로 영어를 사용한다. 물론 스타벅스 메뉴판의 용어가 영어를 그대로 가져온 것도 한몫을 한다. 그 이유 말고도 영어 사용이 이상스럽지 않다. 자기들끼리 대화를 나눌 때도 영어 반 아랍어 반 섞어서 쓰는 경우가 많다. 이들만의 언어로 소통하고 있는 셈이다. 옷차림새도 틀에 박힌 아랍스러움을 찾아보기 힘들다. 머리에 히잡을 썼을지언정 쫙 달라붙는 옷이나 서구 풍 넘치는 옷차림새로 멋을 잔뜩 부렸다. 당연히 이들도 아랍인들이다..

요르단에 머물던 시절 나는 이곳을 가끔 찾았다. 물론 혼자서 이곳을 찾지는 않았다. 요르단 문화 체험이 필요한 방문자들을 교육(?)하는 엄청난 책임을 짊어지고서 아주 가끔 이곳을 체험했다. 오히려 암만 시내 외곽의 메카 몰이나 까르푸에 있는 다양한 브랜드의 커피점을 자주 찾았다. 이 지역 사람을 '돈과 권력을 가졌느냐 못 가졌느냐', '무엇을 입었느냐 안 입었느냐'로 평가하는 것을 넘어서서 있는 그대로의 모습으로 만나는 것은 언제나 가능해질까. 진한 스타벅스 커피를 마시면서 생각에 잠긴다. 현지인처럼 살아야 한다는 상황화의 강박관념, 그것이 사역자로 불리는 이들에게 가난한 자, 빈궁한 자처럼 사는 것으로만 압박하곤 한다. 부에 처할 줄도 알고 가난에 처할 줄도 아는 비결을 알아가기에는 선교현장의 편견의 벽이 두껍게 느껴지곤 한다. '스타벅스 커피 한 잔의 사치'로 오늘은 그 강

박 관념에 저항을 해본다.

　중동을 떠올리는 한국인들은 '걸프지역 아랍 국가들은 부자다. 특히 두바이는 현대화된 아랍국가 같지 않은 아랍 국가다'는 정도의 생각은 한다. 그 외의 다른 나라에 대해서는 '아랍스러움'이 가득 넘치는 나라로 생각하곤 한다. 그래서 이른바 단기 팀도 이런 '가난한' 지역의 가난한 사람들에게 집중 또는 집착한다. 단기 팀들이 많이 다녀갈수록 여타 아랍 이슬람 국가들은 '가난'과 '영적 가난'으로 인식된다. 편견의 확대와 재생산이 이뤄지는 셈이다. 부자들은 단기 사역의 섬김의 대상이 될 수는 없는 것일까? 경제적으로 가난한 자들은 부자들보다 복음에 더 열려있다고 단정 지을 수 있는 것일까? '부와 가난'이라는 잣대로 이 지역을 보게 되는 것도 묵은 편견의 하나인 것 같다.

　선교 사역을 준비하고 꿈꾸는 이들로서 사역자로시의 어떤 기능이나 기술, 방법을 배우는 것도 중요한 것 같다. 그렇지만 다른 한편으로는 그저 일상을 누리고 살아가는 그런 평범함에 익숙해지는 것도 중요한 것 같다. 사실 하나님의 임재하심을 일상 한복판에서 누리는 것은 소중한 일이다. 무엇보다도 낯선 이들이 많은, 나와 다른 민족들이 넘쳐나는 사역 현장에서 일상 속에서의 그 분을 알아가는 '체험'은 소중한 것이다. 일상을 지루하게 생각하여 견디지 못하는 이들도 많다. 날마다 삶을 누릴 수 없다면, 우리는 날마다 우리의 삶 속에 찾아오시고 그 한복판에서 말씀하시는 주님을 놓칠 수 있다. 선교지 주민들이 반드시 만나야 할, 그들의 일상 속에 찾아오셔서 말씀하시며 일하시는 하나님을 보여주어야 할 것 같다.

5.

선교사의 삶, 현지인처럼 사는 것만이 아니다

"선교사의 삶은 현지인처럼 사는 것이다." 정말 오래전부터 이 말을 들었다. 이 말은 현지인처럼 입고 현지인처럼 먹고 현지인처럼 사는 것을 말하는 것일까? 아마도 지금 선교사가 되기로 결심하고 준비하는 이들 중 다수가 그런 삶을 각오하고 있을 것 같다. 그런 처음 마음이 꾸준하면 얼마나 좋을까 생각해본다. '처음처럼~' 그러나 현실은 우리를 처음처럼 살도록 놔두지 않는다. 나 스스로 '처음처럼~' 사는 것처럼 위장하고 스스로를 세뇌시키기도 하지만, 현실은 그렇지 않다.

나 개인적으로는 해외 선교지 생활에 많이 적응되어 있었다. 타성에 젖었다는 말로도 표현될 수 있겠다. 그것은 좋은 면도 있고 나쁜 면도 있는 것 같다. 현지인과의 의견 다툼도, 이해하고 싶지 않은 것도 여전히 있다. 낯선 땅에서의 시간이 많이 흘러가고 있지만, 새삼 깨닫는 것이 있다. 그것은 외국인은 외국인일 뿐이라는 사실이다. 현지인들의 눈에 나의 겉모습이 아무리 현지인스러울지라도 외국인일 뿐이라는 사실은 아픔이기도 한다.

'아픔', 그렇다. 나의 착각을 깨뜨리는 데에는 아픔이 있었다.

대부분의 선교 현장은 도시화되어가고 있다. 최소한 대부분의 아랍 이슬람 지역이 이런 분위기다. 도시 지역 주민들은 서구적인(?) 옷차림새를 하고 다닌다. 영어도 곧잘 사용한다. 서민들도 외국인이 외국인스러운 것을 이상하게 보거나 거부감을 갖지 않는다. 현지인들은 외국인이 현지인 복장을 한 것을 보면 반가워하기도 하고 거부감을 드러내기도 한다. 숨은 의도가 있지 않나 '경계'를 드러내기도 한다. 이런 와중에 또다시 고민을 해본다. 현지인처럼 산다는 것이 무엇을 의미하는 것일까? 어떤 면에서 그것은 겉모양의 문제를 넘어서는 보다 근본적인 것이 아닌가 싶다.

겉모습만의 같아짐을 넘어서야 한다

현지인처럼 산다는 것이 어느 지역 주민들처럼 시간 개념이 없고 게으르고 남의 것을 자기 것처럼 취급하고 거짓말을 하면서도 당당하고 … 그런 삶을 따라 사는 삶을 말하는 것일까? 이렇게 보면 현지인처럼 산다는 것을 종종 겉모습을 현지인스럽게 꾸민다는 것으로 생각하는 것 같다. 어느 지역 주민들처럼 옷을 입고 수염을 기르고 샌들을 신는 것을 떠올릴 수도 있다. 아니면 현지어를 현지인처럼 구사하면서 사는 삶을 말하는 것일는지도 모른다. 그렇지만 언어는 단지 문장의 교환이 아닌 것을 알고 있다. 한국인끼리도 의사소통이 되지 않는 경우가 다반사인데 말이다. 외국인이 현지인과 '소통'을 이루는 것에 있어서 기계적인 언어의 교환이 현지인과의 소통에 필수적인 것은 아니라는 생각을 한다.

선교사들이 현지인과 현지 문화에 동화되지 않고 있다는 말도 종종 듣는다. 이것은 또 무엇을 말하는 것일까? '덜 먹고 덜 쓰고 살아야 하지 않는가'라고 질타하는 목소리가 아닌가하는 생각도 든다. 선교 현장을 찾은 외지인들은 선교사들이 가난하게 사는 것을 보면 감동을 받고 적당히 갖춰

놓고 사는 것을 보면 상처를 입기도 한다. 이른바 현지인처럼 살지 않는다는 생각과 판단 때문이다. 그런데 현지인들은 외국인이 외국인스럽게 사는 것에 대해 어떤 거부감이나 의혹을 갖지 않는 경우가 대부분이라는 사실이다.

'현지인처럼 산다'는 것의 의미와 실제를 두고 여러 가지 궁금함이 있고, 아직도 깔끔하게 정리되지 않은 생각들이 있다. 그러나 분명한 것은 겉모습의 동화 그것을 넘어서는 삶이라는 것이다. 아울러 현지인의 신발을 신고 현지인의 안경으로 그들이 처한 환경을 이해할 수 있는 것이어야 한다는 것도 알 것 같다. 현지인의 신발과 현지인의 안경이 뜻하는 것은 내부자의 시선으로 그들을 이해하는 것이다. '위장된 동화'를 뜻하는 것이 전혀 아니다.

종교를 넘어서 존재로 이해하여야 한다

요즘 마음을 아프게 하는 것이 있다. 한국교회 안팎에 불고 있는 이슬람 혐오증, 한국에 이슬람이 몰려와서 한국을 이슬람화하려고 한다는 주장이 그것이다. 무슬림을 사랑하여야 한다고 '토'는 달지만, 그들의 주장을 듣다 보면 무슬림에 대한 혐오감과 정복의 대상으로서의 무슬림만 다가오는 것 같다. 하나의 인격체로 무슬림을 바라보려 하지 않는 것 같다. 마치 모든 무슬림이 한국 이슬람화의 전사인 것 같다. 결혼도 한국 이슬람화를 위한 전략이고, 한국에 와서 날품을 팔고 공장에서 비인간적인 취급을 받으면서 사는 것도 한국 이슬람화를 위한 것이고, 대학에서 공부를 하는 것도 같은 목적을 이루기 위한 것으로 몰고 가는 인상이다. 그러나 그 근거도 희박하고 너무 과장된 주장들이다. 나는 그 시선이 비뚤어져 있다고 생각한다.

그런데 문제는 이런 시각을 지금 현장에서 사역하고 있는 이들을 통해서도 느낄 수 있다는 것이다. 최근에도 이스라엘과 팔레스타인, 레바논, 이집트를 돌아볼 수 있었다. 그곳에서 다양한 사람들을 만났다. 이슬람 성직자, 이슬람 신학자도 만났다. 그리고 여러 이슬람 사원도 돌아보았다. 물론 하루하루를 사는 평범한 무슬림들의 공간에 함께 할 수 있었다. 평소와 달리 그 현장에서 사역하는 다양한 색깔의 선교사들도 만났다. 다양한 출신 배경에, 다양한 사역의 방법론을 가진 이들이었다. 동의할 수 없는 시각과 태도를 가진 이들도 만났다. 그 중심은 알겠지만, 그렇다고 그들의 말과 행동 모두를 수용할 수 있는 것은 아니다.

현지인처럼 옷을 입고 있는 분에게서도, 현지인처럼 가난하게 사는 이들에게서도 이런 이야기를 듣는다는 것은 충격이다. 이른바 무늬만 현지인처럼 포장된 경우들이 많다는 것이다. '구별'이 아닌 '차별'이 느껴진다. 그 마음속에서 공격적 선교의 정열을 느끼는 것은 안타까움이었다. 기독교화를 위한 공략의 대상과 도구로 현지인을 바라보는 시선은 무서운 것이었다.

현지인처럼 산다는 것은 미운 정, 고운 정을 느끼면서 오늘을 사는 것이 아닌가 싶다. 현지인처럼 산다는 것이 현지에서 벌어지는 모든 것을 사랑하고 품는 것이라 생각하지 않는다. 나쁜 것은 나쁜 것일 뿐이다. 현지인을 품는다는 것이 시시비비를 판단하는 판단력을 포기하는 것이라고도 생각하지 않는다. 현지인처럼 산다는 것은 그들도 나와 같은 성정을 지닌 한 인격체라는 사실을 부정하지 않는 것이다. 현지인처럼 산다는 것은 현지인은

현지인이고 나는 외국인인 것을 구별하는 것이다. 그 당연한 것을 인정하는 것이다.

'선교사의 삶은 일상을 사는 그 이상도 이하도 아니다'라고 생각한다. '현지인처럼 산다는 것은 낯선 땅에서 외국인으로서의 일상을 사는 그 이상도 이하도 아니다'라고 생각한다. 이것이 선교 현장에서 사는 사역자의 삶의 출발점이고, 삶이 아닌가 싶다. 겉모습을 바꾸는 것은 어려운 일이 아니다. 말투를 현지인처럼 꾸미는 것도 그리 어려운 일이 아니다. 그렇지만 그들과 내가 다르다는 사실을 인정하는 것은 어려운 일이다. 동시에 그들과 내가 같다는 사실을 인정하는 것도 쉽지 않다. 우리 눈에 보잘것없어 보이는 것일지라도 그것을 소중하게 생각하는 현지인들의 마음과 시선이 이상스러운 것이 아니어야 한다. 왜 그들이 그것을 소중하게 생각하는지를 이해하는 마음을 갖는 것, 그것이 현지인처럼 사는 것이다. 이슬람권 사역자들이 무슬림의 삶과 가치를 송두리째 부정하고 폄하하고 어리석고 불쌍한 행동으로만 몰고 가는 것은 현지인처럼 사는 것이 아니다. 이것은 진리의 문제가 아니라, 가치관의 문제이다.

오늘도 현지인처럼 사는 삶은 우리에게 도전이고 불편한 현실이다. 한 인격체를 단지 '종교'만이 아니라, 통합적인 존재로 이해하기 위한 몸부림이다. 그것이 현지인처럼 사는 것일 수 있다. 겉모습을 닮아가는 것이 전부는 아닌 것 같다. 속마음을 서로 느끼고 함께 공감하는 것이, 나눌 수 있는 삶을 살아가는 과정이다. 내가 이웃에게 알려줄 것이 있음을 자각하는 것, 그 이상으로, 이웃으로부터 내가 배워야할 것이 많음을 실천하는 삶이다. 나와 다르지 않은 이웃을 알아가는 과정, 이웃과 다르지 않은 나를 깨달아가는 과정이 선교사가 현지인처럼 살아가는 삶이 아닌가 싶다.

6

나다움과 선교사다움의 균형을 이루자

'선교사'라는 단어를 접하는 순간 우리의 머리에 떠오르는 이미지는 무엇일까? 아마도 몇 가지 공통된 이미지가 있을 것 같다. 옷차림새는 물론 목소리나 이른바, 풍겨 나오는 어떤 분위기가 있을 듯하다. 이른바 선교사의 '포스'가 있는지도 모르겠다. 구령의 열정에 넘쳐있다거나, 때를 얻든지 못 얻든지 '선교' 도전에 힘을 쏟는 모습을 떠올릴지도 모른다. 우리들은 본의 아니게 이미지를 만드는 주체가 되기도 하고, 이미지의 희생양이 되기도 한다. 정해진 어떤 이미지에 나를 맞추는 수고를 강요받거나 스스로 그런 희생을 감수하기도 한다. 이른바 '…답게' 보여야 하기 때문이다.

그렇다면 '선교사다움'은 무엇을 말하는 것일까? 어떤 사람이 선교사다운 것일까? 어떻게 하면 선교사다워질까? 내 주변에도 정말 선교사다운 이들이 있다. 그럼에도 불구하고 무엇이 선교사다운 것인지에 대해서는 쉽게 단정하지 못하겠다.

선교사다움을 가르치는 학교

요즘은 선교사가 되는 과정이 체계화되어 있다. 한국교회의 선교가 지금처럼 대중화되기 이전에는 상상할 수도 없었던 환경이다. 한 사람이 선교사가 되는 길이 이전에 비하면 너무 잘 갖춰져 있는 듯하다. 어떤 모임이나 수련회 또는 어떤 만남을 통해 선교사의 삶에 도전을 받고, 선교사로 헌신하고, 선교사 훈련 과정을 밟는다. 파송 절차 후에 선교지로 파송되어, 선교지에서도 적응훈련 과정을 밟아가는 것이다. 선교사로 현장에 파송되어서도 거쳐야 하는 과정이 있다. 언어 및 문화 적응 과정 2년, 일차 사역 몇 년… 이런 식이다. 선교사가 되어가는 과정에서 이른바 선교사 훈련양성 과정이 있다. 이 과정에서 선교 전반에 얽힌 많은 주제들을 배우고 익힌다.

이렇게 보면 선교사는 태어나는 것이 아니라, 만들어지는 것임이 분명하다. 그렇지만 어딘가 아쉽고 부족한 대목이 있다. 어떤 단체의 단기선교나 워크숍 프로그램을 보면 일종의 세뇌과정인 것만 같다. '모든 것은 선교로 통한다'고 되뇌는 것으로 보인다. 이른바 선교지의 영혼에 대한 감당할 수 없는 감정적인 안타까움과 구령의 열정으로 넘쳐난다. 구원받은 자신에 대한 주체할 수 없는 감사와 감격도 있다. 선교를 위해서라면 모든 것을 할 수 있는 '전사'처럼 보이기도 한다. '나는 선교 외에는 아무 것도 몰라요'하고 말하는 것 같다.

하나님의 선교는 인격적이다

하나님께서는 나를 대하시면서, 내가 아닌 나로 대하지 않으신다. 나는 '독특한 나'이기 때문이다. 그런데 나 스스로를 규격화시키는 것에 점점 익숙해져 가는 것이 우리들의 모습인 듯하다. 그래서일까? 다른 사람들을 바라보는 우리의 시선은 '제자화'니 '훈련'이니 하면서 규격화하고 획일화하는 것에 익숙해져 있다. 어느 교회나 단체는 지도자의 몸짓이나 어투까지 닮아가는 것을 본다. 이것은 비인격화라 생각한다. 하나님은 우리에게 인격적으로 반응하시는데 우리는 비인격적인 생각과 행동으로 반응하고, 다른 사람들 특히 선교지 인격체를 그렇게 대한다.

하나님께서 우리를 대하시는 방식은, 내 생각에는 맞춤형 즉, 인격적인 방식이라고 생각한다. 선교사로의 부르심도 동일한 방식으로 봐야한다. 내가 다른 사람의 삶의 방식을 따라 살아가야하는 것이 아니라, 나로서, 나를 나답게 하시는 하나님 안에서 살아가는 것이다. 그렇지만 적지 않은 경우 선교사 한 개인의 개성이나 인격, 독특함은 선교사가 속한 단체의 기본 방향이나 노선에 따라 가장 먼저 포기하여야할 것으로 지목되곤 한다. 그것을 당연한 포기나 헌신으로 생각한다.

비인격적인 선교도 있다

같은 코스를 밟은 사람들은 닮아가는 것 같다. 그래서 그런지 '그 나물에 그 밥' 같은 선교 현장이 여기저기서 발견된다. 판에 박힌 생각은 물론이고, 규격화되고 표준화된 것 같은 사역 방법 등을 쉽게 찾아볼 수 있다. 사역자의 체질과 사역 현장의 환경, 그리고 사역지에서 만나는 사람들의 형편에 따른 맞춤형 사역을 찾기는 쉽지 않다. 한 나라에서 통하면 다른 나라에서도 통할 것이라는 환상을 갖곤 한다. 그래서인지 뭐 좀 된다고 알려진 방법론을 자신의 현장에 이식시키는 과정에서 부작용도 경험한다.

선교 헌신자가 어떤 특정한 단체나 특수한 상황에 들어가면 그 단체의 사람으로 쉽게 변하는 것을 본다. 선교사가 이렇게 획일화되고 단체의 색깔에 순응하는 존재로 만들어지는 것이라면, 그것은 선교가 아닐 수도 있다. 그것은 선교가 기술이나 기교에 의해 좌지우지 되는 것이 아닌 그 다른 무엇인가에 의해 이뤄진다고 믿기 때문이다.

선교 헌신자가 '나다움'과 '선교사다움'을 동시에 지닐 수는 없을까? 하나님께서는 선교지의 영혼이나, 지금 예수 믿지 않는 인격체를 위하여 선교사를 사용하시는 것에 멈추지 않기 때문이다. 그렇다고 단지 선교사를 위하여 선교지의 영혼이나 인격체를 사용하시는 것도 아니다. 하나님은 어느 누구도 수단으로 전락시키시거나 희생양으로 삼지 않으신다고 믿는다. 선교사로 한 인격체를 부르셨을 때 그 인격체를 단지 하나님의 선교를 위한 희생양이나 도구로 삼지 않으신다. 하나님의 관심은 부름 받은 한 인격체와 아직 하나님을 모르는 또 다른지금 예수를 믿지 않는 인격체 모두를 살리시는 것이라고 믿는다.

나다움이 곧 선교사다움?

선교를 위하여, 선교지의 영혼인 한 사람의 구원을 위하여 수고하고 애씀에는 다른 내용들도 있을 것이다. 들어도 듣지 못한 듯, 보아도 보지 못한 듯, 할 말이 있어도 할 말이 없는 듯이 살아가는 헌신 말이다. 화가 나도 화를 내지 않는 경지에 이르러야 하고, 슬퍼도 슬픔을 못 느끼는승화시키는? 경지에 도달한 듯 사는 이들도 있다. 모든 일은 한 영혼의 돌아옴을 위한 수고와 희생으로 감내하기도 한다. 그래서 선교사는 인격적이고 인내심이 강하며, 온유하고 친절하면서 영혼에 대한 열정과 사랑이 넘치는 '특별한' 인물로 받아들여지는 것을 본다. 그러나 선교사도 선교사 아닌 사람들

과 전혀 다르지 않은 사람이다. 희로애락과 감정과 정서, 동시대를 살아가는 이의 고민을 가진 평범한 인격체일 뿐이라 생각한다.

온유하고 겸손했던 주님을 떠올린다. 화가 나실 때면 욕설도 퍼부으시고 화를 내기도 하셨다. 억누를 수 없는 슬픔 앞에서 눈물을 펑펑 쏟으시기도 했다. 기쁜 일 앞에서는 감정을 억제하지 못하고 파안대소하시기도 했다. 억누를 수 없는 고통 속에서 주변 사람들이 보기에도 처절한 고통을 드러내기도 하셨다. 아프고 약하고 도움이 필요한 이들에게는 마음 깊은 데서 넘쳐나는 관심과 사랑을 쏟아내셨다. 희로애락, 정서와 감정 모두가 자연스럽게 묻어났다. 예수님께는 가식 없는 사랑과 분노와 기쁨과 슬픔이 있었다.

한국교회가 전해준 선교사의 선교사다움은 전형적인 모습을 갖고 있다. 한 영혼의 돌아옴을 위하여, 현지인처럼 살아가기 위하여 선교사는 '나'를 비워야 했다. '나다움'을 포기해야 했다. 그렇지만 하나님의 선교는 한 인격체가 그다움을 찾는 것이 출발점이다. 하나님께서 독특하게 지으신 그 모양과 형상을 되찾아, 가장 그다운 삶을 살아가는 과정이다. 그리고 마침내 그다움을 주안에서 회복하는 것이다. 선교 헌신자 한 사람이 가장 '그다워질 때' 가장 선교사다워지는 것이 아닐까.

7

선교사는 문화적 유목민이고 경계인일 뿐이다

"잊혀 지거나 잊어버리거나…" 이런 일은 해외 타문화권 선교사의 삶의 한 부분인 것 같다. '잊혀지는 것'이 힘들까, 아니면 '잊어버리는 것'이 더 힘들까? 잊어버리는 것 가운데는 '감각'도 들어있는 것 같다. 그렇지만 여전히 '감'이 살아있는 부분이 있다면 그것은 '음식'이다. 물론 매운 음식에 약해지는 까닭에 한국음식스러운(?) 매운 맛에 빠져들면서도 뒤탈을 겪기는 한다. 한국음식의 매운 맛은 끝없는 유혹이다.

아날로그 세대를 살아온 선교사들이 디지털 세대 선교 헌신자들과 공존한다는 것은 쉽지 않다. 물론 한국 못지않은 디지털 환경 속에서 살아가는 선교사들도 많이 있다. 선교지를 오지로만 오해할 필요는 없다. 이 작은 글은, 한국에 비해 어떤 부분에서 뒤떨어진 환경 속에 살아가는 선교사들을 떠올려보는 글이다.

2006년 7월 31일, 오랜만에 선교한국 수련회에 참석할 수 있었다. 주집회장으로, 다양한 목적 공간으로 제공된 동산교회는 인상적이었다. 실용

적이면서도 나름 독특하고 인상적인 건축으로 다가왔다. 그 현장 곳곳에는 보이게, 또는 보이지 않게 수고하는 이들이 있었다. 대회 진행 요원들이었다. 쌓이는 피로감으로 눈은 감겼지만 치열하게 섬기고 있었다. 강의실과 집회 장소 곳곳에서 만난 대회 참가자들의 진지함도 엿볼 수 있었다. 시대는 변했어도 같은 정서가 흐르고 있구나 싶었다.

요즘은 수련회 참석자들이 조원들을 찾기 위해 여기저기 뛰어다녀야 하는 추억을 경험하지 않는다. 너나 할 것 없이 스마트폰을 사용하고, 카카오톡이나 다양한 SNS를 사용하기 때문이다. 디지털 카메라가 없어도 스마트폰으로 추억 담기에 열심이다. 이런 문명의 이기가 없다면 이렇게 큰 대형수련회를 치를 수 없을 것만 같다. 내 경험의 세계는 고정되어 있는데, 나를 둘러싼 환경은 이렇게 급격하게 변하고 있다. 아날로그 세대를 살아온 선교사들이 디지털 세대 선교 헌신자들과 공존한다는 것도 신기했다. 이런 것도 일종의 문화 충격이다.

선교지에서 때때로 한국이 그리워지는 것은 선교사의 열정과는 무관하다. 그러나 요즘은 페이스북이나 카카오톡 같은 소셜 미디어가 넘쳐나기에 10여 년 전과는 사뭇 달라졌다. 이런 와중에 친구 선교사가 종종 겪는 일이 있다. "선교사가 왜 한국 정치에 그렇게 관심을 많이 표현하냐?"는 비아냥거림을 받는 것이다. 그야말로 세상은 넓지만, 하나인 것 같다. 그런데도 문화충격은 사라지지 않는다.

10여 년 전, 처음으로 한국의 서남해안 지역을 방문했다. 전남 목포 인근의 무안 지역이다. 내 기억으로는 80년대 중반의 광주와, 80년대 말과 90년대 초의 전주 방문이 내가 방문했던 호남 지역 방문의 전부였던 것 같다. 모처럼 맛보는 '농촌스러움'은 농촌 농민의 자식으로 태어난 나에게는 추억을 되살려주고 편안함을 안겨주는 광경이다. 고속도로 상태도 좋았다. 길가의 논과 밭에 가을로 달려가는 풍경도 좋았다. 함께한 막내는 잠자리며 메뚜기, 매미 등의 곤충들을 가까이서 볼 수 있는 경험을 즐거워했다. 그곳에는 소박함과 열심히 살아가시는 이들이 계셨다.

그런데 A 교회의 주일 낮 예배에서 당황스런 상황을 마주했다. 설교를 위하여 강단에 섰을 때, '얼굴에 광채가 나는 교인들'을 보았기 때문이다. 검게 그을린 얼굴에 나름 잘 가꾸고 예배에 참석하고 있었다. 도시속 교회의 흰색 피부가 대세인 교인들의 분위기와는 너무 달랐다. '내가 그동안 기억하고 있던 한국은 그야말로 대도시였구나…', '중동은 나름 알고 있는 것 같은데 한국은 정말 모르고 있구나…'하는 생각을 했다. 그곳에서도 여러 모양으로 수고하고 애쓰는 사역자들과 믿음의 식구들이 있었다. 내 자신이 '도시의 언어'에 익숙해 있었음을 새삼 발견했다. 도시 교회의 앞서나가는 기독교 문화에 비교할 수 없을 정도로 소박하고 전통적인 교회 분위기였다. 그러나 A 교회에서 협력하는 '오지교회'가 있었다. 다른 이름으로는 '미자립교회'로도 불리는 교회다. 해외 선교지만이 잊혀진 땅이 아니라는 것을 다시 생각하는 기회였다.

다른 한편, 한국의 자연은 참 아름답고 좋다는 느낌 그 자체였다. 어디서나 흐르는 맑은 시냇물은 물론이고 나무와 숲으로 덮인 자연은 그야말로 푸르른 마음으로 회복시켜주고 있었다. 거친 들판과 흙색으로 가득한 중동과는 다른 분위기이기 때문이다. 나이가 들수록 '본토 친척 아비 집' 한국이 더욱 그리워지는 것은 왜일까?

해외 거주 선교사들은 여러 가지 이유로 일시적으로 한국에 머무는 경우들이 있다. 그런데 적지 않은 선교사들이, 그곳에서 선교지를 그리워하는 경우를 본다. 처음 며칠 동안은 먹고 싶은 것 먹고, 만나고 싶은 사람 만나고, 가보고 싶은 곳 가느라 바빴지만, 점점 선교지가 그리워졌다는 이들을 보곤 한다.

외국에 산다는 것은 외국인이 되어가는 과정 같다. 살고 있는 외국에서 외국인이 되어가는 것이 아니라, 내가 태어나 자라고 살던 본토 친척 아비집, 이곳 한국에서 외국인이 되어간다는 것이다. 겉보기에 생김새가 똑같고 생각하는 것도 똑같아 보이는데도, 점점 한국의 모든 것 하나하나가 낯설어지고 어색해지는 것이다. 길에서 헤매고 변화한 제도에 어색해하고 길거리 풍경에 곤혹감을 느낀다. 그렇다고 일일이 이것저것을 물을 용기도 없다. 택시를 탔다. 이것저것을 말씀하시는 운전기사 아저씨의 말에 뭐라 대답해야 할지 난감했다. 그냥 '아는 척' 고개를 끄덕일 뿐이었다. 나의 경험이 멈춰있는 사이에 한국은 변하고 있고, 한국인들은 달라지고 있기 때문이다.

예배 때마다 겪은 난감함도 있었다. 일단 교회에서 사용하고 있는 성경과 내가 가지고 있는 성경 번역이 때때로 다르다는 것이었다. "찬송가 ○○장 부르시겠습니다"하여 그 찬송가를 폈더니 다른 찬송가가 불러 졌다. 교독문의 순서도 다르다. 나 홀로 이방인이 되어 버렸다. 주기도문과 사도신경도 한국에서는 변경된 내용을 이용하고 있다. 그런데 나는 변경된 주기도문이나 사도신경을 외우지 못하고 있다.

나는 내가 태어나 자란 본토에서 이방인이 되어간다. 그리고 외국인이 되어간다. 한국 땅에서 문득, '왜 이 나라는 한국인이 이렇게 많을까?' 의아해하다가 '아, 여기가 한국이지!' 정신 차리며 당황스러워 한다. 외국에 산

다는 것은 이렇게 본토에서 외국인이 되어가는 것이다. 그 변화의 흐름을 온라인 공간이나 내가 살고 있는 그곳을 찾는 한국인들을 통해 접하지만 그것만으로는 넉넉하지 않은 모양이다.

이민자가 아닌 일시 체류자그 기간은 다 다르지만로 해외에 산다는 것은 두 가지 세계에 다 적응하여야 하는 일종의 고난이도 묘기를 배워야 하는 것 같다. 살고 있는 곳에서 외국인의 티를 벗겨내고 현지인처럼 낯설지 않게 살아내는 것과 내가 두고 떠나온 고국에서 너무 멀어지지 않도록 살아내는 것이다. 그렇지만 성인들은 그렇다 치고 한국과의 연고가 적을 수밖에 없는 아이들이 겪는 문화충격에 비하면 아무 것도 아닌 것 같다. 이 아이들은 어느 상황에서나 적응할 수 있는 능력(?)을 갖출 수도 있지만, 어디에서도 깊게 뿌리를 내리지 못하는 약함(?)에 빠질는지도 모른다.

해외 거주 타문화권 선교사로 산다는 것은, 머물지 않는 것이다. 매이지 않는 것이다. 지역에, 인종주의에, 기득권에 갇히지 않는 것이다. 선교사로 산다는 것은, 변화하는 세상에서 때로 부적응자 취급 받는 것을 받아들여야 하는 삶이다. 어디에 머물든, 다수의 현지인들의 눈에 영원한 이방인일 뿐이고, 나그네일 뿐이다. 여기서 그 현지인은 선교사의 본토, 본국에 사는 가족과 친지, 시민들도 포함하는 것이다. 완전 적응할 수 없음을 알고, 맞춰가며 살아가는, 어색한 '동거', 그것이 선교사의 문화적 특성이 아닌가 싶다.

제2장
한국교회 선교 다시읽기

한국교회의 선교 열정은 대단하다. 한국 선교사의 열정과 개척자적인 선교, 헌신에 대해서도 긍정적인 평가를 받곤 한다. 그런 와중에 한국 선교의 한 흐름을 두고 '공격적 선교'라는 평가를 받기도 한다. '공격적 선교', 이는 아마도 김선일 형제 피살 사건과 아프간 한국인 인질 피살 사건 직후에 터져 나온 한국교회의 해외 선교를 향한 비판의 목소리에 뒤엉켜진 표현의 하나일 것이다.

2장은 한국교회 선교 현장의 긍정적인 모습을 뒤덮는 부정적인 부분에 주목하려고 한다. 한국교회의 선교 운동을 부정적으로 비판하려는 것이 아니다. 한국교회는 올바른 의미의 선교 운동과 헌신도 알게 모르게 펼치고 있다. 그럼에도 불구하고, 그런 순수한 선교와 헌신을 잡아 삼키는 누룩과도 같은 일들이 한국교회 안팎에 '선교'라는 이름으로 벌어진다. 그릇되었거나 견제와 균형이 필요한 부분들이 있는 것이다.

몸으로 가든지 돈으로 보내든지 하라?

목회 현장은 물론이고, 해외선교지도, 잘 어울리지 않는 옷을 입은 듯한 사역자가 있다. 물론 일반 직장에서도 이런 풍경은 낯설지 않다. 당사자는 어떻게 생각하든, 보는 이의 시선이 편할 수 없다. 어떤 역할에 걸맞는 자리에 있는 사람에게 보이는 안정감을 찾아볼 수 없기 때문이다. '적임자', '있어야 할 곳에 있어야할 사람을 배치하는 것'은 어떤 점에서 인사담당자의 가장 중요한 역할이고 의무이자 특권이 아닌가 싶다.

"주님 내가 여기 있사오니, 저 자매형제를 보내소서…" 하나님께서는 모든 믿는 자에게 하나님 나라를 위한 선교의 삶으로 우리를 부르셨다. 이른바 영적 병역의무를 부여하신 것이다. 그러나 병역의무 수행 방식은, 판정관이신 하나님께서 하실 일이다. 하나님께 우리의 모든 가능성이나 관심, 형편을 다 내어놓고 판정하시도록 우리들을 열어 놓아야 한다. 그럼에도 스스로 판정관이 되어 보내는 선교사를 자임하거나 가는 선교사를 자청할

때도 적지 않다. 알아서 하나님이 하실 일을 우리의 두려움이나 지나친 충성심?으로 앞서 나가는 경우들 모두는 하나님을 번거롭게 하는 일이다.

이런 면에서 보내는 선교사 가는 선교사 등식이 잘못된 것이 아니지만, 스스로 자신의 자리매김을 하는 관행은 바뀌어야 할 것 같다. 일정 헌금만 내고서는 자신의 부르심을 피해서는 안 될 것 같다. 가는 자와 보내는 자의 결정은 하나님의 몫이다

기독교인들은 직접적인 방법이든 간접적인 방법이든, 어떤 방법으로든 하나님 나라 확장에 참여하고 있음을 부인 할 수 없다. 특별히 타문화권 사역과 관련해서도, 한국 교회가 타민족 선교사가 파송하고 후원하여, 선교지에 갈 수 있도록 보내든지 하라는 말로 이 명제를 바꾸는 것은 어떨까? '우리만 할 수 있다', '한국 교회가 유일한 대안이다'라고 말하는 주장들은 이느정도 사실일 것이다. 그러나 그렇다고 힐지라도 한국교회만의 독점 의식은 거치는 돌이 될 것 같다. 어쩌면 우주적 교회 관점에서 한국교회가 보내는 선교에 주목하고 보낼만한 자를 보내는 사역을 해야할지도 모르겠다.

부르심

Q : "그런데 왜 선교사가 되려고 하시는지요?"

A : "저요, 하나님께서 선교사로 부르셨습니다"

Q : "선교사로 하나님이 부르셨다고요? 어떤 근거로 그 부르심을 말씀하시는 지요?"

A : "선교사님은, 하나님의 부르심을 인정하지 않으시나요?"

Q : "…"

자주 마주하는 장면이다. 선교사로의 부르심을 강조하지만, 자신이 특정 지역이나 대상에게 복음을 전하는 자로서의 적절성에 대한 평가에 대해

서는 무관심한 이들을 만나곤 한다. 현재 선교사인 이들 가운데도, 선교를 준비하는 이들 중에서도, 선교사로서의 직무 적합성에 의구심이 드는 경우들이 있다.

부르심은 많은 고민이 담겨있는 단어이다. 사실 나는 성경에서 하나님의 특별한 부르심을 받은 이들의 삶을 보면서 그 부르심을 특별한 것으로 보기보다 '일상성'으로 보고 싶은 마음이 생겼다. 자신들의 일상을 나름 열심히 살아가던 이들을 하나님께서는 그 일상에 찾아오셔서 그들을 새로운 '일상'으로 부르신 것 같다. 아브라함으로부터 사도 바울에 이르기까지 일상 속에서 아니면 일상이 되어버린 새로운 삶의 한복판에서 하나님을 만나고, 하나님을 알아갔던 것 같다. '부르심'과 날마다의 '삶'은 묘한 느낌으로 다가오는 말들이다.

치열한 헌신으로 가라!

헌신은 인격적인 반응이며 주고받는 교감을 바탕에 깔고 있는 것 같다. 그런 까닭에 헌신은 일방적이지 않다. 한쪽편의 맹목적인 쏟아 부음이나 일종의 집착, 포기를 헌신으로 말할 수 없는 이유가 여기에 있다. 쉽지 않지만 어떤 경우에는 이른바 '헌신이라는 어떤 행동에 헌신하는 경우'가 있는 것 같다. 드라마나 소설에서 볼 수 있는 그런 '집착하는 퍼부음'이나 '두려움 가득한 복종하는 바침' 같은 행동을 헌신으로 오해하는 경우가 믿는 이들의 세계에 실재하는 것 같다.

혹시나 헌신된 삶의 최고 정점을 선교사가 되는 헌신으로 떠올리고 있는 이들은 없는가? 선교사의 어떤 삶을 떠올리면서 그런 판단을 하고 있는가? 가장 치열한 헌신된 삶의 모습이 선교사의 삶이라고 생각하는 이들이 적지 않다. 그렇게 살아가고 있는 선교사들이 계신 것이 사실이다. 그러나 그럼에도 불구하고 치열한 삶은 다른 곳에 있는 듯하다.

10년 전 쯤, 요르단을 떠나 다른 지역으로 옮겨간 한 사업가가 있었다. 그가 남겨두고 간 물품 가운데는 방탄조끼가 한 벌 있었는데, 이라크를 오가면서 사업했던 이 사업가는 이라크 전쟁 직후 이라크를 오갈 때 종종 방탄조끼도 챙겨간 듯하다. 얼마나 치열하게 사업을 했는가를 엿볼 수 있는 '물증'인 셈이다. 사실 중동 지역에는 형편은 조금씩 다르지만 나름 치열하게 살아가고 있는 한인들이 많이 있다. 그들 가운데는 한국에서 파견된 정부와 기업체 주재원들도 있고, 선교사들도 있다. 누가 가장 치열하게 살고 있을까? 사실 선교사들도 나름 치열한 삶을 살고 있는 경우일수 있다. 그러나 그 못지않게, 아니 그 이상으로 치열한 삶을 살고 있는 이들은 선교사들이 아닌 경우가 많은 듯하다.

우리는 주변에서 일반 직장 생활하면서 치열하게 예수 그리스도의 제자로 살아가기를 애쓰는 이들을 보게 된다. 그 들 앞에 서면 왠지 고맙고 미안한 마음이 겹치곤 한다. 치열하게 세상 속의 그리스도인으로 살아가는 이들은 정말 가장 어려운 길을 당당하게 살아가고 있는 이들이다. 그러면서도 주일은 물론이고 평일에도 여러 모양으로 섬기는 모습들은 도전 그 자체이다. "교역자들이야 사례비를 받으면서 섬기지만, 교인들은 재정적으로도 헌신하면서 섬기지 않는가? 교인들의 헌신이 더 큰 헌신으로 느껴질 때가 많다." 한 동료 교역자의 고백을 부인할 수 없을 것 같다.

선교현장에는 여러 모양으로, 이른바 선교 활동을 하는 이들이 있다. 그 중에는 선교사로 파송 받지 않았지만 여러 모양으로 선교에 참여하고 있는 이들도 있다. 물론 일반 직업을 통해 이 땅에 머물면서 세상 속의 그리스도인으로 당당하게 살아가는 이들이다. 국영기업체 책임자로 이곳에 머물렀던 한 사람이 떠오른다. 아침 일찍 사무실에 출근하면 의례 말씀을 묵상하고, 하루 동안 일어날 일들과 만날 사람들을 떠올리면서 기도하곤 했다. 기회를 얻든지 못 얻든지 자신의 신앙을 담대하게, 그러나 겸손하게 나눌 줄 아는 이었다. 선교적 삶을 치열하게, 그러나 즐겁고 재미있게 살아가시는 이었다.

있을 곳에 있는 것은 복이다. 해야 할 일을 하고 싶어서, 그 일을 하고 있는 사람도 행복한 사람이다. 또 하고 싶은데 할 힘이 없어서 못하는 것이 아니라, 할 수 있기에 해야 할 일을 하고 싶어서, 할 수 있어서 그 일을 하는 사람은 정말 행복한 사람이다. 나에게, 기독교인들에게 선교는 어떤 의미일까? 그것이 해야 할 일이지만, 할 수 없는 이들, 하고 싶지 않은 이들이 할 수 있는 일은 아니다. 선교는 당위성에서 출발할 것이 아니다. 하고픈 마음, 할 수 있는 힘이 내게 있는지를 객관적으로 냉정하게 살펴보는 것은 더욱 소중한 것이다.

그런 점에서 선교에의 부르심은 개인의 소명이 아니라 공적인 것이다. 가겠다는 사람을 격려하는 것보다, 갈 수 있는 사람과 가야할 사람을 분별하는 아픈 충고가 더 소중한 시대를 살아가고 있다.

2

3무 ^{무지·무모·무례} 선교, 선교의 위기를 부른다

한국교회의 선교 운동에는 필요악인지 '3無' 현상이 노출된다. 무지·무모·무례다. 무지와 무모와 무례는 서로 다른 모습으로 보인다. 한국교회의 선교 열정은 귀한 것이다. 그러나 그 안에 조심해야할 누룩도 있다. 그 누룩은 이미 퍼져 있다. 그 모양이나 형체는 없다. 그러나 그 영향력은 한국교회 안팎에 이미 두드러지고 있다. 어떻게 그 누룩을 제거할 것인가를 진단하고 풀지 않으면 한국교회의 선교는 위기를 맞이할 수 있다.

선교지에 대한 무지! ^{無知 그리고 無智}

선교지와 선교지 주민들을 기계적으로 이해하고 주관적으로 판단하는 경향이 있다. 선교지를 바라볼 때 종교에 집착하거나 지나칠 정도로 집중한다. 단지 예수 안 믿는 불신자라는 시선으로 시선을 고정시키는 경우가 많다. 예수 안 믿는 불신자들의 현장 즉, 선교지는 '거짓과 악한 영, 부정적

인 요소가 가득하다'고 생각한다. 그래서인지 선교 현장에 어려운 재난이 닥치면 '예수를 안 믿어서 이런 일이 생겼다'라고 하거나 '하나님께서 그 땅의 영혼들의 문을 열기 위하여 전쟁이나 재난을 허용하셨다'는 식의 평가를 서슴지 않는다.

선교지에 대해 도통한 사람들이 많다. 책 몇 권 읽고 나서 갖게 되는 자신감이 두드러진다. 이슬람 관련 기독교 서적을 몇 권 읽고는 이슬람을 마스터 한다. 이슬람 전문가가 된다. 다른 선교지에서도 비슷한 일은 벌어진다. 자신이나 자신이 소속된 단체가 갖는 현지 이해나 정보의 객관성은 중요하지 않다. 단기 팀들의 시선은 물론 장기 사역자로 새로운 일을 시작하는 사람들 가운데도 이미 선교 전문가가 많다. '척 하면 척'이다.

하나님의 선교는 필요한 곳에 필요한 사람을 적절하게 배치하는 것에서 시작한다. 그러나 우리는 선교지의 필요나 가능성, 선교 헌신자나 선교사의 가능성과 잠재력에 대해서 크게 고려하지 않는다. 일단 보내는 경우가 많다. 그러다보니 선교지 부적응 사례가 종종 발생한다. 그렇지만 이런 사례를 문제의식을 갖고 바라보지 않는다. 있을 수 있는 일이 벌어진 것이라는 식이다. 어떤 면에서 '소경이 소경을 인도하는' 식이 되어버린다.

선교에 있어서의 무모無謀

마음이 중요하다고 말하면서 선교 방법이나 지식·경험·훈련을 무시하는 경향이 있다. 여호와 이레의 하나님께서 모든 것을 예비하셨다는 생각이나 신념을 가진다. 그 신념은 자신이나 자신이 속한 단체 또는 그 지도자에 대한 맹목적인 정도의 신뢰에 바탕을 두곤 한다. 그렇지 않다 할지라도 자신이 속한 선교 단체의 안내에 비판력이 부족하다. 사실 일부의 경우긴 하지만 선교단체 조차 현장에 대한 정보나 지식이 부족한 경우가 많다. 소속 선교사는 그 보다 더 무지한 경우가 많다. 그럼에도 불구하고 단체가 지시하고 안내하는 길을 따라간다. 거기서 발생하는 시행착오에 대해서는 아무도 책임을 지지 않는다. 그것을 문제로 받아들이지도 않는다. 당연한 고난으로 치부한다.

얼마 전 중동의 한 국가에서 한국인 선교사 두 가정이 추방당했다. 그 사건 안으로 들어가 보면 전도용 책자를 배포하던 F단체 소속의 단기 선교사 덕분에 벌어진 일이다. 짧은 기간 동안 경력을 쌓기 위하여 들어온 신입 선교사가 일을 저지른 것이다. 단기 사역자의 지나친 열심이 장기 선교사의 토대를 무너뜨렸다. 예멘이나 이집트에서도 그런 일은 벌어졌다.

특정 단체나 사역자가 말하는 하나님의 인도하심, 지혜, 담대함 등은 무모함일 뿐이다. 그 파편에 맞은 장기 사역자들만 가해자 없는 피해자가 된 셈이다. 지혜가 없는 열정은 파괴적임을 이들은 잘 모른다. 무지無知하고 무지無智하기 때문이다.

다른 신앙인들에 대한 무례無禮

선교지 사람들이 단지 예수 안 믿는다는 이유로 무시하거나 비웃는 경향들이 있다. 복음과 예수 그리스도는 오류가 없어도 예수 믿는 우리는 오류

가 있고 제한이 있음을 쉽게 동의하지 않는다. 예수 믿는 자는 완전하고 완전해질 수 있다고 확신한다. 그래서 예수 믿지 않는 이들이 나보다 더 인격적일 수 있고, 나보다 더 이웃을 사랑할 수 있고, 나보다 더 절대자에게 마음을 열 수 있다는 것을 잘 모른다.

잘 된 것은 예수 믿는 덕분이고, 못 된 것은 다 예수 안 믿어서 일어난 일이라는 식이다. 예수 안 믿는 나라이기에 가난이 있고, 부패가 있다고 말한다. 그러나 그러면서 예수 믿는 나라 가운데 찢어지게 가난한 나라들, 부정부패가 하늘을 찌르는 나라들에 대해서는 이야기하지 않는다. 예수 믿지 않는 나라 중에 우리보다 잘 사는 나라들은 언급도 안 한다. 예수 믿는 것과 잘사는 것 사이의 상관성을 너무 강조하고 싶어 한다.

영혼을 낚는 어부로서의 정체성과 책임 의식도 강하다. 이런 태도는 좋은 것도 있지만 문제도 있다. 때를 얻든지 못 얻든지 모든 방법을 동원하여 상대의 종교를 바꾸는 것에 집중한다. 상대방의 마음을 얻기 위하여 싫어도 좋은 척, 기분 나빠도 좋은 척 최대한의 예의?를 표한다. 선교 대상도 가난한 자·나보다 힘없는 자·약한 자를 선택한다. 우리보다 똑똑해 보이고 자기 입장이 뚜렷하고 종교적인 사람은 애써서 외면한다. 기독교 신앙을 가지면 나우리처럼 잘 먹고 잘 살게 된다는 성공과 번영의 복음을 전하여야 하기 때문이다. 또한 해외선교를 긍휼사역으로 간주하기 때문이다.

예수 믿지 않기에 폭력과 테러, 전쟁이 벌어진다고 말한다. 예수 잘 믿어서 테러와 폭력을 버리고 평화를 누려야 한다고 말한다. 그렇지만 예수 잘 믿는다는 이들에 의해 피해를 당하는 예수 안 믿는 나라, 예수 안 믿는 사람들의 고통은 주목하지 않는다. 예수 잘 믿는다는 미국의 보수 기독교회가 지원하는 후원금이 팔레스타인 분리장벽을 쌓는 건축 비용이 되고 있다는 사실에도 별 흥미를 안 느낀다. 이스라엘의 독립 60주년, 65주년은 축하해주지만 그 독립 과정에 유랑민이 되어버린 팔레스타인인들의 아픔은 내

일이 아닌 것이다.

2% 부족한 설익은 선교로는 안 돼

한국교회의 남다른 선교열정과 선교 헌신은 아름다운 것이다. 그러나 그 아름다움을 간직하기 위해서는 우리 안에 들어와 있는 '3무'라는 누룩을 멀리해야 한다. 지식과 지혜가 필요하다. 지식 없는 열정은 파괴적이기 때문이다. 동기의 순수함만 강조할 수도 없다. 그 진행과정도 중요하기 때문이다. 하나님께서 원하는 것은 종교의 겉옷을 바꿔 입는 것이 아니다. 한 사람의 마음 깊숙한 곳과 일상에서 드러나는 온전한 회심이다.

선교의 출발점, 동력, 완성은 우리가 아니다. 하나님이시다. 하나님이 일하심을 기다리고 바라보는 지혜가 필요하다. 지금 우리는 뜨거운 머리를 식혀야 한다. 무지 대신에 지식과 지혜로 채워 넣지. 무모 대신에 지혜가 넘쳐나게 하자. 무례 대신에 여유와 겸손이 있게 하자. 하나님께서는 하나님의 일하심의 현장을 목격하고 전할 목격자, 증인을 원하신다. 내가, 내가 속한 단체나 교회가 선교하는 것이 아니다.

우리의 선교 현장과 한국교회의 선교 운동에 설익은 몸짓이 이어지고 있다. 2%가 부족한 일이 벌어지는 셈이다. '3무'라는 누룩에 노출되기 쉬운 우리의 선교운동은 우리 가까이에 있다. 너무나도 아름다운 이름으로 포장이 되어 있기에 그 속성을 쉽게 드러내지 않으면서 그렇게 자리하고 있다.

선교는 하나님의 마음을 아는 것, 하나님의 계심과 말씀하심, 일하심을 아는 것이다. 선교는, 하나님의 마음이 머무는 곳, 그 사람들을 아는 것이다. 선교는 나를 아는 것이다.

3

따라잡기 선교가 아닌 딛고 넘어서는 선교를 하자

2017년 세계 곳곳의 선교지에도 다시 겨울이 찾아왔다. 해마다 여름이면, 겨울이면 여러 교회와 단체에서 여러 모양으로 단기 팀, 단기 선교사를 세계 곳곳으로 보낸다. 선교지의 하나인 이슬람 지역도 단기 팀들이 찾는 곳이다. 사역자들 가운데는 여름 한철 동안 수백 명의 단기 팀을 맞이하는 이들도 적지 않다. 그야말로 땀나는, 뜨거운 여름이다. 단기 사역을 단기 선교로 부르든, 단기 봉사로 부르든 그것은 중요한 이슈가 아니다. 같은 것이기 때문이다.

단기 선교는 장기 선교의 대안이며 원천源泉이다

그러나 그것도 하기 나름이지 일반화 시킬 수 없다. 아니 오히려 부정적인 결과를 만들어 낼 때가 더 많다. 단기 사역에 개인이나 단체가 참여하는 것에는 여러 이유가 있다. 그중 가장 대표적인 것은 장기 사역자의 발굴과 훈련을 들 수 있다. 단기 사역의 경험은 장기 사역으로 헌신하기 위한 예비

단계로 받아들여진다. 그러나 장기 사역자의 삶과 단기 사역자의 삶은 아예 다른 것이다. 단기 선교 경험 수십 번이 한 번의 장기 사역의 경험과 비교할 수 없다. 단기 사역은 단기 사역이고 장기 사역은 장기 사역이다.

아울러 단기 팀들은 '선택'하고 '집중'해야 한다. 모든 것이 가능하지만, 모든 것이 다 필요한 것이 아니다. 모든 것을 하려고 하지만, 아무 것도 할 수 없는 팀들과 개인이 있다. 단기 사역 방문자들을 위한 프로그램을 만들어 제공해야 하는 부담을 현지 사역자들에게 안겨주는 경우도 적지 않다. 단기 선교 팀들은 하고 싶은 것도 많고 해야 할 몫도 많다. 그러나 단기 팀의 현지 방문 목적을 단순화하라. 그리고 '님도 보고 뽕도 따는 식으로' 한 번에 모든 것을 다 성취하려고 하지 말라. 선택과 집중이 필요하다.

"한 장기 사역자 열 단기 안 부럽다"는 말을 들어본 적이 있는가? 수 십 명의 단기 선교 참가자들보다 한 사람의 장기 사역자가 더 효과적이라는 말은 어느 정도 사실이 아닐까 싶다. 해마다 단기 사역 팀들은 현지의 사역을 돕고 경험도 쌓을 겸 발걸음을 옮기고 있다. 그러나 많은 경우 단기팀들의 명분과는 달리 자족적인 경험쌓기 차원에서는 성공할는지 모르지만 지역을 배우고 현지에서 진행중인 사역이나 장기 사역자의 사역을 돕는다는 명분에 걸맞지 않게 오히려 사역에 지장을 주거나 번거로움을 안겨주는 경우들이 더 많은 것 같다. 장기 사역자들 중에는 해마다 단기팀을 맞이하는 것으로 분주하지만 실제로는 자신의 사역에 지장을 받는 경우를 본다. 물론 단기팀 지원 사역을 하나의 사역으로 볼 수도 있지만, 장기 사역자들 나름대로의 고유의 사역을 진행중인 경우에는 번거로운 경우도 많다.

교회와 선교단체들은 선교지에 대한 얼마만큼의 바른 이해를 갖고 있을까. 수차례 중동을 방문하던 한 팀이 떠오른다. 30~40여명 되었던 이 단체의 인원은 작은 규모가 아니었다. 게다가 체류 기간도 한 달여가 되었다. 요르단을 거쳐 이집트로 가기 전에 만나 대화를 나눌 수 있었는데, 그냥 충격을 받아버렸다. "이집트에는 교회가 전혀 없다면서요… 예배도 마음대로 드릴 수 없고요…." 다른 여타 중동 국가에 비해 이집트 복음주의 교회들의 왕성한 활동은 단연 두드러진다. 그런데도 이 팀은 전 기수들의 비전을 전수받아 왔을터인데 이집트에 교회가 없다고 한다…이렇게 난감할 수가 없다. 앞서 이집트를 방문했던 이 단체의 팀은 그곳에서 한 달 여를 머무른바 있었다. 그렇다면 한 달 이상 머물면서 그곳에서 무엇을 보고 겪었단 말인가?

단기팀들에 투입되는 비용이라면 이미 진행 중인 많은 사역들을 정말 알차게 지원하고도 남을 그런 몫이다. 더욱 알찬 섬김의 기회를 통해 현지인들이 누릴 혜택이나 축복의 기회도 아쉽게 지나치는 것 같을 때 안타깝다. 한 장기 열 단기 안 부럽다. 교육을 위하여 단기팀을 보내는 것도 중요하지만 알찬 사역을 전개 중인 그렇지만 재정적이나 다른 면에서 어려움을 겪는 이들을 지원하는 것으로 교육의 기회를 삼을 수도 있을 것이다. 치어稚魚를 키워 대어大漁로 만드는 것도 즐거움이지만 대어를 통해 치어들을 교육하는 것도 의미 있는 일이다. 선교는 선교가 되도록 돕는 것이 가장 우선이기 때문이다.

선교사를 거울로 삼기보다 창으로 활용하자

단기선교사로 장기 선교사를 통해 배우는 과정이든, 후원자로서 선교사를 돕고 있든 동일하게 적용될 이야기이다. 선교사를 통해 선교지와 선교지 주민들의 삶에 대한 이해가 깊어졌다면, 그것은 선교사가 창이 된 경우이고, 그렇지 않은 경우는 거울이 된 경우를 말한다. 선교사가 자신과 자신의 사역에만 후원자가 주목하도록 한다면, 이것은 건강하지 못한 것 같다. 가까운 가족이나 친척, 친구, 지인이 로스앤젤레스로 이민 또는 유학을 갔다고 생각해보라. 평소에는 크게 관심이 가지 않던 지역이, 그 가족과 지인

덕분에 더 눈길을 잡고 관심을 쏟게 만들 것이다. 누가 로스앤젤레스에서 왔다고 하면, 왠지 더 친근하게 느껴지기도 할 것이다. 이것이 그 가족이나 지인이 '창'이 된 경우를 말한다. 만일 내가 키르키즈스탄 선교사를 후원하고 있는데, 국내에 머물고 있는 키르키즈스탄인들이 가깝게 느껴진다면 그 선교사는 내게 키르키즈스탄의 '창'의 역할을 한 것이다. 그렇지 않다면, 선교사는 단지 '거울'일 뿐이다. 물론 나는 어떤 선교사가 '거울'의 역할을 하고 있다고 하여 그 자체를 문제시하는 것은 아니다.

한국 교회는 이른바 선교지에서 고국을 방문한 선교사들을 통해 선교지와 사역 대상을 이해한다. 그들의 말이 여과 없이 거의 다 진실이 되어 버리고 만다. '과연 그러한가?' 합리적 의심을 갖고 검토할만한 여유도 없다. 그렇지만 적지 않은 현지선교사들은 자신의 사역지 바깥 상황에 대해 정통하지 못한 경우가 많다. 이것은 한국교회의 선교사 훈련과 관리에, 치밀하게 사역현장을 관찰하고 분석할 수 있는 역량 개발을 소홀하게 해 온 것에서 비롯된 것이다.

그런데도 "현지 선교사가 말했다"는 근거로 진실이라고 규정짓는 경우가 많다. 그것은 선교사가 잘못된 정보나 이해를 전달할 것이라고 '감히' 생각하지 않는 순수함 덕분이다. "현장에 있으면 다 전문가다"고 말한다.

사는 사람이 가장 잘 알지 않느냐고 … 그러나 현장성이 사실성을 담지 못할 때가 많고, 결과적으로 사실을 왜곡하는 경우는 너무나 많다. 한국인라고 한국에 산다고 한국 물정에 다 밝지 않은데 외국인으로서 외국에 산다고 그 지역의 물정에 밝다는 것을 기대하는 것 자체가 무리인 것 같다.

한국인들이 한국 소식을 어디에서 얻고 있을까? 그것은 이른바 전문가들과 언론을 통하는 경우가 대부분이다. 심지어 내 고장 뉴스조차도 스스로 발굴한 것보다 이들 전문 집단들에 의해 제공된 것을 수용하는 경우가 대부분이다. 한국인으로서 한국 정보를 얻을 때도 이런 형편인데 외국인으로서 체류하는 국가나 민족에 대한 바른 소식을 접하는 것이 그리 단순한 문제가 아니다. 여기서 말하는 정보는 단순한 데이터를 의미하는 것이 아니라 바른 소식과 바른 해석이 어우러진 상황에 대한 안목을 의미한다.

그런 의미에서 선교사의 입을 통해서 나오는 정보와 해석들을 무조건 옳은 것이라고 주장할만한 어떤 권위나 근거는 없다. 물론 그들에게 부여한 건전한 권위와 진실성에 대해서는 어느 정도 존중하여야 하지만, 그렇다고 그 주장하는 내용의 권위를 수용하는 것은 별개여야 한다. 다양한 형태와 형식의 단기선교는 장기 사역을 배우고 익히고, 자기를 살펴보는 과정의 하나이다. 그것은 장기 사역자를 통해, 현지인을 어떻게 섬겨야 하는지를 돌아보는 시간의 하나이다. 선교사를 통해 방법을 배우는 것 이상으로, 삶의 태도를 비평적으로 바라보는 수고를 하는 시간이어야 한다.

비전트립, 땅이라도 제대로 밟는 땅 밟기 하자

우리가 가지 않으면, 가서 하나님의 사역을 돕지 않으면 뭔가가 안 될 것이라는 생각을 하는 이들이 적지 않다. 적지 않은 이들이 이른바 전방 개척 선교가 필요한 지역 등에 때를 따라 흩어지곤 한다, 그 땅을 밟고 선포하고 축복하기 위한 행진이다. 수천만 달러가 들었다고 해도 한 영혼이라도 돌아온다면 그것은 가치 있다고 생각하는 이들은 기회를 얻든지 못 얻든지 함께 모여 행진하며 선포하고 외치고 있다. 참가자들은 은혜를 누리고 감사히고 감격에 빠지는데 그로 인해 눈물 흘리고 이피하며 고통을 겪는 이들이 있다는 것은 무슨 사연인가?

땅 밟기? 땅만 밟기?

땅 밟기라는 말이 요즘은 바뀌어서 몇 가지 새로운 표현을 사용하고 있다. 그런 유사한 움직임의 원조인 '땅 밟기'라는 용어는 많은 이들에게 친숙하기에 그 용어로 표기한다. 중동에 살면서, 많은 단기팀을 만났다. 이라

크 전쟁 이후, 심지어 드라마 '미생' 방영 이후 요르단은 많은 기독교인들에게 더욱 익숙한 땅이 되었다. 이 때문에 본의 아니게 여러 가지 당혹스런 상황도 맛보곤 했다. 땅 밟기를 위하여 요르단과 인근 다른 아랍 지역을 방문한 이들 가운데는 시내가 잘 내려다보이는 곳에 올라가기를 선호한다. 그곳이 그 땅을 품기에 좋은 장소이기 때문이다. 땅을 품는 다는 의미가 이렇게 오용될 때는 답답하다. 예루살렘 평화대행진이 추진되던 시기에 행사 장소를 둘러싼 나라들을 행진하며 땅을 밟고 가는 이들도 있었다. 걸프 지역에 자리한 한 아랍 국가에서 벌어진 일이다. "여기는 공항인데요. 저희들은 이 땅을 밟고 주님의 주권을 선포하기 위하여 온 사람들이다. 공항으로 오셔서 우리들을 데려다주시면 좋겠습니다." 너무나 당당하고 의연한 모습의 군사들 같았다. 이들에게 현장 사역자는 자신들을 도울 의무가 있는 일꾼인 것 같았다. 땅을 밟고 선포한다는 것이 이런 것이라면 참으로 안타깝기만 하다.

지난 2007년 1월 하순 요르단의 암만 국제공항, 수십 명의 한인들이 공항 청사에서 아침부터 오후까지 서성거리고 있다. "입국세를 안 내도 된다고 들었는데 왜 우리가 비자 수수료를 내야 하나요? 낼 수가 없습니다." 한국의 그 단체에서 요르단의 한 여행사로 연락이 오가면서 이들은 입국비자 수수료를 지불하고 요르단 땅을 밟을 수 있었다. 이들의 당당함으로 인해 곤경에 처했던 이들은 다름 아닌 공항 관계자들이었다. 땅 밟기 기도를 위하여 요르단을 찾은 수십 명의 또 다른 무리가 있었다. 한 달여를 머물면서도 이슬람 사원 근처도 가지 않았다. 아예 안중에도 없어 보였다. 이슬람 왕정 국가인 요르단에 왔는데 어디를 가서 어느 땅을 밟고 기도를 하는지 의아스러웠다.

도대체 땅 밟기는 뭔 말인가?

삶의 자리가 아닌 땅만 밟고 지나가는 땅 밟기는 적절하지 않다. "네가 밟는 땅을 네게 주리라…. 너로 인하여 그 땅의 족속들이 복을 얻을 것이라." 적지 않은 사람들이 내세우는 성경에서 말하는 '땅 밟기'의 근거다. 그러나 땅 밟기에는 땅만 밟는 것이 아니었다. 오히려 땅 밟기는 '생활'을 뜻한다. 그 땅의 주민들의 삶의 애환 한복판에 서서 마음을 같이하여 주님의 마음을 헤아리는 기도가 땅 밟기의 한 면이라 생각한다. '땅 밟기' 운동의 원조라 할 수 있는 아브라함을 따라가 보자. 이라크 남부의 갈대아 우르를 떠나 그가 밟는 땅을 그와 그 후손에게 주리라 한 약속을 듣고 '땅 밟기'를 시작한다. 하란에서, 다메섹에서, 브엘세바에서, 애굽에서 아브라함은 그 땅의 족속들과 더불어 살았다. 그로 인해 애굽 왕 바로나 가나안 왕 아비멜렉갑은 이들에게 복을 얻기도 했고 낭패를 당하기도 했다. 하나님께서는 아브라함이 밟는 땅을 그와 그 후손에게 주시겠다고 했다. 그것을 얻어 누리는 것은 아브라함의 권리였다. 또 다른 측면에서는 의무였다. 그렇지만 아브라함의 모든 생애를 통해 약속하신 땅을 모두 밟았지만 주님께 돌려드린 땅은 고작 헤브론의 막벨라 동굴밖에 없었다. 값을 치루고 사서 주님께 돌려드린 땅이었다. 물론 아브라함은 곳곳에서 단을 쌓고 하나님의 이름을 불렀다. 그의 주권을 고백했다. 그렇지만 실제적으로 그가 값을 치루고 그 땅을 주님께 돌려드리는 면에서는 부족했다. 오늘날 다수의 땅 밟기 기도 용사들이 그렇다. 주님의 주권을 선포한다. 그러나 그 뿐이다. 그 땅을 값을 치루고 사야하는데 삶을 통해 그 땅의 백성들의 마음을 얻어야 하는데 그렇지가 않다.

땅 밟기의 바른 의미는 그 땅 자체가 아니라 그 땅의 사람들과 그 일상을 품는 과정이고, 품고 사는 삶 그 자체라고 본다. 더불어 살아가는 그 삶이 없는 이벤트성 움직임들은 그 일을 하는 이들에게는 큰 감동과 깨달음으로 다가올 수 있다. 그러나 당사자들의 확신과 무관하게 또 다른 측면을 고려해야 할 경우가 많다.

선포하기보다 하나님 마음에 집중

"우리가 믿음으로 선포하였습니다. 하나님께서 응답하실 것입니다." 이것은 우리의 고백이다. 그런데 그것이 전부는 아니다. 선포 뒤에는 삶이 따라야 하기 때문이다. 그런데 믿음으로 기도하고 선포한 것이 이뤄지지 않으면 하나님 책임이라는 말은 아닐까 생각하니 순간 소름이 돋기도 한다. 하나님의 보좌를 움직이는 기도를 통해 하나님을 깨우고 하나님께 일하실 수 있도록 힘을 모아 하나님을 돕고자 하는 선한 의지를 가진 이들도 적지 않다. 그러나 나의 순수함이 나의 말과 행동을 정당화하거나 책임을 피할 수는 없을 것이다.

"우리가 믿음으로 선포하였습니다. 하나님께서 응답하실 것입니다." 달리 보면 이 말만큼 무책임해 보이는 말도 없다. 우리가 믿음으로 선포한 것처럼 이 땅에서 그렇게 책임 있게 살아갈 순간에 그 책임을 주님께 돌려버릴 수는 없는 노릇이다. 우리가 믿음으로 선포했으니 이제는 우리가 현실 가운데 그렇게 살아가는 것이 필요한 때다. 나 자신이 침묵과 고요함 가운데 있도록 나 자신을 향하여 선포하는 용기도 필요하다. 그 또한 믿음이다.

땅 밟기 기도와 선포의 목적도 그 땅과 민족을 회복하는 일일 것이다. 하나님께 속한 것임에도 회복되지 않은 땅과 그 땅의 백성들을 보면서 우리는 안타까움을 가질 수 있다. 특별히 많이들 난공불락의 요새성 현대판 영적 여리고성으로 일컬어지는 이슬람 세계의 무슬림들을 볼 때 그럴 것이다. 기독교 세계를 위협하는 가장 강력한 사단의 영이 있는 이슬람 세계를 떠올리며 안타까워하는 이들에게는 더욱 심할 것이다. 예루살렘까지 복음을 전해야만 하는데, 그래야 주님이 다시 오시는데 견고한 이슬람의 진들이 버티고 있어 그 날이 속히 오지 못하고 있는데 하며 답답함을 느끼는 이들은 더욱 가슴이 아릴 것이다.

그러나 그 사랑의 마음이 있다면 우리는 일방적인 선포와 외침이 아닌 하나님의 마음에 조용히 집중해야 한다. 땅만 밟고 지나가는 외침이 아닌 그 땅을 품고 그들의 입장에서 하나님 앞에 그 마음을 토로하는 다른 형태의 외침, 즉 침묵이 필요한 것 같다. 자칫 '선교지', 즉 복음이 필요한 땅의 백성들이 우리들의 땅 밟기 기도와 선포하는 몸짓을 보고 오해를 하지 않도록 해야 하겠다. 하나님은 이 땅에 '사시는 것처럼' 가현假現된 것이 아니었다. 이 땅에서 땅을 밟고 사셨다.

침묵하기보다는 혀를 놀리는 것에 빠르고, 침묵하기보다는 동원하는 것에 익숙하고, 삶으로 준비하기보다는 선언하는 것에 익숙한 것이 우리의 모습이 아니었으면 좋겠다.

사람들의 길거리 행진이 없어도 하나님은 일하고 계신다. 하나님의 능력이 펼쳐지지 않는 곳에, 우리의 기도와 선포, 악한 영을 결박함을 통해 회복한다는 식의 발상은 망측스럽다. 이와 관련한 내용은, 129~133쪽을 참고하라.

5

지금 이 자리가 빠진, 세계 선교를 다시 생각하자

2007년 7월 아프가니스탄에서의 탈레반 피랍 사건 이후 '이슬람'에 대한 관심이 증가하였다. 곳곳에서 이슬람 알기 세미나가 열렸고, 대학에서 이슬람과 중동을 공부하는 강좌도 늘어났다. 교회들도 이슬람 선교에 대해 재해석을 하고 전략을 검토하기도 했다. 정복주의 선교를 극복하여야 한다는 목소리도 곳곳에서 터져 나왔다. 그러나 그것에 머물렀다. 한국교회의 선교 정책에 근본적인 변화를 가져오지도 못했다. 이슬람 세계를 바라보는 시각은 더욱 경직되었고, 객관성을 상실했다. 2017년 지금의 한국교회의 선교는 겉보기에는 공격적인 선교가 줄어들었는지 몰라도, 정복주의, 우월주의에 바탕을 둔 선교는 더욱 단단해진 느낌이다. 복음으로 품기보다 타인종에 대한 배제와 혐오를 발산하는 듯하다.

국내 거주 무슬림들을 한국을 이슬람화시켜서 무너뜨리려는 적대적 세

력으로 간주하는 목소리도 커져간다. 이슬람경계론의 입장에 선 수많은 강좌와 세미나, 훈련이 펼쳐지고 있다. 명분은 이슬람의 공격으로부터 한국교회와 한국을 지키자는 것이다.

선교운동, 선동과 동원 사이에 있다

한국교회의 해외 선교 열기에는 선교 동원가들의 다양한 수고와 섬김이 자리하고 있다. 또 다른 측면으로는 선교사의 문호가 넓어졌고, 선교사가 되는 기회의 문턱도 낮아졌다. 이전에는 어떤 면에서 '유경험자 우대' 이런 식이었다면 '무경험자도 우대'로 바뀌는 경향도 엿보인다. 열정도 경험도 부족한 이들도 선교 현장에 들어오고 있다. '언제까지 얼마의 선교사를 보낸다'는 식의 운동에 동원되어 오는 군병들처럼 보이는 이들도 있다.

무엇이 선교사의 가장 중요한 자질인지를 두고도 사실 설왕설래한다. 선교사를 무엇으로 보느냐의 문제일 것 같다. 어떤 경험과 기능을 갖췄는가 보다 더 중요한 것도 있다. 어떤 면에서 그것은 열린 마음일 것 같다. 열린 마음을 가진 이들도 현지 적응하면서 생고생을 하기도 한다. 생고생은 그야말로 고생이다. 그래도 열린 마음을 가진 이들은 그 가운데서 열린 사역의 기회를 찾아 잘 섬기고 있다. 하나님이 주신 은혜이다. 그 반면에 선교지에서도 현지인을 만나기 힘든 이들도 늘어간다. 무늬만 현지 사역자가 되도록 안팎에서 압박을 받기도 한다.

전 국민의 기독교인화와 민족 복음화

'민족 복음화와 세계 선교는 한국교회의 사명이다.' 맞다. 그러나 지금 이대로의 모습은 아니다. 반기독교 정서에 직면한 오늘 한국교회가 어려움을 겪고 있는 것은 한국교회의 책임이 크다. 한국교회가 민족 복음화를 힘쓰면서도 기독교인 늘리기에 집착을 한 경향이 있다. 교인 만들기, 개종을 위한 활동에 집중하면서도 교회의 사회적 책임을 다하지 못한 것도 있었다. 복음의 통합성이나 총체적 복음화에 무디어진 면도 있다. 민족 복음화를 위한 수고와 애씀이 전 국민의 기독교인화, 전 기독교인의 머리되는 삶, 전 기독교인의 부자 되는 삶을 지향한 것은 아닌가 조심스럽다. 장로 대통령 만들기나 기독교 정당의 정권 창출 같은 모토를 내세우는 이들도 있었다.

이런 와중에도 해외 선교 활동도 확대해 왔다. 해외 선교를 바라보는 시각도 다분히 총체적 복음화와는 거리가 있었다. 한국 교회의 선교가 해외 타문화권 선교 현장에서 정복주의적 경향으로 비춰지고 있는 사연이다. 현지인의 현실이나 문화나 풍습을 존중하기보다 '너희 것은 다 틀렸다, 우리 것을 받으라'는 식의 전투적 선교 행태를 보이기도 했다.

선교운동이나 선교활동 자체도 마음보다는 물량주의와 실적주의, 자기 만족주의가 번져가는 인상을 지울 수 없다. 선교운동 현장의 영적 사사시대를 맛보는 심정이다. 자기 소견에 옳은대로 행하는 시대가 되어간다. 하나님이 부르셨다고 말하면 더 이상의 비판과 대화가 허락되지 않는 그런 풍토도 엿보이기 때문이다. 그런 이유 때문인지 해마다 방학 기간이면 이슬람권 곳곳에서 힘찬 구호와 선포가 이뤄지고 있다. 올해도 예외가 아니다. 풍성해지는 선교활동이 하나님의 마음을 전하는 통로가 되지 않는 경우도 얼마든지 존재하기 때문이다.

선교지상주의에 주눅 들지 말자

선교운동은 커져가지만 선교 정신은 오히려 약화되는 것 같다. 해마다 여름, 겨울 방학 기간을 이용한 해외 단기 사역들은 계속 증가하고 있다. 헌신된 젊은이들의 일종의 통과의례로 인식되는 것 같다. 그렇지만 선교활동에 참여하는 것이 곧 하나님의 선교에 참여하는 것은 아닌 것 같다. 선교

정신마인드이 없이도, 선교하시는 하나님의 마음을 오해하고서도 얼마든지 선교활동은 가능하기 때문이다. 그런 이유로 '전쟁으로 망했으면 좋을 무슬림'을 떠올리면서 이라크나 이슬람 지역에서 구호활동을 벌이는 일도 가능했다. 그것은 일종의 부조리이다.

우리는 선교의 삶의 자리로 부르시고 보내시고 맞이하시고 동행하시는 하나님께 주목하여야 한다. 하나님께서는 하나님의 백성들을 다양한 부르심으로 부르신다. 부르시는 하나님은 보내신다. 파송하시는 하나님이시다. 그 파송의 현장은 여러 사람에게 여러 모양으로 나타난다. 일괄적이거나 일률적이지 않다. 그 파송하시는 하나님은 동시에 맞이하시는 분이시다. 우리의 부르심의 현장에 이미 그분은 계셨다. 계시고 계실 것이다. 그 하나님께서 우리를 부르시고 보내시고 맞이해주신다. 또한 그 하나님께서는 우리와 동행하신다. 하나님의 부르심과 보냄받음을 따라 섬기는 그 현장에 하나님은 동행하시는 분으로 같이 하신다.

선교는 활동이나 프로그램으로 채워질 것이 아니다. 지금은 선교를 다시 생각하여야 할 때이다. 말씀이 육신이 되어 우리 가운데 오신, 그리고 우리와 함께 하심을 기억할 때이다. 우리를 구원하신 하나님의 사랑이 아직, 또는 지금 하나님의 자녀 됨을 깨닫지 못하고 있는 이들 가운데서도 지금도 일하고 계심을 받아들여야 한다. "당신이 읽고 있는 것을 깨닫고 있나요?"

하나님의 보내심을 받아 현장 증인의 역할을 한 빌립 집사의 질문처럼 담대하나 겸손한 질문을 하여야 할 때이다.

뜨거운 여름이나 시원한 겨울, 우리의 열정을 낭비하지 말라. 선교 현장 사역자들의 귀한 시간을 빼앗지 말라. 뜨거운 가슴 못지않게 차가운 이성을 훈련하라. 무엇보다 냉정한 선택과 집중의 열정을 경험하라.

포괄적인 부르심, 지금 있는 곳에서 누려라

선교 지상주의 분위기 속에서 국내에서의 사회적 참여를 강조하는 것은 잘 먹혀 들어가는 것 같지 않다. 선교 동원 하는 것보다 국내 사회 참여 동원하는 것이 더 힘들어 보인다. 선교 한국 시대에 하나님의 세계 경영을 위한 부르심에 뒤떨어진 사람들로 취급받을지도 모른다. 뭔가 헌신이 부족한 사람인양, 이 시대를 분별하는 영적 감각이 뒤떨어지는 문외한인양 무시당할는지도 모를 일이다. 그러나 우리는 복음의 총체성과 하나님의 포괄적 부르심에 주목하여야 한다. '포괄적인 부르심'이란 모든 사람이 그가 부름 받은 곳에서 하나님의 사람으로 하나님의 영광을 드러내며 살아가는 부르심을 말한다. 그 부르심의 구체성은 각 사람에게 주신 은사와 재능, 관심사와 능력, 경험 모두가 하나님의 손에 맡겨지고 그것이 발휘되는 그런 '열린 부르심'을 의미한다.

우리의 선교적 삶은 사회 정의와 세계 선교를 위한 제자로서 내가 지금 있는 곳에서, 부름 받은 곳에서 그 역할을 수행하는 삶을 의미한다. 포괄적 부르심 안에서 다양한 직분을 갖고 총체적 선교에 참여하는 것이 하나님의 백성들에게 주어진 특권이다. 전도, 제자도, 사회참여, 세계 선교 등 분야에 따라 그 격이 달라지는 것이 아니다. 그것은 역할의 차이, 부르심의 차이일 뿐이다. 또한 한국은 이미 다양한 인종이 함께하고 있는 다인종, 다문화 사회에 접어들었다. 국내 곳곳에서 다양한 민족을 섬기는 사역도 얼마든지 가능해졌다. 해외로 가지 않고도 타문화 훈련과 체험, 사역이 가능한 현실인 것이다. 하나님의 일하심은 '지금 여기에서'도 넉넉하다는 것을 잊지 말아야 한다.

6

선교사 후원이 선교 후원의 끝이 아니다

선교사는 후원받는 존재가 아니다. 선교사는 선교, 즉 현지인과 후원자, 후원교회를 연결해주는 좋은 교사이다. 선교사도 후원 또는 파송 교회를 선택할 권리가 있다는 생각을 해본다. 배부른 소리로 들릴지도 모른다. 후원하겠다, 파송해주겠다고 하면 감지덕지이지 찬밥 더운밥 가린다는 것이 말이나 되는 것이냐고 한마디 할지도 모른다. 그것은 사실이다. 그러나 어렵지만 후원 교회와 사역자의 관계는 서로에게 필요한 관계여야 한다.

사역자가 후원 교회를 대신하여 사역을 하는 것이 되어서는 안 될 것 같다. 물론 교회의 사역 계획과 비전을 따라 준비되었다가 교회의 이름으로, 대표로 선교사로 파송 받는 경우도 있을 것이다. 그런 경우는 어쩔 수 없이 교회의 비전을 대리 수행하는 것을 선교사로서의 역할로 생각할 수도 있다. 그러나 일반적인 의미에서 선교사와 후원 교회의 관계는 독립적이면서, 상호 보완적인 관계를 갖는 것이 바람직해 보이다. 이미 하고 있는 선교사의 사역을 돕는 것을 넘어서서 후원 교회가 선교사의 사역을 주관하

는 것은 무리가 있어 보인다.

선교 건강도

교회의 선교 참여 지수는 선교사에게 얼마나 꾸준하게 빠뜨리지 않고 재정 후원을 했는가에 주목한다. 한국교회의 해외 타문화권 선교 후원은 선교사와 선교 사역에 대한 후원을 중심으로 이뤄진다. 아니 이것이 선교후원의 당연한 모습 아니냐고 반문할는지 모르겠다. 그러나 이 당연한 확신에 문제를 제기하고 싶다. 많은 경우 우리들의 선교후원은 선교사와 후원자후원교회-파송교회 포함의 관계에 집중하고 있다. 그런데 선교의 궁극적인 것은 타문화권 사람들이다. 그들이 하나님나라 복음을 듣는 것이다. 그것을 위해 선교사도 후원자도 존재하는 것이다. 즉 선교사나 후원자 모두는 하나님나라 복음 확장의 주역이 아닌 통로이며 도구라는 것이다.

적지 않은 경우 선교사의 뒷 배경으로만 존재하는 현지인들이 있다. 주인공은 선교사이고, 그들은 선교사의 어떠함을 드러내는 도구로 비춰지는 것이다. 선교지 주민들이 주인공이 된다면 어떻게 이야기와 화면 구성이 바뀔까? 해외 타문화권 선교사는 끊임없이 자신이 섬기는 이들과 자신의 사역을 후원하는 이들 사이의 간극을 메꿔주는 수고를 하여야 한다. 선교사 자신은 이 둘 사이를 가깝게 만들어주는 도움으로 역할을 하는 것이다. 후원자가 선교지 주민에 대한 이해가 넓어지고 깊어지고 인격적이 되도록 돕기 위해, 끊임없이 현장 보고, 현장의 주민들의 형편을 가감없이 전달하는 역할을 하여야 한다. 그래서 선교사 자신을 후원하는 후원자의 후원 기간이 길어질수록, 그 선교지 주민에 대한 이해가 더 자라가도록 도와야 한다. 선교후원의 성공 여부는, 후원자가 그 선교지와 그 주민들의 일상과 삶에 대한 이해가 깊어졌는가에 달려 있는 것이다. 그렇지만 현실은 이와 다르다. 특정 선교지, 특정 선교사를 5년, 10년을 후원했어도, 선교사에 대해서는 알지 몰라도, 그 나라 그 주민들에 대한 상식과 이해는 자라지 않은 경우가 너무나 많다. 이것은 문제이다. 선교사와 후원자 모두의 문제이다.

후원자가 선교사가 전해주는 기도 제목 외에는 그 나라와 민족을 위해 기도할 수 없다면 아쉽다. 내가, 내가 속한 교회가 후원하는 선교지에 대해 얼마나 알아가고 있는지 물어야 한다. 연말이 되면, 연초와 비교해서 어떻게 그 이해의 폭과 넓이, 깊이가 자라갔는가를 돌아봐야 한다. 그것이 없다면, 이것은 '선교 후원'이라는 활동을 한 것일 뿐이다. 선교는 살아 있는 존재와의 사귐과 나눔이기 때문이다.

이 점에서 나는 어떤 선교사들에 대해 아쉬움을 갖는다. 자신이 섬긴다는 그 주민들에 대해 더 앞장서서 미움과 증오심을 조장하는 이들에 대한 불편함을 느낀다. 선교사가, 다른 이들이 그 주민들에 대해 먼저 비난을 하여도 끝까지 품고자, 이해를 시키고자 애를 써야하는 것인데, 먼저 앞장서서 그들을 악평하고 비난을 하고 있기 때문이다. 이런 모습이 사회적으로는 어떨지 몰라도, 선교는 그런 것 같지 않다. 너무 멀리 가는 것일지 모르지만, 소돔과 고모라 백성을 대변하는 아브라함이나 반역하는 출애굽한 이스라엘 백성을 지켜내려는 모세, 그리고 이방인의 사도로서 하나님과 담판을 짓고자 하는 바울의 모습이 떠오른다.

나는 개인적으로 아니면 공적으로, 어떤 나라나 다른 지역을 방문할 때면, 그 지역과 나라에 사는 아랍인이나 무슬림에 대한 궁금함이 앞서곤 한다. 내가 머무는 동안, 내가 만나는 이들과 교회, 단체가, 그곳에 있는 아랍인이나 무슬림에 대해 관심을 갖도록 돕고, 가능하면, 직접 만날 수 있도록 다리를 놓기도 한다. 이것은 내가 아랍 이슬람권에 사는 동안에도 계속 그렇게 했던 삶의 버릇이다. 내가 머무는 나라 안에서의 하나님의 일하심에 관심이 많았고, 그 나라밖에 사는 그 나라 주민들의 삶의 자리에서 일어나는 하나님의 일하심에도 궁금함이 많았다. 최근에도 미국의 로스엔젤레스, 달라스, 버지니아 지역의 아랍 이민자들과 무슬림 공동체를 그곳에서 사역하는 한인 기독교인과 사역자들과 찾았다. 음식을 먹고, 이슬람 사원을 방문하고, 무슬림 이민자와 이맘을 만나서 교제도 했다. 만남이 없이는 서로를 알아갈 수 없는 것이다. 선교사는 만남을 가로막고 있는 많은 부정적인 편견과 선입견을 무너뜨리는 존재이다. "내가 살아봤는데 말이죠, 저 사람들은 말도 안되는 사람들이니 조심하여야 해요" 하는 말보다, "한 번 만나보시겠어요?" 격려하고 응원하는 역할을 하는 것이 맞다고 생각한다. 선교사는 주인공이 아니라 바람잡이 같은 존재이다. 궁극적으로는 후원자와 선교지 주민 사이에 직접적인 다양한 형태의 직접적인 교류가 있도록 한시적으로 다리 역할을 하는 존재인 것이다.

이런 것을 제안해보고 싶다. 한국에 머무는 동안 종종 실천했던 것이기도 하다. 내가 사는 곳에는 어떤 외국인 이주자들이 사는지 궁금하지 않은가? 내가 속한 교회가 후원하는 해외 타문화권 선교지 주민들은 한국에 어디에 어떻게 살고 있는지 알아보고 싶지 않은가? 관련 자료는 관심만 있으면 어렵지 않게 구할 수 있다. 그곳을 확인하면 한 번 개인, 단체로 방문해보라. 그리고 그 이민자들, 이주자들의 일상에 대해 직접 보고, 듣고, 말해보라. 이 만남에서 생기는 또 다른 궁금함을, 그 나라에서 사역하는 선교사에게 물어보라. 어떻게 이해하고, 어떻게 배려하면 좋을는지를 물어보라.

그리고 혹시라도 후원 선교사가 한국이나 당신이 살고 있는 지역을 방문한다면, 그와 더불어 그 장소를 찾아보고, 구체적인 도움과 지혜를 구하라.

그러나 이런 제안을 하면서도 조심스러운 면이 있다. 지난 2010년 2월, 중국 북경에서 무슬림 사역자들과 3일간 포럼을 가진 적이 있다. 그런데 중국에서 회족이나 위구르족을 섬긴다는 이들 가운데, 이슬람 사원을 방문해본 적이 없는 한인 사역자들이 적지 않았다. 다른 지역이라도 크게 다르지 않다고 생각한다. 판에 박힌, 인터넷에서 챙길 수 있는 그런 정보 외에는 달리 갖고 있지 않은 선교사들도 적지 않다.

선교는 특정 땅에서만 이뤄지는 것이 아니다. 사람과의 만남에서 이뤄진다. 그런 까닭에 어떤 나라 주민들을 그 나라 밖에서 만나도 그 만남의 자리가 사역의 현장인 것이다. 후원하는 선교사나 단체에 조금은 도발적인 요청을 해보라. 당신이 살고 있는 나라와 지역에 머물고 있는, 그 나라 출신 이주자들에 대한 정보를 알려달라고 요청하라. 그리고 어떻게 이해하고 섬길 수 있는지 조금은 더 구체적으로 가르쳐 달라고 부탁하라.

내가, 내가 속한 교회와 공동체의 선교 후원의 건강 정도는, 내가 그 나라의 주민들에 대해 어떻게 이해가 깊어졌는지, 내 곁에 이웃으로 와있는 그 나라 출신 이주자들에 대해 얼마나 더 친근해졌는지에 의해 평가할 수 있었으면 좋겠다. 선교후원은 타문화권 사람들의 일상과 그 가운데 일하시는 하나님에게 내 마음이 주목하는 것이다. 현지인에 대한 무관심이 여전한데도 여전히 선교후원은 계속되고 있는 것 같다.

7

믿기 때문에, 합리적 의심을 하자

때때로 유력한 외신이 보도한 기사를 대하면서, 외신 매체 사이의 상반된 주장을 접할 때가 있다. 다소 위험한 분쟁지역의 경우 외부에서 파견된 외국인 취재진은 자유롭게 현장을 다니지 않는다. 이른바 안전지역에 머물면서, 현지 취재원이 가져다주는 영상과 취재 내용을 재구성하는 경우가 많다. 양쪽 다 이른바 전문가 집단을 만나서 정보를 모았다고 했다. 그러나 문제는 현지에서 만난 이들, 심지어 외신의 현지 취재진의 이야기를 액면 그대로 사실로 받아들인 것에서 차이가 난 것이다.

그럼에도 불구하고 우리들은 현지인이 전해주는 정보를 그대로 받아들이거나 현장에서 만난 한국인들의 이야기들을 의심하지 않고 그대로 받아들인다. 불신을 조장하기 위해서가 아니라 바른 현장 이해를 위하여 "과연 그러한가" 되짚어보는 수고를 요청하고자 한다. 그것은 정보를 보다 객관화시키고 올바른 정보를 공유하기 위하여 절대적으로 넘어가야할 과정인 것이다. 그동안 절대화하던 것에 대하여 뒤집어보기를 시도하는 것은 정보

를 정보답게 만들기 위한 필연적인 과정인 것이다.

종종 선교 관련 모임을 보면 '그 나물에 그 밥'이라는 느낌을 받곤 한다. 강사도 비슷하고 다루는 주제도 그게 그것인 경우가 많다. 주요한 선교 대회 때마다 약방에 감초처럼 꼭 들어가는 강사들도 있다. 그 분들이 갖는 상징적인 의미가 여전한 까닭이다. 그러나 선교 현장은 변하고 있다. 좁은 의미에서 거주 사역자로서 현장을 떠난 지 오래된 이들이 전해주는 선교지 정보는 표현만 업데이트한 과거의 정보일 수 있다. 어제까지의 정석이 오늘은 묵은 탁상공론이 되기도 한다. 선교지 사람이 변하고 선교지 환경이 변하기 때문이다. 선교정보를 두고 차분한 판단을 위한 그 몇 가지 관점을 나눠본다.

1) "정말 그런가요?" 과연 그럴까?'라는 질문을 멈추지 말라. 이것이 없이는 혹여나 있을 선교보고의 과대포장이나 선교사 스스로를 돋보이게 하는 본의 아닌 거품 보고에 현혹당할 수 있다. 그러다보면 사실을 분별하는 판단력을 잃어버릴 수 있다. 이 기본적인 자세를 가지고 선교보고를 마주하여야 한다.

아래와 같은 질문을 던지면서 이 고민을 펼쳐가야 한다. '합리적 의심'은 진실을 알기 위한, 더 잘 믿기 위한 과정이기 때문이다. '맹목적'인 신뢰나 추종만큼 어리석은 것은 없다.

2) "근거 자료가 있나요?" 선교사나 단체의 신념 섞인 주장에 끌려 다니지 말아야 한다. 신념 또는 심증이 아니라 물증 확인이 중요하다. 이슬람세계와 무슬림을 향한 문명 간의 충돌을 조장하는 듯한 발언들에 유의하라. 마치 모든 무슬림들이 일치단결하여 서구와 기독교를 대적하고 한국을 이슬람화하기 위하여 동분서주하고 있는 것처럼 말한다면 더욱 그

근거를 요구하라.

예를 들어 서구가 이슬람화되고 있으니 경계를 늦추지 말라고 요청한다면 이렇게 질문해보라. 서구 기독교인들이 무슬림으로 강제 개종되고 있는가? 무슬림 불법 이민자들의 유입은 얼마나 되는가? 무슬림 이주자들 중 기독교 신앙을 받아들인 이들은 얼마나 되는가? 등을 질문하라. 이런 질문에 어떤 답을 하더라도 재차 물어야 한다. 그런 답변의 근거는 무엇인지를 물어야 한다. 여기서 말하는 근거는 누가 말했다, 어디서 들었다는 식이 되어서는 안된다. 1차 자료까지 다가서야 한다. 그리고 그 1차 자료 자체도 객관적으로 살펴보아야 한다.

3) "입장 바꿔 생각해야 하는 것 아닌가요?" '나'라면, '한국교회'라면, '우리나라'였다면 어떠했을까? 이것은 객관적인 판단을 위한 중요한 도구이다. 선교지 상황을, 무슬림을 특별한 시각으로만 보는 것은 문제이다. 우리가 겪은 역사나 우리의 정서를 통해서도 이슬람 세계와 무슬림을 잘 이해할 수 있다. 최소한 쉽게 단정짓거나 규정하지 않고 이해할 수 있는 '틀'은 제공받을 수 있다. 모든 한국 그리스도인들이 소위 '종교적'이지 않은 것처럼 선교지 사람들도 동일하다. 그들도 우리와 성정이 같은 사람들임을 기억하라.

기독교 세계는 완전하고, 건강하며 기독교인들은 이슬람을 믿는 무슬림들보다 더 낫다고 쉽게 말하는 것에 의문을 제기하라.

4) "그때는 그랬지만 지금은 시대도, 사람도 변하지 않았습니까?" 이런 질문도 중요하다. 선교 정보는 현장성도 중요하지만 시의성도 중요하다. 묵은 정보가 새로운 상황에 힘을 쓸 수는 없다.

예를 들어 시리아의 경우를 예로 든다면 그 시리아는 5년 전과 지금, 그리고 10년 전이 달랐다. 물론 수십 년 전은 더욱 달랐다. 그리고 같은 시기에도 지역마다, 관계자에 따라 다른 평가가 가능하다. 이른바 과거 역사는 변한 것이 없지만 사람을 둘러싼 환경은 계속 변하고 있다. 전략은 과거로 쏘아 올리는 미사일일 수 없다. 내가 현장에서 보니 … 내가 가서 보았더니 … 이런 이야기를 듣게 될 때 '언제'였는지를 확인하고 '지금'에 주목하라.

5) **"다른 단체, 다른 사역자들이 맡으면 안 됩니까?" 특정 단체만이, 자기만이 유일한 사역주체인 것처럼 주장하는 이들이 있다면 이렇게 반문하라.** 다른 단체나 다른 나라 선교사들은 어떻게 사역하고 있는지를 물으라. 선교는 함께 이뤄가는 것 일뿐 고립되고 신앙의 이름으로 왜곡된 민족주의나 선교단체 지상주의는 아니다. 해당 단체나 선교사의 사역에 대해 다른 당사자들, 현지인들의 냉정한 평가를 들었는지 물어보라.

나는 현장에서 다양한 단기 팀들을 만나면서 고집하던 하나의 원칙이 있었다. 그것은 단기 팀들에게 본인이 소속된 단체만을 강조하거나 보여주지 않았다. 내가 속한 단체도 이들 단기팀들이 현장에서 만나야할 다양한 단체들의 하나일 뿐이었다. 그래서 단기팀들이 현장을 제대로 이해하도록 다양한 계층의 사람들을 만나도록 도와야 했다. 외국 선교사들, 한국인 선교사들, 현지 기독교 지도자들, 현지 지도자들 … 다양한 사람들을 통해

현장과 방문지의 사람들을 보다 총체적으로 이해할 수 있도록 돕기 위한 것이었다. 판단은 방문자가 하여야할 몫이었다. 하나의 정보를 제공한다는 이유만으로 접촉하고 접근할 정보나 대상을 사전에 통제하거나 줄일 필요는 없을 듯하다. 방문자들, 그들이 특정 단체에 소속되어 현지에 나온 단기팀들이라 할지라도 자기 단체의 특정한 모양만을 강조하는 것은 바람직한 것으로 보이지 않는다. 조금 번거로울지라도 참석자들의 바른 현장 이해를 위해 다양한 접근과 기회를 제공하는 수고가 필요하다.

선교지에 오래 살았다하여도 어떤 면에서 변화의 흐름에 무관하게 과거에 살 수 있다. 정보는 살아있는 사람들이 계속적으로 만들어가는 삶의 정황에 관련한 종합 보고서이다. 변화하는 삶에 대한 지속적인 관심과 참여를 통해서 이뤄지는 정보들이 현장 사역자들을 통해 공유될 때 정보는 생명력을 지니게 될 것이다. 현지발 외신종합이나 외신인용이 현장성을 빙자하여 사실을 왜곡시키듯이 우리에게도 비슷한 경향이 답습된다.

이런 여러 가지 이유로, 우리들은 글이나 말로 선교사나 선교단체의 선교 보고나 강의를 들을 때, 단체 소개를 받을 때 차분한 분별력이 필요하다. 이런 번거롭기 그지없는 '의심'과 '질문'은, 다른 민족이나 다른 신앙을 가진 이들, 이슬람 세계에 살고 있는 이들과 무슬림들을 잘 섬기기 위한 기본적인 수고인 것이다.

제3장
이슬람 선교 신화 깨기

　한국의 이슬람권 선교 현장 안팎에도 신화와도 같은 오래된 확신(?)들이 존재한다. 이슬람권에서의 복음 선교와 관련한 오래된 철칙과 금기 사항들이다. 그러나 이런 금기 사항 중에는 이슬람 세계와 무슬림에 대한 다양한 신화들 Myth로 인한 편견과 선입견들, 잘못된 확신들에 바탕을 둔 경우가 많다. 이들 신화들은 잘못된 상황 평가와 편견 등으로 필요이상의 과도한 부담감을 겪기도 하고 오히려 선교의 장애물로 자리하기도 한다.

　확인하지 않고 먼저 받아들인 사실들 가운데는, 고정관념이나 선입견, 그것도 부정적인 확신이 있다. 시대도 사람도 변하지만 이러한 규칙은 하나의 금기와도 같은 존재가 되어 버렸다. 한국 교회의 이슬람 선교 운동을 둘러싼 신화들을 벗겨보자. 안된다는 그 확신이 얼마나 맹신 또는 미신인지도 확인해보자. 된다고 장밋빛 청사진을 내놓지도, 안된다고 어두운 진단서를 들이밀지도 말자. 하나님의 일하심에 대한 공정한 시선, 열린 시선을 되찾아보자.

1

이슬람권 선교는 3D 선교?

이슬람권 선교를 두고, 위험한 지역에서의 선교, 복음을 받아들이기 가장 어려운 사람들 가운데서의 선교, 복음의 열매를 맛보기 가장 번거로운 곳에서의 선교라는 생각을 한다. Dirty, Difficult, Dangerous Mission이라는 것이다. 이런 고정된 생각 덕분인지, 새롭게 이슬람권으로 파송되는 선교사들에게서 다소 경직된 느낌을 갖곤 했다. 파송교회나 후원교회에서는 다른 지역이 아닌 이슬람권으로 나가는 선교사나 사역하는 선교사들에게, 조금은 특별한 감정을 갖고 있는 것 같다. 그러나 최소한 4가지 관점을 새롭게 할 필요가 있다.

하나는 하나님의 존재에 얽힌 것이다. 하나님은 우리의 도움에 의존하여서만 선교하시지 않으신다. 스스로 계시며 말씀하시는 분이시다. 두 번째는 중동에 대한 이해이다. 성경의 땅 중동은 하나님이 일하신 땅이고, 지금도 일하시는 땅이며, 앞으로도 일하실 땅이라는 것이다. 세 번째는 복음의 능력이다. 복음은 스스로를 변증한다. 복음의 능력은 사람을 불러 하나님

나라로 이끌어 들인다. 네 번째가 증인의 몫에 대한 이해이다. 증인은 목격자이지, 일을 만들어가는 것은 증인의 본질적인 역할이 아니다. 그런 점에서, 증인으로서, 아랍이슬람 세계에서, 하나님의 주도로 이뤄지는, 복음 전파의 현장을 잘 목격하고, 그 땅, 그 자리에 없는 이들에게, 하나님의 아름다운 소식을 전하는 것이다. 이런 고민을 안고서 이야기를 더 벌여나간다.

때를 놓치는 것, 때를 기다리는 것?

'이슬람권 선교는 뿌리고 기다리는 인내가 필요하다'고들 말한다. 선교사 평생 사역에 몇 명의 결신자 만나기도 힘들기 때문이라는 것이 그 이유이다. 이것은 그동안 사실이었다. 그렇지만 그것은 절반의 사실일 뿐이다.

수백 수천 수 만 명을 한꺼번에 수용할 수 있는 아주 많은 수의 현대식으로 지어진 이슬람 사원들이 쿠웨이트 시내 곳곳에 즐비했나. 북아프리카의 이집트도 동일했다. 오래된 이슬람 역사를 보여주는 고풍의 사원들이 산재해있다는 점만 다를 뿐이었다. 어디서나 쉽게 이슬람 사원임을 알 수 있게 해주는 높은 첨탑미나렛 minaret 1과 예배 시간을 때를 따라 알려주는 안내 방송이 거리를 덮는다. 이슬람 세계와 유럽 문명의 교차로였던 북아프리카 끝자락 모로코 Morocco 2로 들어서자 이런 전형적인 분위기는 반감되었다. 사원도 그리 많이 눈에 들어오지 않았고, 사원의 확성기를 통해 울려 퍼지는 예배 안내 방송도 무관심한 이들에게는 들려지지 않았다. 이슬람 세계는 다 똑같고, 무슬림들도 별다른 차이가 없다고 생각했는데 사실은 그렇지 않았다. 나라마다 민족마다 처해진 상황이 달랐고, 이들이 보여주는 이슬람에 대한 태도와 종교성도 하나가 아니었다.

---

1 manāra라는 아랍어에서 기원한 단어이다. 본 뜻은 '등대'였다.

2 아랍어로 al-Maghrib으로, '해지는 곳'이라는 뜻이다. 성경에서 해 뜨는 곳은 지금의 이란, 이라크 지역을 포함한 메소포타미아 지역 전체를 가리켰다. '해지는 곳'은 이집트와 그 서쪽 전체 지역을 뜻했다.

세상은 변하고 있다. 물론 선교지라고 하여 변하지 않는 곳은 그 어디에도 없다. 변화하는 그 흐름을 제대로 알지 못하면 우리는 이상한 나라에 갇혀 살고 있는 꼴이 될 것이다. 여전히 이슬람 세계에 대한 한국교회의 관심은 식지 않는다. 그러나 냄비 물 끓는 것 마냥 감정적이고, 일시적이다. 이라크 전쟁이나 팔레스타인과 이스라엘의 유혈 충돌, 세계적인 테러 배후로 지목되는 몇몇 무슬림 무장저항 조직들, 다에쉬IS 등 이슬람 세계에 대한 관심이 끊이지 않는 것이 사실이다.

그런데도 이상한 현상이 하나있다. 늘 무슨 일이 생기면 전문가가 없다니 현지 상황에 무지하다느니 하는 비판과 반성들이 있지만, 그것으로 끝이라는 것이다. 이슬람 세계에 대한 구체적인 지식이나 정보가 늘어가는 것도 아니고 별달리 지역 전문가를 키우기 위한 별다른 노력도 기울여지지 않는 것이다.

라합과 아나니아를 만나자

나는 1990년 11월 초, 난생 처음 비행기를 탔다. 두 도시를 경유하여 이집트로 가는 항공편이었다. 이라크가 쿠웨이트를 점령하고 있던 터였기에 중동 지역에 긴장감이 돌고 있었다. 그 이후 중동에 머물면서 두 번의 큰 전쟁을 옆에서 보았다. 91년의 걸프전쟁과 2003년의 이라크전쟁이었다. 모두가 이라크를 대상으로 하는 미국 주도의 전쟁이었다. 사담 후세인과 부시 1세와 2세의 대결이었다.

이 전쟁을 경험하면서 내가 확신처럼 간직하고 있던 많은 부분들이 편견이었고 선입견이었음을 뒤늦게 깨달았다. "내가 이슬람권을 다 둘러보기 전에는 이슬람 세계와 중동에 대해 바로 알 수 없을 것이다 … 복음이라는 진리를 편견의 선로 위에 올려놓을 수는 없다"라는 생각을 하고는 아랍 이슬람 국가 모두를 살펴보겠다고 결심했다. 그러나 아직도 그 모든 나라를 생활인의 입장에서 다 짚어보지 못하고 있다. 아직도 아랍어를 국어로 하는 이슬람국가들의 80% 안팎을 둘러보았을 뿐이다. 지금도 배우고 있는 것이 있다. 이 땅에는 사람들이 살고 있고, 복음의 출발지였고, 그 복음의 그루터기는 지금도 여전히 남아 있으며, 무엇보다도 하나님의 구원 역사는 멈춘 적이 없다는 점이다.

정탐꾼은 목격자

성경에서 소개하는 두 번에 걸친 정탐 이야기를 기억한다. 한 번은 가데 스바네아에서 보냄 받은 12명이고, 다른 한번은 여리고 성 공략을 앞둔 2명의 정탐꾼 이야기이다. 여호수아가 두 명의 정탐꾼을 이른 아침 파견한 이유는 명백하다. 전쟁에서 잔뼈가 굵은 백전 노장으로서 가장 견고한 성 여리고를 어떻게 하면 섬설하게 공략할 것인지를 결정할 수 있는 전략 정보를 캐내기 위한 것이었다. 그러나 여호수아의 전쟁을 통한 여리고 성 함락 작전은 정확하게 실패했다. 정탐이 실패했고, 그것을 바탕으로는 아무런 계획도 짤 수 없었다. 그러나 여리고성은 하나님의 방식으로 성 안으로부터 무너졌다. 정탐꾼이 여리고성에서 잠시 만난 라합은 여호수아의 작전 코드를 완전히 바꾸어주었다. 라합은 하나님을 계획을 알려준 최상의 정탐꾼이었던 셈이다. 견고한 성으로만 인식하고 라합의 목소리를 통해 하

나님을 만나지 못했다면 어떤 일이 벌어졌을까?

그로부터 39년 전 봄 가데스바네아에서 12명이 가나안 정탐을 위해 뽑혔다. 사십 일간의 정탐 결과는 일치했다. 그 땅은 크고 견고한 성들도 가득한 난공불락의 땅이었다. 현상적으로는 그랬다. 그러나 여호수아, 갈렙은 그 현상을 넘어서서 들려주신 라합과 같은 목소리, 하나님의 마음을 읽어냈다. 그것은 겉으로 드러난 가나안 땅의 크고 강한 거민들, 견고한 성의 '현상'을 넘어서는 것이었다.

오늘날 이슬람 세계도 외형적으로는 12명의 정탐꾼들이 고백한 것과 크게 다르지 않다. 곳곳에서 쉽게 만나게 되는 수많은 이슬람 사원들, 이마에 기도로 인해 굳은살이 배긴 독실한 무슬림들, 메카를 향해 동시에 기도하는 무슬림들의 일사불란한 모습들, 쩌렁쩌렁 울려 퍼지는 사원의 기도 안내 방송과 꾸란 읽는 소리들 … 그 어디에도 쉽게 예수를 알 것 같지 않은 이들이고 그런 땅이다. 그러나 이런 현상을 넘어서서 이 땅의 사람들과 역사 한복판에서 일하시는 하나님은 무엇을 말씀하시는 것일까? 그곳에는 선교사들을 만나지 않았음에도 불구하고 예수 그리스도를 만난 이들, 만나고 있는 이들이 늘어가고 있다. 성경을 읽을 때 그들의 마음을 뜨겁게 달궈주는 경험들도 늘어만 가고 있다.

엉뚱한 생각을 해본다. 우리가 하나님을 밀착접근 한다면 하나님은 어떤 반응을 보이실까? 우리들이 하나님의 마음과 행하심을 가까이서 아주 구체적으로 집요하게 알고자 노력하자. 어떤 면에서 하나님은 아예 믿는 자들을 당신의 스토커로 인정하신 것 같다. 목격자, 증인으로. 그리고 그 이끄심을 따라가다 보면, 그곳에 아나니아가 있고, 그곳에 라합의 목소리가 들릴 것이다. 영적 전쟁은 힘의 대결 같은 싸움이 아니라, 하나님의 마음에 반응하고 기다리고 하나님의 사람들에게 다가서는 것임을 알게 될 것이다.

2

이슬람이 유대교보다 기독교 이해에 더 가깝다

'이슬람'이라는 단어를 마주할 때, '유대교', '아랍', '유대인', '이스라엘' 등의 어휘를 사용할 때, 많은 이들이 느끼는 느낌은 다르다. 하나는 친밀감이고 다른 하나는 거리감과 적대감이다. 누가 누구보다 더 가깝게 느껴질까? 당연하게 유대교, 유대인, 이스라엘일 것이다. 그런데 이런 당연한 느낌과 판단은 객관적인 것일까?

기독교와 유대교는 구약성경을 공유한다. 그런 이유인지 모르지만, 적지 않은 기독교인들은 유대교를 기독교에 가까운 것으로 생각한다. 이슬람은 유대교보다 더 반기독교적이라 규정짓곤 한다. 그러나 우리의 생각과는 다르게 이슬람이 유대교에 비해 기독교 이해에 더 다가서있다. 세계를 바라보는 하나의 틀인 세계관의 틀로 유대교와 이슬람의 주요 특징들을 정리해보자.

종교의식과 가치관에 따른 거리감

유대교와 이슬람 모두 하나님유대교와 이슬람에서 각자 하나님을 표기하는 것이 있다. 유대교에서는 야훼로, 이슬람에서는 알라로 표기하곤 한다. 이 글에서는 필요에 따라서, 그것을 구분하기도 했고, 기독교인을 중심으로 다룰 때는 표현의 차이를 빼고 하나님으로 표기하였다.에 의한, 무에서의 유의 창조, 천지와 인간 창조를 말한다. 그러나 하나님의 창조 방식과 내용에 있어서는 약간의 차이를 보여준다. 유대교는 기원전 3761년에 지구와 인류가 창조되었다고 주장한다. 기독교인들 가운데도 이같은 창조연대를 받아들이고 있다. 그러나 이슬람은 이런 창조연대를 주장하지 않는다. 이보다는 더 오랜 기간 동안 지구가 창조되었다고 말한다. 이 하나님은 오직 한 분이신 유일한 존재이다. 때문에 유대교, 이슬람 모두 삼위일체를 받아들이지 않는다.

그러나 아담의 죄로 인해 에덴동산에서 아담과 하와가 쫓겨났다고 소개한다. 즉 아담과 하와의 죄에 대해서는 거의 같다. 그런데 그 죄를 바라보는 입장은 다르다. 유대교나 이슬람 모두 아담의 죄가 후손들에게, 모든 인류에게 전수된다고 하는 기독교의 입장에 반대한다. 아담과 하와는 선하게 창조되었고, 그 후손들도 선하게 창조된다고 말한다. 다만 사회와 성장과정에서 악에 오염되는 것이라고 인간의 상태를 설명한다. 인간의 잘못죄에 대한 책임이 그 인간 스스로 짊어져야 하는 것으로, 선행을 통해 그 죄를 갚아야 한다는 생각을 가진 무슬림들이 많다. 유대교나 이슬람 모두 자력과 선행을 통해 구원에 이를 수 있다고 주장한다. 다른 중보자를 필요로 하지 않는다. 기독교의 그리스도메시야가 유대교나 이슬람에서는 존재하지 않는다.

그 메시야는 인간일 뿐이고 하나님이 구별하고 선택하여 인간들에게 보낸 하나님의 예언자라고 생각한다. 그런데 유대교의 메시아는 유대인이며, 유대민족을 우선적으로 구원할 정치적 메시야로 받아들인다. 이슬람은 특정 인종을 위한 메시야가 아닌 모든 민족과 관련이 있는 메시야로 말한다.

물론 그 메시야가, 재림할 예수 그리스도가 인류를 구원할 메시야로는 받아들이지는 않는다.

바로 이것이 유대교와 이슬람의 가장 큰 차이일 것 같다. 유대교에서는 기독교에서 말하는 예수의 존재가 인정되지 않는다. 더 멀리는 예수의 예언자로서의 정체성도 받아들이지 않는다. 전혀 예수의 자리가 인정되지 않는다. 그러나 이슬람에서는 예수의 존재가 자주 언급된다. 꾸란에서도 무함마드보다 예수가 더 많이 언급된다. 예수의 재림도 인정한다. 그러나 예수의 신성을 받아들이지는 않는다. 심판자로서의 예수의 재림도 인정하지 않는다. 아주 위대한 하나님의 선지자로 믿고 존경할 뿐이다.

또한 유대교에는 기독교의 자리가 없다. 그냥 이방인일 뿐이다. 이슬람에서는 기독교와 유대교도 계시의 종교로 인정된다. 기독교에 대해서도 존중하고 받아들인다. 물론 폭력적인 정권과 집단에 의해 반기독교, 반유대교 입장이 전개될 때도 있었다. 그렇지만, 이슬람 세계에서 유대교의 문명의 흔적과 유대인이 오랜 시간 동안 보호된 것을 통해, 그리고 기독교회와 기독교인, 그 문명의 흔적이 보호된 것을 통해, 이슬람이 갖고 있는 기독교와 유대교에 대한 태도를 짐작할 수 있다.

기독교와 이슬람 모두, 하나님의 절대성을 인정하고 믿는다. 그의 권위와 능력과 존엄함, 정의, 평화, 사랑의 속성도 믿는다. 그런데 거기 계시며 말씀하시는 존재이다. 인간과의 소통은 예언자를 보냄을 통해 한다고 생각한다. 인간이 되었다고나 인간의 일상에 찾아와 머무신다는 등의 개념이 들어설 자리가 보이지 않는다. 게다가 하나님이 인간이 되셨다는 것은 전혀 받아들이지 않는다.

유대교의 유대 선민주의가 강한 반면에 이슬람의 은근한 아랍선민주의가 비교된다. 아랍선민주의라 표현한 것은, 알라가 아랍어로 1400년전 무함마드를 통해 계시하였기에, 꾸란은 그 아랍어로 된 것만이 경전이다. 다양한 언어로 번역된 꾸란은 경전이 아닌 인간의 번역한 책일 뿐이다.

유대교, 이슬람 모두 거룩한 장소가 있다. 유대교의 예루살렘 성전터와 회당이, 이슬람의 사우디아라비아 메카, 메디나, 예루살렘과 사원이 그 중 대표적이다. 그런데 이슬람에서는 메카를 향해 엎드리는 장소를 거룩한 공간으로 생각한다. 이 기도 공간은 어디에서나 마련할 수 있다. 기도 양탄자를 펼치거나 없으면 다른 무엇인가를 활용하여, 땅과 구별을 통해 기도 공간, 거룩한 공간을 마련한다.

문득 기독교의 성지순례가 어디서 영향을 받았는가를 떠올려 본다. 유대교의 성지순례가 기독교를 거쳐, 이슬람으로 전달된 것은 아닐까? 아니 어쩌면 기독교인의 성지의식이 유대교와 이슬람보다 더 강한 것으로 내게 다가온다. 그것은 특정한 장소를 더 거룩한 장소로 간주하는 의식이나 이른바 성지순례라는 이름의 여행조차 일반화된 것에서 엿볼 수 있다. 신비주의 계열의 무슬림이나 시아파 무슬림의 경우 거룩한 장소에 대한 애착이 다른 무슬림보다 크게 보인다. 그러나 수니파 무슬림의 경우 거룩한 장소에 대한 의식은 메카, 메디나, 예루살렘에 대한 것 외에는 두드러지지 않는 것 같다.

위에서 짧게 살펴본 유대교와 이슬람에 예수의 존재, 예수의 재림, 복음에 대한 이해가 어떻게 다른가. 사람들의 일상에 찾아오신 하나님에 대한 이해가 유대교, 이슬람에 어떻게 자리 잡고 있는가? 우리가 알고 실천하는 하나님나라 복음은 성경적인가? 유대교적인 요소는 무엇인가? 이슬람은 기독교 복음에서 어느 정도 멀리 있는가? 이런 질문에 무엇이 떠오르는가? 우리가 생각하는 것보다 유대교는 기독교에서 멀고, 우리가 믿고 있는 것보다는 이슬람이 기독교에 다가서있다. 즉 무슬림이 성경과 기독교 신앙을 이해할 토대가 평균적인 유대교인들보다 더 크게 자리잡고 있다고 볼 수 있다. 무슬림들에게는 세례요한꾸란에서 야히야로 언급한다이 존재나 예수가 소개되고 있고, '복음'인질이 언급되는 등 대화의 접점이 유대교인보다 생각보다 많기 때문이다.

> 참 빛 곧 세상에 와서 각 사람에게 비추는 빛이 있었나니, 그가 세상에 계셨으며 세상은 그로 말미암아 지은 바 되었으되 세상이 그를 알지 못하였고, 자기 땅에 오매 자기 백성이 영접하지 아니하였으나, 영접하는 자 곧 그 이름을 믿는 자들에게는 하나님의 자녀가 되는 권세를 주셨으니, 이는 혈통으로나 육정으로나 사람의 뜻으로 나지 아니하고 오직 하나님께로부터 난 자들이니라. 말씀이 육신이 되어 우리 가운데 거하시매, 우리가 그의 영광을 보니 아버지의 독생자의 영광이요 은혜와 진리가 충만하더라.요1:9~14

이 말씀은, 하나님나라의 복음을 누리며 사는 삶의 바탕을 보여준다. 지금 현재의 인종·성별·언어 또는 종교에 따른 차별을 넘어서야 한다. 차별 대신 구별을, 배제 대신 포용을, 혐오 대신 사랑을 배워가는 삶이 필요하다. 하나님나라 복음에 대한 확신과 다른 사람의 믿음의 현재에 대한 존중과 배려를 실천할 수 있다. 하나님은 지금도 임마누엘이시기 때문이다.

3

꾸란 번역은 이슬람화 전략의 일환이다?

 이런 확신을 갖고 있는 선교사나 기독교인들이 의외로 많다. 그러나 이슬람보다 기독교가 주도적으로 꾸란을 번역했다. 이슬람이 선교적이고 도전적이고 호전적으로 교세를 확장하고 있다는 말하는 이들, 그렇게 믿는 이들이 적지 않다. 이런 주장과 확신 근거로 꾸란, 꾸란 번역을 내세우는 경우도 적지 않다. 적지 않은 이가 "한 손에는 코란, 한 손에는 칼"로, 무력과 테러리즘으로 이슬람을 확산시키고 있다고 생각한다.

 "이슬람은 선교적인가?" 한 종교의 선교적 열망은 아무래도 한 종교의 경전의 번역 사례로 엿볼 수 있을 것이다. 그런 측면에서, 이슬람 경전인 꾸란의 서구권 언어로의 번역 현황을 살펴보고자 한다. 이른바 이슬람 세계의 맞은편에 서구 기독교권이 자리하고 있다면, 그 서구 기독교권에 이슬람을 확산하기 위해 노력하는 모습을 지난 역사 속에서 발견할 수 있어야 한다. 꾸란의 서구 기독교권 언어로의 번역과 보급 현황이 그 단서가 될 수 있을 것이다.

꾸란은 아랍어로 기록된 1400년 전의 아랍어 꾸란만을 권위로 받아들인다. 꾸란이 다른 언어로 번역된 것은 11세기에 페르시아어로의 번역이 대표적이다. 페르시아어 버전은 세기마다 새로운 번역본이 등장하였다. 꾸란의 서구어, 대표적으로는 영어로 번역된 현황은 어떠한지, 번역과 보급 현황을 통해 '이슬람은 선교적이다'라는 명제에 어떤 판단을 내릴 수 있을 것 같다. 또한 이슬람화를 위하여 이슬람의 경전인 꾸란을 의도적으로 기독교적으로 번역하고 있다는 등의 혐의를 검토할 수 있을 것이다.

먼저 아랍어 꾸란의 서구어 번역을 짧게 살펴보자. 꾸란을 서구 언어로 번역한 것은 기독교이다. 서구 언어로 번역된 것은 라틴어로 된 꾸란 해설서로 1143년의 일이다. *Lex Mahumet pseudoprophete*『거짓 예언자 무함마드의 법』, Robert of Ketton이 그 제목이었다. 이슬람에 대한 비판적 입장을 가진 번역이었다. 무슬림들에게 기독교를 전하기 위한 방편으로 번역한 것으로 보인다. 이 번역본이 마틴 루터 시대인 1543년에 인쇄본 *Lex Mahumet pseudoprophete*으로 보급되었다. 마틴 루터는 이 번역본 인쇄에 서문을 썼다. 1547년에 이탈리아어로 번역되었고, 이 번역본을 바탕으로 1616년에 독일어 번역본 *Alcoranus Mahometicus*이 나왔다. 1647년에 아랍어 꾸란을 직접 번역한 *L'Alcoran de Mahomet*Andre du Rye 프랑스어 번역본이 나왔다. 이 프랑스어 번역본을 바탕으로 1649년 영역본 *Alcoran of Mahomet*Alexander Ross이, 1657년에는 네덜란드어 번역본 *Mahomets Alkoran*Jan Hendriksz Glazemaker이 나왔다. 1698년에 아랍어 꾸란에서 직접 번역한 세 번째 라틴어 번역본Father Louis Maracci이 나왔다.

또한 비무슬림이 꾸란을 영어로 번역했다. 꾸란의 영역본 역사는 이보다 나중 일이다. 1649년 영역본 *Alcoran of Mahomet*Alexander Ross이 프랑스 번역본 *L'Alcoran de Mahomet*Andre du Rye, 1647을 번역해 나왔다. 1734년 아랍어 꾸란에서 직접 번역한 영어 번역판 *The Koran*George Sale이 나왔다.

1861년, 또 다른 영역본 꾸란 *The Koran*[John Medows Rodwell]이 나왔다. 1880 년에 또 다른 영역본 *The Koran*[E.H. Palmer]이 나왔다. 1937년에 *The Qur'an translated with a crucial rearrangement of Surahs*[Richard Bell], 1955년에는 *The Koran Interpreted: A Translation*[Arthur John Arberry] 영역본이, 1956년에는 *The Koran*[N.J. Dawood] 영역본이 나왔다.

이로부터 한 참의 시간이 흘러 무슬림 주도 꾸란 영어 번역이 이뤄졌다. 근대사 이후의 일이다. 무슬림이 영어로 번역한 꾸란이 나온 것은 1917년 의 일로, 인도 무슬림 학자 Maulana Muhammad Ali가 영역한 것이다. 무 슬림이 번역한 최초의 서구어로 된 꾸란 번역서였다. 이후, 무슬림이 번역 한 영역판 꾸란 번역서해설서는 아래와 같다.

The Meaning of the Glorious Koran[Marmaduke Pickthall,1930], *The Holy Qur'an: Text*[Abdullah Yusuf Ali,1934], *The Holy Quran with English*[Maulvi Sher Ali,1936], *The Quran*[Muhammad Zafrulla Khan,1971], *The Message of the Qur'an : Presented in Perspective*[Dr. Hashim Amir Ali,1974], *The Message of The Qur'an*[Muhammad Asad, 1980], *Al Qur'aan*[As Sayyid Imam Isa Al Haadi Al Mahdi,1981], *Noble Qur'an*[Muhammad Muhsin Khan,1985], *The Qur'an: First American Version*[T.B. Irving.1985], *The Qur'an*[Muhammad Habib Shakir,1989]

이런 상황은 독일이나 프랑스 등에서도 별반 차이가 없다. 무슬림이 독 일어로 번역한 최초의 독일어판 꾸란은, 1986년 Muhammad Ahmad Ras- soul이 번역한 *Die ungefähre Bedeutung des Qur'an Karim*이다. 그 이전까 지 독일어판 완역 꾸란은 모두 14개가 있었다. 독일어판 완역 꾸란은 20개 정도다. 1996년에는 Ahmad von Denffer이 번역한 *Der Koran. Die Heilige Schrift des Islam*이 나왔는데, 독일인 무슬림이 처음 번역한 독일어판 꾸란 이다. 꾸란 번역할 때 독일보다 덜 활발했던 12개 정도의 번역판이 있는 프 랑스의 경우는 어떨까. 무슬림 Muhammad Hamidullah와 Michel Leturmy

가 1959년에 번역한 *Le Coran*이 무슬림이 번역한 최초의 프랑스어판이다.

간략하게 살펴본 것처럼 서구 언어로 된 꾸란 번역본은 이슬람 세계에서 번역한 것이 아니다. 서구어 꾸란 번역본은 무슬림에 의한 무슬림을 위한 번역본이 아니었다. 기독교인교회에 의한 기독교인교회을 위한 꾸란 번역이었다. 모두 서구 교회가 이슬람 세계를 이해하고, 무슬림에게 기독교를 전하기 위한 목적을 담은 것이었다. 선교의 목적을 두고 꾸란 번역 작업이 이뤄진 것이었다. 꾸란을 둘러싼 기독교인 사이에 번져있는 괴담에 대해 팩트 체크를 한다. 영역판이나 서구 언어로 번역된, 무슬림이 아닌 기독교인이나 교회에서 번역한 꾸란에는 Allah 호칭이 어떻게 번역되어 있을까? 이번역 언어는 신학적 입장이 녹아져 있다고 볼 수 있다. 라틴어 번역본에는 'Allah'를 Deus 등으로 번역하고 있다. 라틴어 성경에서 하나님을 지칭할때 쓰는 표현이다. 역량과 시간 부족 등으로 다른 서구 언어 번역본까지 확인할 수는 없었다.

의도적으로 '알라'를 하나님이라 번역했다는 주장, 근거가 부족하다. 알라를 하나님으로 번역하는 등, 꾸란 번역이 기독교인을 대상으로, 기독교인을 이슬람화하려고 의도적으로 번역했다는 주장은 근거가 부족하다. 영역본은 어떨까? 비무슬림이 번역한 영역본은 앞서 언급한 것처럼 모두 7번더 있을 수도 있지만, 내가 확인한 것은 7권이었다.

1734년 George Sale, 1861년 John Medows Rodwell, 1955년 Arthur John Arberry가 번역한 영역본은 한결같이 Allah를 God로 번역하고 있다. Richard Bell[1937]은 Allah로 표기하고 있다. 이것과 달리 무슬림이 번역한 영역판에는 M. Muhammad Ali[1917], Mohammed M. Pickthall[1930], Muhammad Akbar[1967]에서 볼 수 있는 것처럼, 거의 대부분이 Allah로 표기하고 있다.

이슬람화 위해 의도적으로 번역했다는 주장도, 근거 부족이다. 위에서 먼저 살펴본 것처럼, 꾸란 번역은 대부분 무슬림이 아닌 기독교인과 교회, 비무슬림 주도로 이뤄졌다. 알라Allah 표기상 차이는 이슬람 진영이 영미권과 서구의 비무슬림이나 기독교인 대상으로 꾸란의 **Allah**를 의도적으로 하나님이라고 번역했다는 주장에 반박하는 자료가 된다. 무슬림 학자들의 꾸란 번역도 비무슬림 대상이라기보다 무슬림을 대상으로 하고 있다는 점도 눈여겨봐야 한다.

기독교인 위한 꾸란 번역/무슬림 위한 꾸란 번역이 있었다. 비무슬림 대상으로, 교세 확장을 위한 목적으로, 기독교 세계의 기독교인을 대상으로 하는 꾸란 번역은 거의 이뤄지지 않았다. 영어판, 독일어판, 프랑스어판 등 주요 서구 언어로 된 꾸란 번역은 절대다수가 비무슬림에 의한 번역이었다. 이 번역은 기독교인을 위한 번역으로 볼 수 있다. 이후 나온 무슬림이 번역한 영어, 독일어, 프랑스어 꾸란 해설서도 비무슬림 대상이라기보다 관련 언어권 무슬림을 일차 대상으로 삼은 것이었다. 아랍어 꾸란은 아랍 무슬림에게도 쉽지 않다. 이민 2·3세의 아랍어 독해 능력은 결코 높지 않다.

꾸란 번역을 통한 이슬람화 전략의 실체, 근거 부족이다. 앞서서 살펴본 것처럼, 꾸란 번역의 주도권을 잡은 것은 무슬림이 아니었다. 지금까지 번역된 서구 언어로 된 꾸란 번역 수와 양도 많지 않다. 기독교 선교를 위해 수많은 종족 언어, 부족 언어로 성경을 번역한 것과 비교된다. 세계성서공회연합회 2014년 통계에 따르면, 쪽복음성경의 부분이라도 번역된 경우를 따지면 2,886개 언어였다. 꾸란의 경우 100개 정도 언어로 번역된 것으로 보인다.

이슬람이 유럽과 전 세계를 이슬람화하고 있다는 주장은 이제는 낯설지 않은 주장이 되어 버렸다. 그 주장 안에는 이슬람의 알라를 기독교의 하나님과 동일시하고 있다는 주장이 돌고 있다. 이슬람은 선교적 종교인가? 이슬람권이 전 세계를 이슬람화하기 위해 의도적으로 꾸란을 순화시켜 번역하고 있다. 기독교인에게 다가서기 위한 어휘를 선택해 번역하고 있다는 소문도 돌고 있다. 이런 주장은 그야말로 괴담일 뿐이다.

　나는 이런 이유로, 이슬람이 최소한 중세 이후 역사에서 전략적 선교를 하는 모습을 보여 주었다고 생각하지 않는다. 오히려 서구 교회가 이슬람 이해와 무슬림 선교를 위해 꾸란 번역에 적극 나섰다는 사실을 알 수 있다. 서구 사회와 교회는 이슬람 세계를 이해하고, 무슬림과 마주하기 위해 꾸란을 번역하고 읽고 연구했다. 이슬람 세계가 서구 사회를 향해 그들의 경전을 번역하려는 의도와 의지를 전혀 갖고 있지 않은 상황에서 빚어진 일이다. 이슬람이 선교적이라거나 이슬람이 전 세계 이슬람화를 위해 전략적으로 움직이고 있다는 주장은 근거가 부족하다.

　이슬람화를 위해 이슬람 경전인 꾸란을 의도적으로 기독교적으로 번역하고 있다는 혐의에도 근거가 없다. Allah 표기를 버린, God, Deus 등의 기독교 하나님 표기는 기독교회의 자발적인 행동이었다. 이는 무슬림 번역자가 꾸란에 Allah 표기를 절대적으로 선호한 것과 비교된다. 한국 사회는 어떠한가. 한국교회, 기독교인들은 어떤 모습을 보여 주고 있는가? 이슬람 세계와 무슬림을 이해하고 마주하기 위해 어떤 노력을 하고 있나. 이슬람과 무슬림을 향한 비난과 비판, 맹목적 거부 목소리는 커져 가지만, 무슬림과 이슬람 세계에 대한 배움도 깨달음도 다가섬도 없어 보인다.

4

꾸란도 하디스에도 관심을 갖자

직업, 전문 선교사들 중 무슬림에게 복음을 전하겠다고 하는 이들, 그렇게 하고 있다고 주장하는 이들은 일반 기독교인이나 한국인과는 뭔가 달라야할 것 같다. 배제와 혐오 목소리를 높이는 것에만 집착 말고, 기독교 공동체 밖에서도 통할 수 있는 객관성과 학문성이 담겨 있는 연구와 토론이 펼쳐야 한다. 한국교회는 이슬람을 경계하자고 목소리만 높이지 말아야 한다.

꾸란 한 번 읽어보자

꾸란 이해는 만남의 깊이를 더해줄 것이고, 올바로 현지인의 '언어'를 이해하는 것은 사역에 긍정적이다. 아직도 기독교인들 가운데 이슬람에 대한 강한 적대감과 신십자군 전쟁식의 이슬람권 선교를 떠올리는 이들이 적지 않다. 이슬람의 기독교 진영에 대한 공격으로부터 우리의 신앙을 지키기 위하여 영적 전투의 의미를 넘어서서 싸워야할 것을 역설하는 이들도 적지

않다. 그런 까닭일까? 이슬람 세계나 무슬림 전부를 매도하거나 비판하는 경향들이 주류를 이루고 있는 것이 부정할 수 없는 현실이다. 이러다보니 기독교인들의 이슬람 연구나 이해가 아주 얄팍할 수밖에 없었다. 그나마 이뤄지는 연구조차도 비판을 위한 칼질에 다름 아닌 경우들도 많았다. '꾸란은 114장으로 구성된 무함마드를 따르던 이들이 편집해낸 책이다'고 단순하게 규정하는 것으로 꾸란 평가를 끝내던 시절이 있었다. 이슬람권에서 다양한 모양으로 사역하는 선교사들이 있지만 꾸란에 대한 이해가 그리 깊지 않은 것도 이해될 수 있는 대목이다.

왜 기독교인들이 이슬람의 경전인 꾸란을 연구할 필요가 없었을까? 이에 대한 학적인 논쟁을 펴고 싶은 마음이 없다. 다만 사랑하는 이에 대한 모든 것을 알고 싶어 하는 마음은 자연스러운 것임을 기억한다. 이와 마찬가지로 우리가 사랑하고 섬기는 무슬림들을 이해하기 위한 탐구 또한 자연스러운 것임을 알고 있다. 이런 우리들에게 '꾸란'은 바로 우리가 사랑하고 섬겨야할 무슬림들을 이해하고 그들이 살고 있는 세계의 가치관을 들여다볼 수 있는 더할 나위 없는 교재이다. 그래서 꾸란을 이해하고 연구할 필요가 있다. "아니 성경 연구할 시간도 없는데 웬 꾸란 연구냐?"고 반문하는 이들에게 이 같은 마음이 작은 답변이 될 것같다.

꾸란은 더할 나위 없는 대화의 오아시스이다. 꾸란을 읽되 본문을 따라 문맥 속에서 읽어나가야 한다. 특정 구절을 뽑아내 이내 비판을 위한 도구로 사용하려는 의도는 아예 내려놓기를 바란다. 특정 단어나 어휘에 우리의 시선을 가둔다면 우리들이 무슬림들과 그들의 신앙을 토론할 때 아무런 힘을 얻지 못할 것이다. 아울러 꾸란이 지니는 시대정신을 바로 짚어내기를 바란다. 꾸란은 역사적인 산물임을 인정하기 때문이다. 이런 목적으로 나는 꾸란을 연대기적으로 재구성한 『꾸란 연구』를 펴내기도 했다. 이 꾸란 연구에 사용한 본문과 해설들은 모두 최영길 교수의 꾸란 한국어판 해설서에서 옮긴 것이다. 소망하기로는 아랍어 한글 영문판으로 구성된 성경대조 꾸란 연구서가 조속하게 만들어졌으면 하는 것이다.

꾸란을 모르고 이슬람을 비판하는 것은 무모하게 비추어질지 모른다. 계시의 완성인 성경의 빛을 간직한 우리들은 꾸란을 읽으면서 꾸란이 우리의 복음을 설명하는 하나의 도구나 접촉점의 구실을 할 수 있다는 것을 알게 될 것이다. 읽어도 깨닫지 못하는 것은 복음을 알지 못하기 때문이다. 들어도 하나님을 알지 못하는 것은 예수 그리스도를 모르기 때문이다. 열심있는 신앙 때문에 예루살렘에 와서 경배하고 돌아가던 한 사람 이디오피아 내시가 있었다. 그가 성경을 읽고는 있었지만 깨달음이 없었다. 그에게 말씀을 풀어 설명해준 빌립의 수고가 한 사람의 회심을 이뤄내었다. 그런 쓰임이 우리 모두에게 주어지기를 소망한다.

무슬림 이해와 선교를 위해 꾸란 번역을 하지는 않더라도 꾸란 읽기와 꾸란 연구에 마음을 열 필요가 있다. 최소한 이슬람 전문가 집단으로 알려진 이들, 이슬람권 선교사라 자부하는 이들, 이슬람 선교에 열심을 내는 교회와 단체에는 최소한의 꾸란 이해가 필요하다. 그 이전의 유럽 사회에서 이슬람 선교를 위해 보여 준 것에는 도달할 수 없을 지라도 말이다. 하지만 이슬람권 선교사들 다수나 교회는 꾸란을 읽어 보지도 않고, 읽어 보려는 마음도 없어 보인다. 그러면서 꾸란을 맹목적으로 비판하고 비아냥거리는 주장만을 되뇌고, 그런 글들을 습관적으로 펴 나른다. 이런 행동들을 넘어서야 한다. 최소한 스스로 종교개혁 전통에 있다거나 선교적이라고 생각한다면 더욱 바로잡자.

하디스도 이해하자

꾸란도 안 읽는 이들에게, 이 책을 소개하는 것은 부담스럽다.

따스한 마음과 인간에 대한 존중과 배려, 그리고 냉철한 학자의 시선과

머리를 가진 사람. 어디 이런 사람이 없을
까? 이른바 한국 기독교 선교 운동에 있어
서, 현장성과 사역의 열매 그리고 전략적 사
고와 또 다른 누군가를 세워 줄 수 있는 통
찰력을 가지고, 기독교계 밖에서도 통할 수
있는 권위를 갖춘 인물을 만나는 것은 쉽지
않은 것 같다.

이 책, 『무슬림의 생활 지침서 하디스를
읽다』를 대하면서 느낀 것은 부끄러움과 감

무슬림의
생활 지침서
하디스를
읽다
Understanding Muslims through Their Traditions
Inside the Community

사이다. 그는, 그리스도인으로서, 그가 사랑하는 무슬림을 이해하고 섬기
고자 하는 마음이 흘러넘치는 분이다. 지난 50여 년 넘게, 방글라데시와 필
리핀에서, 무슬림 이웃과 더불어 살아가고 있는 영원한 현역 사역자이다.
그들로부터 배우고 익히고, 연구하는 필 파샬76의 삶과 태도는 나를 부끄
럽게 한다.

우리 곁에는, 열정과 헌신을 지나치게 강조함으로, 머리까지 뜨거운 선
교 헌신자들이 적지 않다. 아니 우리가 그 모습이다. 탁상공론을 펼치는 이
론가, 자타가 공인해 주는 현장성 없는 전문가는 의외로 많다. 정부에도,
사회에도, 종교계에도 그런 이들은 많다. 자녀를 낳아 보고 양육해 본 적도
없는, 아동 교육 전문가가 전문가로 존재하는 것과 다르지 않은 이상한 현
실이다. 자신의 삶 속에서, 자신이 주장하는 바를 직접 실천하고 살아낸,
구체적인 삶의 임상 결과도 없이, 이론만을 당당하게 외쳐 대는 운동가들
도 많다. 그러나 자신이 직접 살아 내고, 성공적이었든 성공적이지 않았든,
삶의 열매를 통해 스스로의 주장을 점검하고, 그것을 인상 비평이 아닌, 나
름 객관성을 지닌 수준으로 끌어올리고, 그것을 또 다른 사람들이 응용할
수 있도록 안목을 열어 주는 이는 많지 않다. 그런데, 내게 있어서 필 파샬

은 그런 인물이다.

한국교회의 이슬람 세계와의 만남은 그리 길지 않다. 멀리 잡아도 50여 년 정도에 불과하다. 한국 기독교계에서는 그동안 이슬람연구소의 전재옥 교수님 같은 분들의 수고가 두드러진다. 케냐 나이로비를 중심으로 섬겨 온 김철수 교수나 아랍어를 전공한 공일주 박사의 저술 활동이 그나마 학문성을 인정받을 뿐이다. 그렇지만, 여전히 한국교회의 이슬람 담론은 지나치게 선언적이다. 다르게 말하면, 객관적이지 못하고, 검증되지 않은 원론적 논쟁이 다수를 차지하고 있다. 이슬람 비판을 위한 목적의식이 너무나 뚜렷한, 균형 잡히지 않은, 이슬람에 관한 책들과 꾸란 관련 서적들이 우리 곁에 있을 뿐이다.

과연 이슬람권에서 종교 관련 전문인으로 살아가고 있는 한국 기독교인 가운데, 꾸란을 읽어본 이들은 얼마나 될까? 물론 아랍어 원어 꾸란을 말하는 것이 아니다. 꾸란 비판서가 아닌, 한글판 꾸란 해설서라도 읽어 본 이들은 얼마나 될까? 통독을 시도해 본 경험이 있는 이들은 또 어느 정도나 될까? 한글판 꾸란 해설서는, 12~15시간 정도의 시간을 들이면 읽을 수 있는 분량이다. 그럼에도 이슬람에 대하여, 무슬림에 대하여, 꾸란에 대하여 이야기를 하면서도, 정작 꾸란에 주의를 기울이지 않고 있다. 이것이 한국 기독교의 아쉬운 현실이다.

그런데, 이슬람에 연관된 이런 피상성은 한국 기독교만의 문제는 아니다. 그것이 더 큰 문제일 수 있다. 이른바 이슬람을 연구하는 한국 학자들에게서도 보인다. 인상비평에 바탕을 둔 글쓰기나, 이것저것 묶어서 정교한 모양으로 표현해 내는 무늬만 전문가들도 많다. 그런 까닭에 감히 한국 사회에는 이슬람 전문가가 존재한다. 중동 전문가도 있다. 그런데 바꿔 말한다면, 기독교 전문가, 서구 전문가가 존재한다고 생각하는 것이다. 이것은 이상스럽다. 우리들은 이만큼 중동과 이슬람 세계에 무지하다. 하디스에 관한 책들은 이슬람 학계에서도 대중적이지 않은 현실이다. 『하디스 40 선과 해설』과 아주대 최영길 교수가 펴낸 『예언자 무함마드의 언행록』 정도이다.

이런 가운데, 이런 열악한 현실 속에, 기독교 출판사에서 기독교인을 대상으로 펴낸, 죠이출판부에 응원의 박수를 보낸다. 나는, 한국 기독교계가 이웃 종교인 이슬람을 지금보다 더 균형 있게 이해하면 좋겠다. 우리의 이웃인 무슬림에 대한 배려와 존중의 마음을 담아 살아가면 좋겠다. 이런 길을 가는데 있어서, 꾸란과 하디스에 대한 깊은 이해가 큰 길잡이가 되면 좋겠다. 물론, 꾸란이나 하디스를 모든 기독교인이 읽어야 한다고 주장하고 싶지는 않다. 그러나 직업으로, 사명으로, 아니면 소명으로, 무슬림을 만나는 이들에게는, 중요한 연구 과제 중의 하나는 되어야 할 것 같다.

이 책 『무슬림의 생활 지침서 하디스를 읽다』가, 그 길을 가려는 이들에게, 디딤돌이 되어 주었으면 하는 바람이다. 이 책은, 낯설게 다가온다. 이 책을 읽어 나가면서, 책의 알찬 구성과 글쓴이의 이슬람과 무슬림에 대한 배려와 연구자로서의 균형을 잡고자 하는 수고와 통찰력을 느낀다. 꾸란도 잘 모르고, 관심을 갖지도 않는 한국 기독교계의 현실에, 하디스를 다루다니…! 누가 이 책을 읽을 수 있을까? 정말 대중적이지 않은 이 주제를 누가 반갑게 받아들이고, 활용하게 될까?

나는, 많이 걱정스럽다. 이 책이 저자 필 파샬의 유명세에도 불구하고, 주목을 못 받으면 어떻게 하나 안타깝다. 이 책을 추천한다. 정도 차이가 있겠지만, 이슬람권 사역자들과 단체 관계자들 그리고 이웃 종교를 기독교인의 시선으로 균형 잡히게 보고자 하는 이들 모두에게, 이 책을 권하고 싶다.

이슬람권에서 사역하면 이슬람 전문가?

마지막 남은 과업의 마지막 보루라고들 흔히들 말하는 이슬람 세계, 전체 한인 선교사 중 10~15%가 중동 이슬람권에서 사역하고 있다고 선교 정보는 말하고 있다. 그런데 중동 이슬람권에는 5~10% 안팎의 기독교인들이 존재한다. 개신교인의 수는 전체 인구로 친다면 1%가 채 되지 않는다. 각 나라별 무슬림들의 인구비율은 90~95%에 이른다. 눈여겨 봐야할 대목은 선교사의 5%가 중동의 이슬람권에서 사역하지만, 무슬림을 직접 상대하는 한인 선교사들의 비율은 이 지역 한인 선교사의 5~10% 정도라는 점이다. 전체적으로 말한다면 현지 무슬림들 직접 대상으로 하는 사역은 아주 미미하다는 점이다. 이런 상황은 이슬람권을 객관화시키는데 제약으로 작용하고 있는 것 같다. 그래서 여전히 이슬람권은 난공불락의 요새, 기독교의 가장 강한 위협적인 존재로 인식되는 경우가 많다. 그러나 사실이 그러한지에 대해서는 깊이 짚어보아야 할 것이다.

이슬람권 사역자중 무슬림 사역자는 드물다. "한국인 선교사들이 현지

아랍인 교회에 나오지 않습니다…." 요르단의 한 현지인 교회 목회자가 한 말이다. 그런데 한국인 선교사들이 현지 아랍인 교회에 나오지 않는 것이 이상한 일일까?! "외국인 선교사들이 무슬림 선교에만 집착하는 것 같습니다." 이집트의 한 현지인 교회 목회자가 한 말이다. 외국인 선교사들이 무슬림 선교에만 집착한다고 한들 그것이 무슨 문제일까? 이슬람지역에 선교사로 온 것은 무슬림 선교를 우선순위로 하고 온 것이 아닐까? 사실 아랍 교회와 협력사역을 하고 싶어 하는 외국인 선교사들의 공급이 넘치는 형편이다. 요르단에서도 웬만한 규모를 가진 현지인 교회를 가면 출석하는 외국인의 다수가 선교사들이다.

"이슬람 지역에 무슬림 선교를 위하여 왔다고 하면서, 실제 무슬림 중심 사역을 하는 사역자는 늘고 있지 않습니다." 서남아시아의 한 이슬람 국가에서 사역하는 이 아무개 선교사의 안타까운 호소도 듣는다. "이슬람 국가에서 사역한지 10여년이 넘었지만, 이제야 이곳의 무슬림들에 대한 마음이 열리고 있습니다." 이슬람 지역을 찾은 한국인 선교사들 다수는 무슬림에 대한 부담을 가지고 이슬람 세계에 발을 들여놓은 사역자들이다. 그런데도 적지 않은 이들이 어떤 특별한 '부르심' 없이 무슬림을 대상으로 하는 직접 사역에 거리를 두는 경우는 어제 오늘의 일이 아니다. 아랍 현지 무슬림을 만날 틈을 점점 잃어버리는 경우가 늘고 있다. 내가 아는 정 아무개 선교사 가정처럼 이라크 교회나 시리아 난민 교회의 부흥이 자신이 이 땅에 존재하는, 분명하고 일관성 있는 부르심의 이유가 되는 경우도 있다. 처음부터 현지 교회의 부흥을 부르심으로 확인하고 그 일에 힘을 쏟는 사역자들이다.

그러나 어떤 이들에게는 어떤 특별한 '부르심'을 찾아보기 힘든 경우가 많다. 현지 아랍 교인들은 아랍 무슬림들에게 복음을 나누는 것에 아주 소극적이다. 대체적으로 그렇다. 외국인 사역자들 중에도 현지 무슬림을 만나는 시간도 부족할 뿐더러 복음을 나누지 않는 경우도 많다. 물론 이것은 제자훈련 이야기가 아니다. 현지 무슬림에게 복음을 전할 틈이 없을 만큼 분주한 경우도 있다. 무슬림이 90% 넘는 지역에 와서 무슬림을 만날 틈이 없고, 이른바 이슬람 세계에 와서 다수를 차지하고 있는 무슬림과 복음을 나눌 기회를 누리지 않는다는 것은 이상스러운 일이다.

중동 지역에는 지역 조사나 정탐을 위해 중동 국가를 방문한 이들도 있고, 현지 교회와 사역자들을 섬기기 위하여 온 이들도 있다. 어떤 명분을 내세웠든지 이 땅에서만 볼 수 있고, 느낄 수 있고 만날 수 있고, 알 수 있고, 맛볼 수 있는 것을 마음껏 누리고 오면 좋겠다. 여기까지 와서 한국인들 주변에 머물다가 '이슬람 어쩌고 무슬림 저쩌고' 한국인으로부터 강의 몇 개 듣고 기도를 이유로 땅만 밟고 가지는 않았으면 좋겠다. 어쨌든 지금도 아랍 세계의 무슬림은 살아 움직이고 있다. 변하고 있고 변해갈 것이다. 변하는 생명체를 고정된 시선이 아닌 동적인 시선으로 만날 수 있기를 원한다.

현지 기독교인은 이슬람 정보통?

그렇게들 생각한다. 그렇지만 조심스런 구석도 있다. 공존은 하지만 더불어 함께 살지 않는 무슬림과 기독교인들이 많다. 날때부터 기독교인이고 날 때부터 무슬림이기에 서로에 대하여 교환방문을 해본 경험도 별로 없다. 결혼도 같은 종교, 가까운 사람들하고 하다보니 교류할 기회가 점점 줄어든다. 무슬림들은 신앙을 고백하거나 결단을 나타낼때 "알라후 알아크바르라고 한다. 왜냐하면 무슬림들은 알라를 최상급으로 표현하기에 가장 크다는 의미에서 정관사 '알'을 접두시켜 이렇게들 사용한다…." 요르단 암만의 한 기독교 언어학교 여교사의 이슬람 소개에 나오는 한 대목이다. 현지인 아랍어 교사가 하는 말을 그 자리에서 반박할 외국인들은 없었다. 그러나 이것은 잘못된 것이었다. 정관사 '알'이 접두되지 않는 그냥 비교급 형태로 '알라후 아크바르'라고들 말한다. 교사의 말의 실수라고 볼 수 없다. 너무나 자주 듣게 되는 무슬림들의 관용어인데 정교한 문법지식까지 동원하여 설명한 것은 이 교사에게 묵은 확신이 있었던 것을 보여준다.

그 흔한 이슬람 사원 한번 방문할 필요가 없었고, 아랍어로 된 꾸란코란은 물론이고 무슬림들의 신앙 고백에 대해서도 복음전도를 위한 관심을 가지고 연구할 필요를 전혀 느끼지 않은 이들이 많다는 것은 이상한 일이 아니다. 같은 자리에 살지만 더불어 살지 않는 기독교인들이나 현지 무슬림들이 많다는 것을 반증해주는 사례였다. 그럼에도 불구하고 아랍 이슬람권에서 사역하는 사역자들 조차도 보통의 무슬림 현지인에게서 정보를 얻기보다는 기독교인들을 통해 이슬람에 대한 정보를 접하곤 한다. 한국 교회가 가지고 있는 이슬람권에 대한 부정적인 시각도 사실 이런 방식으로 전달되어온 현지 기독교인들의 부정적인 편견에 힘입은 것도 사실인 것 같다.

그 덕분에 현지 무슬림들은 외국인 기독교인에 대하여 배타적이라는 편견을 가지고 아랍 이슬람권을 밟는 이들이 아직도 적지 않다. 선교활동은 007 작전 마냥 엄청난 주의력과 민감함이 필요하다고 생각하는 이들도 있다. 사역자들 모임 중에 기타 반주에 맞추어 목소리 힘껏 밖에서도 다 들릴

만한 소리로 찬양을 하고 있었다. "아니, 이슬람 국가에서 어떻게 소리 내어 찬양하고, 그것도 영어로 찬양하는지…보안을 지켜야 하는데 이러면 안되는 것 아닌가" 반감을 갖는 이들이 아직도 많다. 외국인 선교사들과 대화를 나누다가 동료 선교사들 입에서 스스럼없이 미션Mission이라는 단어가 튀어나오는 것을 경험한다. 한국인 사역자들이 굳이 에둘러 크리스챤 웍Christian Work 정도로 말하는 것과는 사뭇 달랐다. 그러면서도 이들 외국인 사역자들도 보안 메일을 사용한다. 지킬 것은 지키지만 그렇지 않은 면에서는 한국인 선교사들보다 훨씬 자유롭다. 그렇다고 모든 외국인 선교사들이 이렇게 생각하고 행동한다는 의미는 아니다.

아랍 이슬람권에는 복음 전하는 것에 별로 관심이 없는 다수의 현지 교회들이 있다. 개종자가 교회 예배에 참석하는 것을 별로 내켜하지 않는 현지 목사들도 상당하다. 개종자가 교회 출석하는 행위는 실정법상 위법이기에 경찰이나 관계 당국에서 담임 목회자를 성가시게 하는 경우들이 있기 때문이다. 이슬람권에 현지인 교회가 있다는 그 하나만으로도 감동을 받고 물질을 드리기를 힘쓰는 선량한 외국인 방문자들을 지금도 보게 된다. 선교적이지 않은 교회가 거품광고를 통해 엄청난 재정 지원을 받기도 한다. 묘하게도 외국인 기독교인은 현지인 기독교인을 더 신뢰하려고 한다. '믿을 수 없는 무슬림들과 어떻게 손을 잡고 일합니까, 멍에를 같이 매지 않아야 하지요…" 현지인 지원 사역을 나왔던 단기 사역자의 확신에 찬반론이 떠오른다.

6

전문성 없어도 전문인 선교는 가능하다?

전문인 선교는 전문성을 가지고 이뤄지는 총체적인 사역이다. 자기 홍보의 시대 탓인지 자신들만이 진짜 전문가이며 타의 추종을 불허하는 것처럼 홍보전을 펴고 있는 선교 단체들과 선교사들이 있다.

중동 이슬람 지역처럼 이른바 창의적 접근이 필요하다는 지역에서의 선교는 전문인 선교를 할 수 있는 평신도의 몫이라는 주장은 오래된 것이다. 전문인 선교에 대한 오해와 편견, 목사 선교 사역에 대한 해묵은 감정이 뒤엉켜져 있는 듯하다. 전문인 선교는 평신도 선교나 자비량 선교와는 다른 영역이다. 단지 현지인들의 눈가림을 하기 위한 일종의 방편이나 위장된 직업을 내세우는 사역을 의미하지도 않는다. 전문인 선교는 그가 평신도이건 목사이건 가림 없이 전문성을 가지고 그 전문 직업을 통해 사역하는 경우를 일컫는 것이다. 그런 의미에서 전문인 선교는 눈가림용 선교와는 다른 것이다. 현지인들에게 나 목사요, 나 선교사요 할 수 없으니 나 이런 사람이요 하기 위하여 어떤 명분을 내걸고 있지만, 실제로는 그 내세우는 직

업 분야를 통해 전혀 일하지 않거나, 그 내세운 분야를 활용하지 않는 경우라면 전문인 선교라 할 수 없다.

모든 선교사가 다 교회 개척이나 교회 사역을 지향하고 목표로 한다는 것은 사실이다. "이 직업은 그냥 내세운 것이고 본업이 아닙니다…" 형식상 일하는 것처럼 할 뿐 실제로는 이 분야에 관심이 없다는 식이다. 이런 식으로 자신이 현지인들에게 내세운 직업이나 전문 분야를 가볍게 여기는 것도 바람직해 보이지 않는다. 이런 주장에는 여전히 교회 사역만이 순수한 본연의 선교사역이라는 전통적인 견해가 깔려있다. 다분히 한국적인 목회자 중심의 선교관이다. 이런 경우도 전문인 선교 범위에 넣을 수 없다.

전문성이 확보되지 않은 사역도 전문인 선교라 할 수 없다. 재원을 마련하기 위한 방편으로 수행하는 사역의 경우도 전문인 사역의 범위에 들지 않는다. 이 경우는 사역이라기보다 직업 수행으로 보는 것이 옳을 것이다. 전문인 사역은 전문성을 가지고, 그 분야를 전문적으로 활용하여 선교 사역을 수행해 나갈 경우에 전문인 선교라 할 수 있다. 이 때 중요한 것은 선교사 자신의 신분이 아니다. 그가 평신도이건 목사이건 가릴 것 없다. 전문성을 가지고 선교 사역을 수행해 나간다면 전문인 선교사가 되는 것이고, 평신도 선교사라 하여도 전문성을 갖지 못한 채 하나의 명분과 방편으로 그 직업이나 신분을 내세우고 있다는 그것은 전문인 사역자가 아니다.

우리 안에서 전문인으로 받아들여지는 것은 중요하지 않다. 한국 교회 안에서는 선교사라는 신분 자체가 전문인임을 드러내준다. 그러나 선교현장에서 선교사는 그냥 한 명의 외국인일 뿐이다. 현지인들에게 내세우는 그 직업이 명분에 지나지 않고 실질적으로 그 일을 수행하지 않고 있을뿐더러, 그 직업을 통하여 구체적으로 현지 사역을 감당하는 것이 아니라면 어떤 직업을 선택하여 현지에서 일을 하든 그것은 또 다른 문제일 뿐이다.

중동 이슬람권에서 필요한 전문 분야는 한국에서도 필요한 전문분야와 크게 다르지 않다. 우리 사회에 필요한 전문성을 눈여겨본다면 선교 현장에서도 섬길 '통로'를 확보할 수 있을 것이다. 이런 점에서 한국교회 일부에서 제기하는 "무임無任 교역자, 해외선교를 위한 하나님의 예비하심이다."는 논리는 잘못된 것이다. 아울러 선교사 전략적 재배치 문제를 검토하면서 조금은 무조건적으로 한인 사역자의 수가 많지 않은 지역에, 중동 이슬람권에 재배치한다는 그런 접근도 바람직한 것이 아니다. 중동 이슬람권 선교현장도 전문 사역자, 경험자를 필요로 하기 때문이다.

현지인들이 볼 때의 전문성을 가진 전문인으로서의 선교사를 말하는 것이지 그 안에 목사냐 목사가 아니냐의 의미는 무의미하다. 객관적인 전문성이 현지인들로부터 인정을 받지 못할 때 정체성의 도전을 받는다. " 매달 그 많은 생활비를 누가 대줍니까? 나이가 그렇게 많이 들었는데도 부모님이 도와주십니까?" 이내 무능력한 존재가 되어 버린다. 무능력한 이의 말 담에 무관심해지는 이웃들이다. 그래서 전문인 선교는 필요하다.

적절한 곳에 적절한 역할로 배치받지 못한 적잖은 사역자들은 어쩔 수 없이 현지인들로부터 정체성 의심을 사게 되고 정체성의 위기와 자신의 역할에 대한 곤혹스런 경험을 하게 된다. 그렇지만 이 인력이 다른 곳에, 아니면 같은 지역의 다른 역할에 배치가 된다면 날고 뛸 이들이 있을 것이다. 그래서 적절한 인사 배치, 전략적 배치가 중요한 것이다. 선교의 전략적 배치는 선교사와 선교지그 사람들을 적절한 역할로 묶어줌으로 역량을 극대화하는 전략이며 대안인 것이다.

그런데 문제는 선교지와 그 사람들에 대한 현장 조사와 연구가 미진하거나 전무한 가운데 일방적으로 사람을, 비인격적인 형태로 배치해온 관행에 있다. 어렵다는 아랍어를 전공한 사역자가 아랍어를 거의 못 쓰는 지역에 배치된 경우도 그 한 예가 될 것이다. 또한 각 사람의 은사와 재능, 경력과 소명을 중시하기보다 단체의 프로젝트를 중심으로 움직이는 관행도 재검토할 필요가 있다. 선교 사역에 있어서 중요한 것은 학력이나 조건자체가 아니다. 제 기능을 발휘하려면 적절한 곳, 적절한 역할이 주어져야 하는 것이다. 하나님은 시간을 낭비하시지 않는데 우리는 선교자원의 능력을 낭비하는 것이 아닐까? 적절한 배치가 이뤄지지 않은 사역자들은 자의든 타의든 고학력 선교 실업자가 되곤 한다. "당신 뭐하는 사람이요? 그 나이에 아직도 그러고 있습니까?"에 대한 현지인들의 질문에 자신 있게 대답할 꺼리를 파송단체들은 제공하여야 할 것이다. 이것은 배치된 한 사람 한 사람 선교사의 과제가 아니라 파송 단체의 책임인 것이다.

국내 자생단체이건 해외에서 유입된 국제단체이건 새로 시작하면서 나름대로의 명분과 타당성을 주장한다. 그러나 어떤 면에서 기존에 있는 단체들이나 기구와 전혀 차별성도 독특성도 없는 그런 모임들이 늘고 있는 것이 사실이다. 조금 스스로 큰 단체라 생각하면 'ㅇㅇ 연구소' 같은 것을 두고 있다. 그러나 그 단체보다 훨씬 이전에 더 효과적인 사역을 하고 있는 그런 모임들이 하나 둘이 아닐 때가 많다. 이것은 필요이상의 중복과 경쟁일 뿐이다. 이런 비판을 제기하면 언제나 '부르심'을 강조한다. 하나님이 그런 비전과 인도하심을 주셨다고…그러면 대화는 더 이상 이어지지 않는다.

그러나 한 단체가 모든 기능과 역할을 다 갖추고 사역할 이유는 어디에

도 없다. 기존에 있는 건전한 단체, 코드가 유사한 기구와 모임들의 인프라를 협력하며 활용하면 중복과 경쟁에서 멀어질 수 있는데 그렇지가 않다. 일련의 선교대회를 통해 포괄적인 조직으로서의 선교지 정보 수집과 가공, 인력 배치를 위한 전략적 제휴기관이 필요하다고 주장되었다. 정말 이 대목은 주목하여야 할 부분이다. 포괄적 조직의 출현은 여러 면에서 효과적인 역할을 할 수 있을 것이다. 물론 교단이나 파송단체들이 얼마만큼 자신들을 개방하고 인력을 교류할 것인가의 과제가 남지만 한 단체가 연구와 훈련 파송을 독점하는 형태를 벗어나서 연구 훈련 파송 관리들을 전담할 수 있는 포괄적 조직들이 신설되거나 기존 단체들이 특성화된다면 한국선교의 당면과제인 전략적 배치 문제 해결의 가닥을 잡을 수 있을 것이다.

7

백 투 예루살렘? 복음의 서진은 오해이다

'백 투 예루살렘', '복음의 서진', '이삭의 후손과 이스마엘 자손 간의 갈등' 등 다양한 신조어들이 한국 사회에 넘쳐나기 시작한 것은 그리 오래되지 않았다. 여기에 더하여 '땅 밟기'와 '선포하는 선교 운동'이 괘를 같이 하고 있다. 그 안에는 은근한 정복론과 문명충돌론, 친유대주의, 반이슬람 시각, 그릇된 민족주의조차 뒤엉켜져 있다. 그것만 있다는 말이 아니다. 한국 교회를 움직이고 있는 이 같은 움직임에 대하여 되짚어보는 것은 의미가 있을 것이다.

수년 전 전쟁으로 무고한 사람들이 고통 가운데 죽어갔고 다른 한 곳에서는 평화 행진을 둘러싼 갈등이 컸다. 한국 기독교가 세간의 주목을 받았고, 기독교 공동체 안에서도 논쟁이 있었다. 그런데 그 논쟁은 서로 마주쳐지지 않는 평행선을 달리고 있었다. 교회 공동체 밖의 사람들은 궁금해 했을 것이다. "왜들 저렇게 난리일까? 도대체 왜 정부가 하지 말라는 짓을 사서 하려는 것이야?" 이런 궁금함은 기독교 공동체 밖의 것만이 아니었다.

"왜 기독교 일부 공동체는 이슬람 세계에 올인하고 있는 것일까? 도대체 무슨 이유가 있는 것일까?" 그 이유를 짚어보고자 하는 것이 이번 꼭지글의 관심이다. 여러 가지로 그 이유를 추론할 수 있겠지만론 당사자들이 동의할지 안할지는 모를 일이다 복음의 서진론西進論에 바탕을 둔 '백 투 예루살렘 운동'을 중요한 이유로 들 수 있다.

> "우리는 결코 좌절하거나 후퇴하지 않을 것이다. 복음의 서진, '백 투 예루살렘 비전'을 위해 끝까지 전진할 것이다. 우리는 십자가의 능력으로 이 시대를 감당하며 역사의 막힌 벽을 뚫고 우리 세대에 왕의 대로를 구축할 것이다. 우리의 행진은 계속 되어야 한다. 이 땅의 어떤 정사와 권세도 우리의 믿음의 행진을 막지 못할 것이다. 하나님께서 거룩한 성도들을 지키시며 약속하신 대로 끝까지 함께 하시며 모든 위협에서 지키실 것이다. 그리 아니하실지라도 우리는 전진할 것이다. 연약하여 이 땅에 속한 사람들은 무너질지라도 하늘에 속한 사람들의 행진은 그날까지 계속 될 것이다. 오직 하나님의 영광을 위하여!"최바울 선교사[인터콥 대표] '아프가니스탄 평화 축제-의미와 과제' 중

'백 투 예루살렘 운동'이 이제는 한국선교운동의 기본 이슈가 되어버렸다. 아니 당연한 상식으로 받아들이는 사람들이 많다. '백 투 예루살렘 운동'의 연원이나 역사에 대하여 다루는 것은 번거롭다. 다만 한국의 '백 투 예루살렘 운동'의 근간을 이루는 키워드인 복음의 서진에 대해서는 지적이 필요하다. 복음의 서진 논리는 우리에게 너무나 익숙한 편견이다. 우리가 배운 서양 세계사를 세계사로 오해하는 것이나 로마 천주교 교회사를 교회사로 오해하는 것도 금시초문이 아닐 것이다. 그러나 교회사의 중심에는 로마 교회만 있지 않았다. 복음은 서진으로만 이뤄지지 않았고 동진의 역사 또한 분명하고 선명하다.

주후 50년 전후 교회는 이미 로마 교회, 이집트의 알렉산드리아 교회, 시리아의 안디옥 교회, 예루살렘 교회, 터키의 콘스탄티노플 교회 등이 견제와 균형을 이루던 시기가 있었다. 동서 로마 제국으로 정치적 분열이 이뤄지면서 자연스럽게 교회도 서방 교회와 동방 교회로 분열되었다. 이후의 역사나 교회사에 대하여 우리들이 대한 것은 서로마 제국과 로마 천주교회를 중심으로 한 교회사와 서양 세계였다. 당연한 결과였다. 우리들은 교회사를 미국이나 유럽 기독교인들을 통해 접했고, 세계사를 유럽 중심의 세계관에 바탕을 두고 배웠기 때문이다. 유럽 중심 사관에 의해 무시당하고 잊혀졌지만 동방 교회나 동방 세계사는 여전히 흘러왔다.

넓은 의미의 동방 교회는 복음의 동진에 중요한 역할을 감당했다. 이미 2~3세기에는 오늘날의 중동은 물론이고 중앙아시아와 서남아시아 지역에까지 복음의 확장을 이뤄냈다. 동방 교회사나 중동과 중앙아시아 역사를 살펴보면 이 같은 사실을 어렵지 않게 발견할 수 있다.

이집트 알렉산드리아 교회를 중심으로 한 북아프리카 사역과 아라비아반도 사역, 사도 도마가 인도에까지 복음을 전했다는 교회의 전통, 시리아 교회를 중심으로 한 페르시아와 아프가니스탄 등 중앙아시아 지역까지의 복음의 동진이 있었다는 흔적들은 적지 않다. 순교자 저스틴103~165년이나

터툴리안55~230년 같은 이들의 증언을 통해서도 엿볼 수 있다.

바울이 마케도니아 환상을 보기 이전까지 그 또한 복음의 동진 대열에 함께 했었다고 볼 수 있다. 오순절 성령 강림 현장에 함께 했던 많은 사람들에 의해 복음은 서진 만이 아닌 동서남북으로 뻗어졌고 그 가운데 아라비아에서 온 믿는 자들을 통해 동진도 있었을 것이다.

중동은 복음의 그루터기

복음의 동진 역사에 대해서 바로 이해하는 것은 몇 가지 점에서 중요하다. 다수의 무슬림들이 가지고 있는 기독교는 서구의 종교이며 서구 이데올로기라는 거부감을 넘어서는데 어려움이 있다. 이슬람은 전통 종교이고 기독교는 서구의 외래 종교라는 인식도 만만치 않다. 그러나 복음의 동진을 고려하면 이슬람 이전에 기독교가 꽃을 피웠다는 사실과 다수의 무슬림 조상 때부터 하나님을 섬겨왔다는 것을 이해할 수 있다.

복음의 동진 역사를 염두에 둔다면 이른바 '백 투 예루살렘 운동'에서 말하는 예루살렘에까지 복음이 전파되는데 장애물로 자리하고 있다는 58개 이슬람 국가에 대한 다른 해석이 가능하다. 더 이상 중동과 중앙아시아 이슬람 국가 58개국은 부담스런, 넘어서야 할 어떤 타깃이 아니다. 복음의 불모지가 아니라 복음이 확장되고 꽃을 피웠던 지역, 복음의 그루터기가 남아있는 지역으로 이 지역을 이해하여야 한다. 복음의 선포나 확장을 위한 '백 투 예루살렘'이 아닌 복음의 회복을 위한 발걸음이 되어야 하는 것이다. 이슬람 이전 꽃을 피웠던 중동의 믿음의 공동체에 대한 바른 이해가 필요하다.

결국 복음의 동진에 대한 이해는 은근한 문명충돌론적 선교를 넘어서도록 도울 것이다. 복음을 통한 '땅의 회복이나 정복에 대한 생각을 다듬어줄 것이다. 선교 현장에서 '우리가 처음은 아니다'는 겸손함이 필요하다. 하나님이 거기 계셨고 계시며 계실 것을 고백하여야 한다. 또한 나보다 더 앞서서 허다한 주님의 사람들이 있었고 있으며 있을 것을 인정하여야 한다.

그런데, 복음 전파의 종착점은 있는 것일까? 선교는 땅에서 이뤄지는 것이 아니라 한 인격체 안에서 실현되는 것이기 때문이다. 예루살렘은 실제적인 종착점이 될 수 있는가? 성경 시대의 땅 끝은 지구가 평평하다고 믿던 그 시절 그 끝에 이르면 낭떠러지가 있어 죽는다고 했던 '그 땅 끝'을 말한다.

여러 가지 궁금함이 있다. 그것은 유대인과 이스라엘 회복에 대한 해석 방법에 따라 다양한 입장이 나올 수 있을 것이다. '백 투 예루살렘 운동'은 또한 이스라엘의 회복, 예루살렘의 회복을 꿈꾸고 있다. '백 투 예루살렘 운동'의 주체들은 친이스라엘이 아니라고 말하지만 그것은 체질적으로 그렇게 갈 수밖에 없을 것 같다.

제4장
선교를 위한
거룩한 전쟁은 없다

　열심 있는 기독교인들 가운데는, 호전적인 이들이 적지 않다. 선교를 위해서라면, 불신자가 하나님나라 백성이 되는 길이라면, 하나님께서는 선교의 빗장을 여시고자 전쟁도 허용하시고 일으키신다고 생각하는 이들이다. 그야말로 선교를 위한 거룩한 전쟁이 필요하다는 식이다. 그러나 정의와 평화의 왕 되신 하나님께서는 이런 불의한 전쟁을 허용하시지 않는다.

　가나안 입성 과정에 벌어졌던 한 사건이 떠오른다. 여리고 함락 사건이다. 아마도 이런 이들은, 견고한 여리고성을 무너뜨리고, 여리고 주민들을 칼로 제압하려고 의지를 불태웠을 것 같다. 하나님나라를 위한다는 '거룩한 전쟁' 의식에 물들어 있는 이들은 지금도 어렵지 않게 마주하곤 한다. 은근하건 노골적이건 공격주의 선교는, 현지인과 선교사, 선교 헌신자를 위험에 빠뜨리곤 한다.

　선교현장은, 십자군 정신으로 무장된 선교사들이 적지 않다. 그러나 예수 십자가의 사랑에 녹아있는, 십자가의 사람들이 필요하다. 거룩한 전쟁은, 문 밖에 서서 문을 열 때까지 기다리시는 주님의 마음을 철저하게 왜곡하는 것일 뿐이다.

1

이슬람 세계 다시읽기

　너무 일상적으로 사용하는 단어이지만, 그 개념이 불분명하거나, 오해에 바탕을 둔 표현들도 적지 않다. 그 가운데는, 이슬람, 무슬림 이라는 개념단어도 포함되어 있다. 우리의 확신이 어느만큼 강한지 몰라도, 그 세계도 일상이 이어지는 삶의 자리이다. 아랍 이슬람 세계, 아랍세계는 어떤 세계인지, 무슬림의 일상이 우리와 얼마나 닮아 있는지, 아니 다르지 않은지를 본다. 무슬림 여성은 우리 곁의 이웃집 여인들과 다르지 않음도 보게 된다.

　이 장에서는, 두 가지 키워드가 담겨있다. '사람은 다 똑같다'는 '인지상정'人之常情과 입장 바꿔 생각하기의 '역지사지'易地思之이다. 이 두 입장에서 하나님이 지으신 또 다른 인격체 무슬림을 이해하고, 그들 가운데 말씀하시는 하나님의 심정을 품어가고픈 마음을 담았다.

　우리가 안보는 무슬림이 사는 세계가 있다. 이슬람 알기와 이슬람 세계 알기는 다르다. 종교로서 이슬람에 대해 나는 큰 관심이 없다. 이슬람에 관해 아는 것이 어느 정도 무슬림을 만나는 데 유익을 주는 것이 사실이다.

그러나 이슬람에 관해 몰라도 무슬림을 아는 데 큰 지장이 없는 경우가 많다. 사실 다수의 무슬림이 종교가 아닌 삶에 더 많은 관심을 기울이고 있기 때문이다. 그런 이유로 무슬림들이 사는 세계와 그들의 삶에 마음을 열고 있다. 무슬림들이 사는 세계는 단지 무슬림 인구가 다수를 차지하고 있는 이슬람 세계만을 말하지 않는다. 그들이 소수이든 다수이든 무슬림들이 사는 세계를 뜻한다.

고정관념으로 뭉쳐있는 근육을 풀어라. 살아있는 생명체는 변한다. 무슬림들도 한 인격체이다. 그러기에 그들도 변하고 있다. 그들이 속한 이슬람 세계도 변하고 있다. 그러나 무슬림을 바라보는 시각은 많은 경우 고정되어 있다. 살아있고 변하는 존재를 이해하는 틀이 굳어져 있는 것은 편견이나 선입견을 강화시켜준다.

무슬림을 대하는 우리의 시각은 다분히 종교적이다. 이른바 "무슬림이니 이렇다 저렇다"는 식이다. 우리와 같은 시대를 사는 우리의 이웃이라는 인정은 쉽게 찾아볼 수 없다. 우리의 무슬림 바라보기는 교과서적이다. 무슨 일이 터지면 의례 등장하는 분석과 해석은 1400년 전 이슬람으로 돌아가 뿌리가 어떠하며 그래서 지금 이런 일이 생겼다는 식이다.

이런 시각은 한국의 이른바 이슬람 전문가들에게도 나타나고 있다. 그들의 시선은 지나간 역사 속에 멈춰있고, 한 연구 대상으로서의 분석 가능한 개체로 무슬림이 자리하곤 한다. 꾸란코란에 그런 내용이 없으니 현실에도 없다는 식의 억지조차 부리기도 한다. 마치 모든 무슬림들이 그들의 삶을 이슬람, 꾸란에 두고 살아가고 있는 것인양 오해하게도 만든다. 그리고 무엇보다 기독교의 이슬람 바라보기는 목적 지향적이다. 복음을 전하여 변화시켜야할 대상으로만 규정한 경우가 많다. 그들의 부정적인 현실에 주목하고 그래서 복음이 필요하다고 말한다. 그러나 그들이 나보다 인격적이고 정이 많고 능력 있고 선하다고 해도 복음이 필요하다고 말할 수 있어야 한다. 복음은 모든 이들에게 필요한 것이다.

상식에 주파수를 맞춰라

이슬람을 사악하고 비인간적인 종교로 간접 비판한 교황 베네딕토 16세의 이슬람 모독 발언3으로 논란이 일자, 어떤 이들은 이로 인해 기독교와 이슬람간의 문명충돌이 발생했다고 한다. 그 증거 자료로 그 해 9월 17일 소말리아 모가디슈에서 한 이탈리아 수녀 레오넬라65가 피살되는 사건을 예로 든다. 그러나 수녀 피살 사건이 무슬림들이 교황 발언에 공식적인 저항의 표시로 인정될 수는 있는 일은 아니다. 사건 범인들이 그렇게 내세운다고 하여 그들의 범죄가 정당화될 수는 없는 일이다. 그것은 허울 좋은 명분일 뿐이기 때문이다.

2017년 1월 1일, 새해 첫날 터키 이스탄불의 레이나 클럽에 IS 조직원이 총격을 가해 39명 이상이 사망하는 테러사건이 발생했다. 그 후인 지난 5일 이라크 수도 바그다드 시내 밥 알-무앗잠 지역의 버스정류장에서 자살폭탄테러로 시민 11명이 숨지고 22명이 부상했다. 이 사건의 배후에도 IS가 있는 것으로 추정한다. 이런 사건을 두고 피해자, 가해자, 이라크, 터키, IS의 종파를 구분하고 정돈하는 것이 무슨 의미가 있을까? 마치 이슬람 세계는 같은 종파끼리는 전혀 다투지 않는 것처럼 몰아가는 이들도 있기는 하다. 그러나 그것은 억지이다. 시아파와 수니파의 종파갈등이라는 식의 해설을 풀 이유가 없다. 테러에는 종파나 이슬람의 정신, 이웃에 대한 배려는 존재하지 않는 것이다. 다만 자신들의 지지기반을 확보하기 위한 세력 다툼과 충돌일 뿐이다.

---

3 2006년 9월 12일 그의 고향인 독일 방문길에 한 대학에서 미사를 집전했다. 이 자리에서 14세기 비잔틴제국 황제인 마누엘 팔레올로고스가 했다는 말을 인용했다. 이슬람을 간접 비판한 것으로 인식되었다. "팔레올로고스가 '이슬람 예언자 무함마드가 가져왔다는 새로운 것을 보라. 그러면 무함마드가 자신의 교의를 칼로써 전파하도록 명령을 내리는, 그런 사악하고 비인간적인 것들만을 발견하게 될 것이다'라고 말했다 … 팔레올로고스는 지하드(성전) 문제에 관해 이야기한 것이다"

남자 2명과 여자 1명 등 3명의 한국 기독교인이, 불교 최대 성지 중 하나인 인도 보드가야에 위치한 마하보디 사원에서 무례한 행동을 벌였다. 이곳에서 기타를 치면서 찬송을 부르고 큰 소리로 기도하여 관계자들의 항의를 받는 일이 벌어졌다.[4] 이와 함께 2012년 대구 팔공산 동화사에서는 벌어진, 불교 경전을 찢고 불화탱화를 훼손한 뒤, 방뇨를 한 목사, 2010년 봉은사에서는 사찰이 무너지도록 땅밟기 기도를 하고 그 모습을 동영상으로 찍어 유튜브에 올린 찬양인도자학교대표 최지호 목사 교육생들 이야기도 떠오른다. 2016년, 경북 김천시 시내에 소재한 개운사 포교당의 불상, 관세음보살상 등을 훼불하고 향로, 촛불, 목탁 등 사찰 집기류를 파괴한 사건도 일어났다.[5]

그런데 이들 사건이 한국 기독교의 반 불교 감정의 적극적인 표출로 받아들일 수 없다. 이들 연루자들이 한국교회 구성원인 것이 맞지만, 이들이 대표성을 지니고 이런 짓을 한 것도 아니기 때문이다. 머리 잘린 단군상으로 민족종교와 기독교의 문명충돌이 일어난 것도 아니다. 단군상을 훼손하는 기독교인들이 기독교계의 보편적인 정서를 대변해준 것도 아니다. 일반화의 오류가 드러나는 예에 해당한다.

강릉시의 강릉단오제를 반대하는 금식기도, 울산시의 처용문화제를 반대하는 일부 기독교인들의 행동도 동일한 맥락에서 봐야 한다. 2015년 5월 네팔 지진현장에서도 문제가 빚어졌다. "한국의 ㄱ 구호단체가 이재민들에게 비타민 몇 알과 성경을 전달하며, 예수가 아닌 힌두교 신을 믿어 벌어진 일이므로 예수님을 믿어야 한다고 했다"는 네팔 지역 언론의 보도로 논란이 된 사건도 있다.

개인이나 특정 소수의 입장이나 가치관, 생각과 행동을 그가 속한 집단

---

4 2014년 7월 4일 벌어진 일로,『법보신문』,『오마이뉴스』등에 보도되었다.
5 2016년 1월 17일 늦은 오후 10시 30분경에 일어났다.

전체의 것으로 규정하는 것은 조심스러운 일이다. 그러나 그런 일들이 자주 벌어진다. 이것은 이슬람세계도 다르지 않다. 그곳에도 다수의 무슬림들이 동의하지 않는 일탈 행동을 저지른 범죄자들이 존재한다. 그 일탈 행동을 무슬림들의 보편적인 행동으로 간주할 수는 없는 것이다.

진실 게임 1 : 이슬람 원리주의는 정부 차원의 공공의 적

G : "최근 A국에서 외국인 사역자들에 대한 통제가 강화되었다. 얼마 전 B국 출신 C 아무개도 정보당국의 조사를 받았고 D국 출신의 E도 그런 경험을 했다. 외국인 선교사들에 대한 정부의 통제가 강화되고 있다."

동문 : "그런 일이 있는 것이 사실이다. 그렇지만 이슬람 왕정국가인 이 나라에서 이슬람권이 더 큰 규제와 탄압을 받고 있다고 할 수 있다."

G : "그것이 무슨 말이냐? 어떤 근거로 그렇게 말할 수 있는가?"

동문 : "최근 A국의 4천여 개의 이슬람 사원의 설교자 800여명의 금요 예배 설교 원고나 이슬람 기관의 세미나 프로그램 등에 대하여 정부 당국의 사전 검열을 받아야 한다. 성직자들은 이제 성직자 유니폼을 입고 다녀야 한다. 다

른 한편으로 기독교계가 설교 검열을 받고 있는 것은 아니다. 이슬람 국가인 A국에서 누가 더 난감한 상황인가? 너무 기독교계의 상황을 일반화시켜서 마치 이슬람 왕정국가인 A국에서 기독교 탄압이 강화되고 있다고 말하지 말자"

G : 그래도 이슬람 국가인 A국에서 기독교가 규제를 받고 있는 것은 사실 아닌가?

이 대화 내용을 대하면서 어떤 느낌이 다가오는가? 이슬람 왕정국가는 물론이고 이슬람 국가는 정부 차원에서 기독교를 견제하고 이슬람 확장을 위하여 노력하고 있다고 생각들 한다.

그러나 이런 고정 관념을 깨뜨릴 만한 몇 가지 정황들은 어렵지 않게 확인할 수 있다. 적지 않은 이슬람 국가 정부는 이슬람 원리주의에 의한 반정부 반미 사상의 확산이 공공의 위협이라는 인식을 하고 있다. 그래서 의식이 강한 사원에 젊은이들이 출입하는 것에도 주의를 기울이고 있다. 어찌 보면 이슬람 정부의 이슬람 탄압이라 말할 수 있을 것이다. 이슬람 탄압이라 할 전형으로는 무슬림 여성들의 히잡 착용에 대한 정부 차원의 규제를 들 수 있다.

이슬람 자체의 확산에도 크게 민감하게 반응하고 있지 않다. 이슬람 종교 방송을 강화하지도, 이슬람 신학생 수를 늘리거나 이슬람 신학교 교육과정에 대한 정부 차원의 강력한 지원을 펼치지도 않는다. 이슬람 성직자의 증가를 의도하거나 이슬람 사원 신축을 장려하지도 않는다. 국공립학교에서의 이슬람 종교교육을 강화하는 것에도 크게 마음을 두지 않는다. 한국 기독교인들에게 이슬람 세계는 이슬람 그 자체이지만, 이슬람 국가에서는 종교는 수많은 영역의 하나일 뿐이다.

2

'아랍은 비호감, 성지는 호감'은 아니다

봄철이면 그야말로 '빈들'이었던 이스라엘과 팔레스타인, 요르단을 비롯한 중동이 봄을 맞이하여 '꽉 찬 들'로 변모한다. 2월 하순에서 3월 사이에만 볼 수 있는 진풍경이다. 거칠고 메말랐던 땅에 푸름이 깔리고 그 사이사이 온갖 종류 꽃들이 가득 넘쳐난다. 이 지역의 봄은 성경 속의 '늦은 비'로 시작된다. 그 무렵이면 봄의 막바지에 서게 될 것이다. 그야말로 아주 짧은 봄이 4계절 속에 자리하고 있다.

성지 여행하면 은혜가 넘쳐난다? 성지순례자들은 중동 방문 한인들 중 중요한 몫을 차지하고 있다. 성지순례자들은 보면 성지의 주요 관광지를 따라가는 성지관광, 과거의 흔적을 따라가는 성지순례자, 성경 속을 달리며 느끼고자 애쓰는 성지 답사자들로 굳이 구분할 수 있다. 가장 많은 비율을 차지하고 있는 것은 아마도 성지관광객들과 성지순례자들일 것이다. 그런데 묘한 것은 지중해 관광객들과 성지순례자들의 프로그램이 엇비슷하다는 점이다. 사실 아랍 이슬람 지역 현지인들이 한국을 개인적이고 인

격적으로 만날 수 있는 계기는 이 지역 여행자들을 통해서 이뤄지는 경우가 많다. 짧게들 스쳐지나가는 일정임에도 불구하고 한국인 여행자들의 말과 행동은 현지인들에게 '한국인'에 대한 강한 이미지를 좋든 나쁘든 남겨주고 있다.

우리 땅에서 생겨난 것도 우리 문화유산이다

"이건 요르단의 제라쉬는 물론이고 레바논의 바알벡, 시리아의 팔미라 등 로마가 이 땅을 지배하면서 만든 산물이 아닌가요?" 물었다. 그러자 "그게 무슨 관계가 있나요! 우리나라의 대표적인 문화유산이다…." 담담한 반응이 돌아왔다.

역사 바로 세우기 작업의 일환이라며 광화문의 중앙청 청사를 해체 1995~1997 한 적이 있다. 일제 총독부 건물로 일제의 잔재라는 것이 그 이유였다. 이 일을 두고 일부의 반대가 있었지만 일재 잔재 청산에 획기적인 일이었다고 자화자찬하는 이들도 적지 않았다. 우리들은 우리 민족이 우리 땅에서 우리 민족이 일궈낸 문화유산을 우리 문화유산으로 생각했다. 그러다가 최근에야 우리 땅 바깥, 예를 들면 만주와 중국 땅 일부와 일본 같은 한반도 바깥에서 우리 민족이 일궈낸 문화유산을 우리 것으로 받아들인다. 우리 땅 바깥에서 우리 민족이 일궈낸 문화유산이 우리 것으로 자리매김하기에는 중국과 일본의 역사 왜곡 작업에 대한 반작용도 적지 않게 작용했다.

그런데 아랍 이슬람 세계의 역사나 문화유산에 대한 인식은 우리와 사뭇 다르다. 사실 중동 최고의 문화유산으로 인정받는 레바논 북동부의 바알벡이나 시리아 동부 사막 지역의 팔미라를 비롯하여 곳곳의 문화유산들은 지역 주민들이 일궈낸 문화유산이 아니다. 대개의 경우 로마제국이 그 땅을 통지하고 지배하면서 남겨둔 이른바 식민의 잔재들이다. 시리아와 요르단의 데가볼리 로마 지배하의 10개의 도시국가 연맹체 도시 유적지도 사실 로마의 식민지배의 결과물들이다. 고대 시대는 물론이고 근현대사에서도 이 지역의 식민 지배 역사는 이어졌다. 이집트나 요르단, 시리아, 레바논이 프랑스와 영국의 지배와 영향을 받은 결과로 적지 않은 프랑스풍과 영국풍의 건축물들이 남았다. 그러나 그것을 바라보는 지역 주민들의 시선은 날카롭지 않다. 날카롭지 않은 정도가 아니라 오히려 이런 문화유산들을 자랑하고 뿌듯하게 받아들인다. 우리 민족이 한반도에 몽고가 남겨둔 문화 흔적은 물론 당, 송, 명, 청, 원나라는 물론이고 일본 지배의 흔적들을 우리가 부담스러워하고 제거하려는 마음과는 사뭇 다른 태도를 보게 된다.

아랍 이슬람 지역 주민들에게서 발견되는 것은 이 지역 주민들이 이 지역에서 만들어낸 문화유산은 물론, 이 지역 주민들이 다른 곳에서 만들어낸 문화유산과 이 지역 안에서 다른 민족들이 일궈낸 역사 흔적 모두를 문화유산으로 받아들이는 분위기이다. 어떤 점에서 속인주의, 속지주의가 함께 문화유산을 이해하는데 작용되고 있는 셈이다.

텃새는 있어도 순혈주의는 없다. 아랍 이슬람 지역을 오가다보면 토착민 같지 않은 다른 피부와 생김새를 가지고 있는 이들을 만나게 된다. 일부는 오래전에 이 땅에 이주해 온 이민족 이주자들이고 일부는 국제 결혼한 이들의 후손들이다. 그렇지만 혼혈인이라고 하여 눈에 띄는 차별이나 차가운 시선을 받는 것이 아니다. 이슬람 중세시대 이래 오늘날의 걸프 지역에 노예로 끌려갔던 검은 피부의 후손들이 그 지역 시민으로 자리 잡은 지 오래되었고, 인도 등지에서 역시 또 다른 노예나 상인으로 이 지역에 들어왔다 정착한 이들의 후손들도 이 땅에 살고 있다. 이집트를 가도 다양한 피부색을 가진 이들이 뒤엉켜 살고 있다.

최근 들어서는 동남아시아 여성들과 국제 결혼하는 경우가 증가하고 있고, 유럽인들과 결혼하는 지역 주민들도 점차 증가하고 있다. 외국인 며느리와 사위를 두었다고 부끄러워하는 눈치는 공식적으로 찾아보기 힘들다. 그 자녀들인 혼혈인들이 학교나 공공장소에서 왕따를 당하거나 하는 일들이 흔하지 않다. 최소한 한국에서 혼혈인들이 당하고 지금도 당하고 있는 그런 여전히 차가운 눈초리나 냉대 같은 것은 찾아보기 힘들다는 것이다. 이른바 순혈주의는 아랍 이슬람 지역 주민들의 주요 관심사가 아니기 때문이다. 그 단적인 예가 요르단 왕실이다. 요르단의 경우 현 국왕이 서거한 후세인 국왕과 영국계 어머니 사이에서 태어난 이른바 혼혈인이다. 압둘라 국왕의 왕비는 팔레스타인계 라니아 왕비이다. 이 지역 주민들에게 가문을 이어가는 것은 '순혈'이 아니라 가문 자체의 내력이 아닌가 싶다. 족보에 이방 민족의 피가 섞여 있어도 그것이 흠이 되지 않는다.

그래도 텃새는 존재한다. 돈 좀 있다고 돈 없는 나라 출신들을 무시하는 경우이다. 그것은 다른 아랍계에 대해서도 벌어진다. 이른바 돈 좀 있는 나라 아랍인들은 돈 없는 예멘이나 이집트 사람들을 알게 모르게 무시하고 차별을 하기도 한다. 요르단의 경우 이집트인들 다수가 3D 업종이나 서비스 업종, 아파트나 주택 관리인으로 일하곤 한다. 머슴이나 하녀 취급을 하는 경우가 많다. 이집트인들의 사투리조차 못마땅하게 생각하기도 한다. 그래서인지 요르단에 살고 있는 이집트인들은 애써서 자신들의 독특한 억양을 드러내지 않으려는 경우도 보게 된다. 최근 들어 이 지역에 동남아시아 노동인력들이 밀려들어오면서 상대적으로 가난한 지역 출신의 외국인

들을 무시하는 일들이 자주 벌어지곤 한다.

몇몇 아랍 국가와 이스라엘 등의 출입국 카드 기재 사항에 묘한 항목이 있다. 부친 성함을 넣는 칸과 모친 성함을 넣는 칸이 있을 때이다. 여권에도 나와 있지 않은 내용을 왜 쓰라고 하는 것일까? 이유는 단순하다. 현지인들의 법적인 이름이 〈자기 이름+부친 명+조부 명 그리고 성씨〉순으로 되기에 그것에 준하여 출입국 카드 기재 사항을 적도록 되어 있는 것이다. 그런데 왜 모친 성함을 쓰도록 할까? 그것은 일부다처 문화에 바탕을 두고 있는 것이다. 같은 아버지 밑에서도 어떤 어머니의 자손인가를 쓰도록 하는 것이다. 나는 이런 출입국 카드를 작성할 때 그냥 〈동+문+김〉으로 표기한다. 질문자의 의도에 맞춰 대답을 하는 것이다. 그 질문의 의도를 모르고 곧이곧대로 게다가 우리 식으로 답변을 할라치면 현지인들이 오히려 혼란을 겪곤 한다.

아랍과 한국 사이에는 엄연한 차이가 존재한다. 그 차이를 어떻게 보느냐에 따라 호기심이나 거부감이 생기곤 한다. 다른 것을 통해 서로를 알아갈 수 있다. 비슷한 것을 통해 친숙함을 느끼고 다른 것을 통해 호기심을 갖는다면 좋을 것 같다.

3

무슬림들은 자나 깨나 그들의 일상을 산다

겉모습으로 무슬림을 보지 말자, 한국 언론에, '이슬람 지역 현장 르뽀'라며 의례히 나오는 장면들이 있다. 기도를 하는 수많은 무슬림들, 언제 어디서나 장소를 가리지 않고 기도하는 무슬림들, 검은 색 베일로 몸을 감싸고 있는 여성들, 정해진 시간이면 메카를 향해 기도하는 사람들, 너무 열심히 기도하여 이마에 굳은살이 배긴 사람들, 곳곳에 높은 첨탑을 가진 이슬람 사원이 가득하고 하루 5차례 때를 따라 큰 소리로 기도 시간을 알리는 안내 방송아잔이 울려 퍼지는 땅 … 기독교인들이 숨소리도 제대로 내지 못하고 살고 있는 영적으로 어둠의 땅 … 아랍 이슬람 사회를 떠올릴 때 먼저 이런 이미지가 다가온다.

그러나 사실은 이와는 많이 다르다. 그렇게 살아가는 이른바 종교적인 사람들은 현지에서는 그리 많지 않다. 기독교인들의 주일 낮예배에 비교되는 무슬림의 금요일 정오기도 시간, 요르단 암만의 가장 오래된 이슬람 사원 후세인 사원 주변에는 많은 수의 무슬림들이 기도를 하기 위하여 몰려

든다. 카펫이 깔려있는 사원 내부는 물론이고 사원 앞마당과 차도에까지 예배자들이 몰려온다. 차도에 깔판을 가져와서 깔고서 기도하는 이들을 제외하면 약간의 사례비를 내고 박스나 다른 깔판을 이용하여 예배를 드리는 이들도 쉽게 볼 수 있다. 사원 주변에는 시장 통이다. 그런데 사실 예배하러 몰려든 인파도 많지만 그냥 구경하는 사람들도 적지 않다. 물론 이들도 무슬림들이다. 금요기도 시간에 무관하게 장사를 하는 현지인 무슬림들도 많다. 기도하는 무슬림은 누구이고, 구경하는 무슬림은 누구인가? 교회 앞에서 교인이 주일 예배 참석안하고 장사를 하고 있다면 우리들은 그 사람에 대하여 어떤 생각을 할까… '저 사람 기독교인 맞아?!'

아부 제이납, 이 친구는 날 때부터 무슬림이다. 그런데 나보다 더 사원을 가지 않았다. 그렇다고 집에서나 일터에서 시간을 정해놓고 기도도 하지 않는다. 무슬림이면 하루 5번씩 정해진 시간을 따라 기도하는 것이 당연한 풍경이라 생각들 하지만 그렇게 하는 사람보다 그렇지 않은 사람들이 훨씬 많다. 10여년 전 7월 하순 모로코 북부 지중해 연안 탄자시市 구시가지에서 만난 아흐마드는 말한다. "보수적인 사람들은 기도할, 꾸란을 읽어라 말한다. 그러나 그런 형식을 지키는 것만으로 무슬림의 정체성을 평가할 수 있는 것은 아니다. 믿음은 내면적인 것이지 형식으로 규제할 수 없는 것이다…" 쿠웨이트의 영자 신문 A뉴스에서 만난 칼리드도 비슷한 이야기를 했다. 자신을 현대화된 무슬림이라고 소개했다. "무슬림을 겉모양만 가지고 평가할 수는 없는 것이다. 내 모습에 서구적인 분위기가 느껴지지 않는가…그러나 나는 무슬림이다." 자신이 무엇을 입었느냐 무엇을 하느냐가 무슬림으로서의 정체성 판단의 절대 기준이 아니라는 것이다. 이렇게 생각하는 무슬림들이 늘고 있다. 독실한 무슬림들이나 나이 든 무슬림 어르신들은 이런 세태를 세속화되어간다며 안타까와 한다.

7월 하순, 걸프지역 국가들은 40도 안팎의 온도를 보인다. 한 낮의 체감

온도는 50도가 넘는다. 그래서인지 그 햇살은 뜨겁게 다가온다. 그런 까닭인가, 바레인, 쿠웨이트, 아랍에미리트 등을 방문하였을 때 시간을 맞춰 이슬람 사원을 찾거나 일정한 공간을 확보하고 기도하는 현지인들을 만나기가 쉽지 않았다. 그나마 사원 안에는 현지인들보다 동남아시아에서 온 무슬림 소수가 모여서 기도하는 풍경이 눈에 들어오곤 했다. 이집트나 심지어 요르단 만해도 기도 시간을 맞춰 남의 시선 아랑곳없이 기도하는 이들을 쉽게 볼 수 있었는데 걸프 산유국의 분위기는 달랐다. 돈으로 자신들의 종교적인 의무감을 채우려는 이들이 많은 것이 아닌가 의심이 될 정도였다. 그도 그럴 것이 쿠웨이트의 경우 전국에 1,100여개의 이슬람 사원이 새워져 있다. 그런데 정부 통계에 따르면 이중 1,000여개 사원은 전임 사역자가 없다. 정부가 남들 보여주기 위하여 성직자 수급 계획도 없이 무작위적으로 사원을 지은 것 때문인가? 그것이 아니었다. 사연인즉 무슬림 독지가들이 앞 뒤 가리지 않고 사원을 지어 기증한 결과였다.

이집트 카이로, 라마단 기간이었다. 당연히 모든 무슬림들이 라마단 금식을 하려니 했다. 그런데 버젓이 낮 시간에도 먹고 마시는 현지 무슬림들이 적지 않았다. "모하멧, 금식 안 해? 정부에서 라마단 금식 어기는 것 통제하지 않아?" 그러자 "형편이 있으면 라마단 금식 나중에 하거나 안 해도 된다. 정부가 통제할 것도 아니고…"했다. 대부분의 아랍 국가에서는 라마단 기간 동안에 공공장소에서 먹고 마시는 행위를 법으로 규제하고 있다. 이른바 라마단 사범으로 한 달 가까이 구속된다. 라마단 법 위반죄이다. 그렇지만 최근 들어 라마단 기간 동안 낮 시간에도 영업을 하는 식당들이 늘어가고 있다. 요르단 암만의 압둔 거리, 번화가 중 가장 대표적인 곳이다. 이곳의 일부 식당들의 아래층 쇼 윈도우는 밖에서 안을 들여다보지 못하도록 커튼을 쳐 놓았거나 일종의 공사를 해 두었다. 한 식당에 들어갔다. 2층으로 올라가니 다들 기독교인 같지는 않았는데 적지 않은 사람들이 먹고 마시고 있었다.

이슬람 사원을 전 세계적으로 짓기 위하여 보이지 않는 손이 작용하고 있다는 식의 이야기를 자주 들었다. 그런데 현지에는 묘한 풍경이 펼쳐진다. 사원마다 크기도 다르고 부자 사원도 있고 가난한 사원도 있다. 누군가가 일률적으로 사원을 통제하고 있다는 어떻게 셋방살이하는 이슬람 사원이 버젓이 이슬람 국가 안에 존재할 수 있을까? 사실 이슬람 사원이 정부 자금에 의해서만 일방적으로 지어지지 않는다. 사원 건축위원회와 같은 지역 주민들이나 독지가들의 참여가 전제가 되어야 사원이 서는 경우가 대부분이다. 물론 이슬람 정부에서 정부 정책 사원에서 왕립이나 국립 사원을 짓기도 하지만 그것은 특별한 경우일 뿐이다. 부자 사원이야 전임 사역자들이 많아서 설교자와 사원 관리인, 기도 시간 안내자 등이 구분되지만 가난한 사원은 혼자서 도맡아서 이런 일들을 다해야 한다. 세습되는 성직자는 없지만 다른 세속 직업을 가질 엄두가 나지 않는다. 대개의 경우 사원에서 '특별 새벽 기도회'라거나 심령부흥회 같은 그런 집회들은 열리지 않는다. 일상적인 모임들이 운영되고 있다.

내가 90년 11월 이후 현지에서 만나고 알아가고 있는 아랍 이슬람 사회는 서구 유럽의 어떤 것을 닮아가고 있다. 종교는 생활이며, 한번 무슬림은 영원한 무슬림들이 되어가고 있다. 유아세례를 받으러, 결혼식을 위하여, 장례 치러지기 위하여 평생 3번 가는 유럽인들도 자신의 종교를 기독교라 말하는 것처럼 그런 무슬림들의 비율도 높아가고 있다. 그래서 이런 질문을 종종 던져보았다. "도대체 얼마만큼의 무슬림들이 금요일 정오 사원 예배에 참여할까" 정부 관련 당국에도 문의를 해보았고, 직접 현지인들에게 확인도 해보았다. 그러나 조사된 공식 통계는 존재하지 않았다. 이슬람 사회에는 이른바 교적부라는 것이 없다. 사원에 소속되어 있다는 생각도 별로 없다. 특별히 이슬람 설교자에 대한 호감이 있어서 특정 사원을 다니는 경우들도 있지만 대부분의 경우는 주로 집이나 일터 가까운 사원 예배에 참여한다. 그러기에 출석률 같은 것도 존재하지 않는다. 그러다보면 심방이라 하는 것도 없다. 전체 재적 인원 얼마에 출석 교인 얼마라는 통계는 어디에서도 찾아볼 수 없다. 그러다보니 사원 앞에서 출구 조사라도 해봐야할 판이었다. 여러 가지 정황들을 통해 정리할 수 있었던 것은 대략 5~10% 안팎의 무슬림들이 그나마 정기적인 예배에 관심을 가지고 있다는 것이다. 한 달 간의 금식하는 달인 라마단 기간에도 특별 집회라는 생각으로 사원에 출석하여 예배드리는 이들이 늘기는 하지만 전체적으로는 10%를 넘지 못하는 것으로 보인다. 법적으로 공식적으로 개종이 인정되지 않기에 한번 무슬림이면 영원히 통계상의 무슬림으로 남아있다. 게다가 출생으로 인한 무슬림 인구는 자연 증가율에 일부 개종자들을 더하면 언제나 증가율은 최고이다. 이슬람 인구가 해를 거듭하면서 꾸준하게 증가하고 있는 것도 이런 계산법에 바탕을 둔 것이다.

　서구화 세속화 영향 때문 이라고만 말할 수 없는 명목상의 종교 생활이 아랍 이슬람 세계 전반에 걸쳐 번져가고 있다. 하루 5차례 라디오와 TV, 사원 자체 방송확성기 등을 통한 등을 통해 무슬림 기도 시간이 선포된다. 심지어는 사원 안에서 선포되는 설교가 그대로 방송된다. 한국에서 주일 낮 예배 시간의 예배 실황이 동네방네 방송된다고 한다면 어떤 분위기가 연출될

까 … 라디오 방송도 아닌 일상 공간이 종교적인 삶으로 가득 차있는 그런 곳 … 그런데 이제는 일상화된 모양이다. 현지 무슬림들은 이런 종교적인 일들을 그냥 무심히 바라보고 있는 것은 아닌지. 모로코 카사블랑카의 가장 대표적인 왕립 사원인 하싼 사원. 그 마당 주변에는 수 만 명의 사람들로 가득했다. 해질 녘 기도시간을 알리는 방송이 나와도 아무렇지 않은 듯이 여가를 즐기고 있었다. 아주 소수만이 저녁 기도를 위하여 사원 안으로 향하고 있을 뿐이다. 기도하러 가는 이들이나 기도 시간에 구애받지 않고 쉬고 있는 사람들이나 모두 자연스러웠다. 눈치 볼 일이 아니었다.

아랍 이슬람 세계 전반에 정체성 논란이 펼쳐지고 있다. 아랍인은 누구이고 무슬림으로 현대사회를 산다는 것이 무엇인지 고민하고 있다. 그럼에도 우리는 이슬람을 바로 알아야 한다고들 말하지만 여전한 편견으로 이곳을 주목하고 있을 뿐이다. '사람'을 보지 않고 '종교' 이슬람으로 보려는 시도이다. 이슬람 세계를 바라볼 때 '이슬람'이라는 '종교'로 본다면 그곳에는 사람들은 보이지 않을 것이다. 그저 하나의 종교를 추구하는 무리들만 보일지 모른다. 그러나 이슬람 세계 속에 살고 있는 그저 우리와 다르지 않은 '평범한 사람들'을 만나지 못한다면 우리들은 진실에 접근할 수 없을 것이다. 사람 사는 곳이 어디나 다 똑같다. 뭔가 달라야만 한다고 생각하는 사람들에게 이런 평범한 진리는 오히려 충격일지도 모른다. 그러나 이것은 사실이다. 하루 온종일 종교 속에 빠져 사는 사람들을 만나는 것도 그리 쉬운 일이 아니다. 이들도 우리와 다르지 않은 평범한 일상을 살아가고 있다. 중동의 무슬림들도 우리와 성정이 같은 사람임을 기억하자.

4

김선일의 죽음과 아프간 피랍 사태를 떠올리며

주저함과 망설임 이렇게 글을 쓴 적이 있다. 많은 생각을 하면서 내 안의 그 생각을 잘 드러낼 수 있을지 고민도 했다. 한국 사회는 2004년 6월 이라크에서의 김선일씨의 죽음을 맞이했다. 2007년 7월 아프가니스탄에서 배형규 목사, 심성민 씨의 죽음을 겪어야 했다. 내게도 고통스런 순간이었다.

"… 너희 사랑을 지식과 모든 총명으로 점점 더 풍성하게 하사 너희로 지극히 선한 것을 분별하며 또 진실하여 허물없이 그리스도의 날까지 이르고, 예수 그리스도로 말미암아 의의 열매가 가득하여 하나님의 영광과 찬송이 되게 하시기를…"빌1:9~11이라고 기도했던 바울의 심정이 뼈저리게 다가왔다.

김선일의 죽음에 대한 단상

문득 김선일 형제 생각이 난다. 이 짧은 지면에 김선일 형제를 변명하고 싶다. 김선일 형제의 죽음에 대해 불편한 감정을 적나라하게 드러내준 것

은 아래와 같은 입장일 것이다.

"김선일이 부산신학교를 졸업했다. 내가 그 학교를 잘 안다. 외국어대 아랍어과 졸업 후 그 나라에 장사하러 간 사람이다. 목적은 뉴스를 보니 터키 처녀와 결혼해서 터키 선교를 하는 것이 목표라 들었다. 그 한 사람이 죽으니 온 세계 매스컴이 열을 올리고 떠든다. 나는 이상하게 생각한다. 김선일의 죽음이 세계를 시끄럽게 할 만한 죽음인가? 아니다. 아니다. 그런데 시끄럽다. 돈벌이하러 간 사람이 국제정치의 태풍에 휘말려 희생당한 것이다. 이 얘기는 불신자들에게는 부끄러워서 말 못하는 것이다. 그가 기독인이라는 사실이 부끄럽다. 신학교 가운 입고 졸업한 사실이 부끄럽다. 세상 사람 앞에서. 신앙인이고 선교를 목표로 했다 하면 판이 그쯤 진행되면…. 살려달라고 발버둥치고, 노무현 대통령에게 파병 말라고 하고, 부시는 테러리스트라고 하는 현대판 아말렉이다. 그렇게 해서는 안 된다…." 한국의 모 교회 목사님의 설교 내용에 나오는 대목이다. 이런 정도는 아니지만 김선일의 죽음에 대해 아쉬움을 가진 기독교인들이 적지 않았던 것은 사실이다.

"납치된 첫 주간 김선일 형제는 긴장감 속에 지냈다. 그러다가 2주째에 접어들면서 그의 마음은 안정 되어 갔다. 그러자 자연스레 자신이 믿는 하나님에 대해 이야기를 하기 시작했다. 납치 조직 관계자들이 일부러 죽을 맞춰주자 김선일은 한 술 더 떴다…." 바그다드 현지에서 종군 기자로 취재 활동을 하던 이들로부터 전해 듣고 알게 된 김선일의 죽음에 얽힌 이야기이다. 김선일 형제가 종교 문제로 죽었다고 주장하는 것은 아니다. 그가 자신을 둘러싸고 있던 저항조직원들에게 자신의 신앙에 대해 이 이야기를 나누었다는 점에 나는 주목하는 것이다. 이 말을 내게 전해준 한국인 종군 기자는 김선일 형제 살해 조직원들을 직접 만나 취재를 했었다.

김선일 형제는 그의 절친했던 한 친구에게 말을 했다. "일 년 간 고생해서 돈을 벌어 외대 통역대학원 아랍어과에 가서 공부를 하겠다." 이라크와 아랍을 향한 하나님의 부르심에 반응하기 위한 것이었다.

김선일 형제에게 있어서 이라크에서의 삶은 분주하기 그지없는 삶이었다. 그 분주했던 일상을 떠나 홀로 남았던 그 3주간의 시간은 그가 왜 이라크 땅에 와 있는가에 대한 돌아봄의 시간이었을 것이다. 그가 죽임을 당하기 직전 그의 입가에 잔잔하게 흘렀던 미소, 무장조직에 의해 목 잘려 죽음을 당한 직후에 그의 입가에 여전히 남아있던 그 미소를 아픔으로 기억한다.

배형규 목사, 심성민 씨의 죽음, 뿌린 자와 거둔 자

어디서부터 이런 문제를 짚어봐야 할 것인가? A 단체의 책임자 B 선교사에게 책임을 묻는 것으로 모든 것이 수습될 것도 아니다. 언론에 의해 몰매를 맞은 C 교회나 D 목사가 짊어져야할 것도 아니다. 당시의 파병반대론자들이 주장하듯이 한국군의 이라크 파병이 이번 사건의 주요 원인이었다고 말할 수도 없다. 아니면 C 교회 단기 팀이 아프가니스탄을 간 것을 탓할 수만도 없었다. 아니면 한국교회의 저돌적인 이슬람 권 선교로 인해 반기독교 정서가 퍼졌다고 주장하는 한국 정부나 언론의 은근한 책임전가 논리로도 설명할 수 없었다.

나는 이런 외형상의 여러 이유보다 한국교회의 선교에 대한 열정에도 불구하고 그에 걸맞지 못한 이슬람권이나 이슬람권 선교에 대한 이해 부족이나 지식과 지혜 부족이 보다 근본적인 원인이라고 말하고 싶다. 선교 열정은 죄가 아니다. 오히려 칭찬 받아야할 것이다. 그 열정을 아름답게 발휘되도록 하는 것은 그들을 동원해내고 돕는 단체의 몫이다. 협력 단체는 이들의 열정을 건전한 지식과 지혜로 무장시켜 줘야 한다. 지식 없는 열정의 파괴성은 대단하다. 그 파괴력을 제거하고 선한 지식과 지혜로 무장함으로 그것이 문명 충돌이나 기독교 과업성취 지상주의에 빠지지 않도록 해줘야한다. 그러나 안타깝지만 이런 선한 조치는 자주 벌어지지 않았다.

정복주의 선교, 우리의 무의식?

조심스럽지만, 우리에게 정복주의적 선교는 여전히 있다. 한국교회는 이슬람 지역에서 선교를 하면서 정복주의적 선교에 집착하고 있는가? 그 대답은 '예'인 동시에 '아니오'이다. 사실 정복주의 선교 논쟁은 어제 오늘의 것이 아니다. 아프간 인질 사건 자체가 정복주의 선교의 모든 것도 아니다. 아울러 한국교회 모두가 정복주의 선교에 올인 하고 있는 것도 아니다. 반성은 필요하지만 반성의 주체가 명확하지 않으면 반성은 거품 가득한 책임회피용 말잔치에 다름 아니다.

나는 다른 지역의 선교 현황은 잘 모른다. 이슬람 지역, 그것도 일부 아랍 이슬람 지역에 약간의 경험이 있을 뿐이다. 언어도 인종과 민족, 역사도 다른 여타 이슬람 세계에 살고 있는 이른바 무슬림들을 단순화하는 것은 쉬운 일이 아니다. 그렇게 한다면 그것은 지혜로움이 아니라 어리석음과 무모한 무지이다. 용기가 아니라 만용이거나 어리석음이다.

그런데 이 아랍 이슬람 지역에서 정복주의 선교를 일삼는 이들은 많지 않다. 최소한 장기 사역자들 다수는 이벤트성 행사에 집착하는 경우가 아

주 드물다. 다수의 사역자들은 어리석게 보일 정도로 아주 조심스럽게 장기적인 전망을 갖고 사역을 하고 있다. 일부는 지혜롭지만 과감하게 사역을 펼치고 있다. 정복주의, 실적주의, 이벤트 사역에 관심을 기울이고 있거나 그 일을 돕는 사역자들은 소수에 불과하다. 일부 단체에 소속된 사역자와 그 단체에서 때를 따라 보내는 수백 수천 명의 단기 선교팀이 사실 정복주의, 이벤트 사역, 캠코더 선교의 선두주자라 할 수 있다.

이들 굴러 들어온 돌에 의하여 뽑히는 박힌 돌이 의외로 많다. 그렇다고 해서 특정 단체나 개인을 비판하는 것으로는 한국교회의 선교가 새로워질 가능성은 없다. 2004년 8월의 예루살렘 평화대행진은 물론이고 해를 이어온 평화대행진 행사에 직간접적으로 참여한 교회들이 부지기수다. 상시 훈련 프로그램으로 이들 단체의 훈련 과정에 참여하는 이들도 줄지 않고 있다. 한국교회는 직·간접적으로 특별한 단체나 개인의 시각에 도전을 받고 헌신해왔다. 그것을 선교의 핵심으로 받아들였다. 그 결과 자연스럽게, 한국교회의 선교가 정복주의 경향을 띠어왔다. 이것은 특정 단체나 개인의 책임이 아니라 우리 모두의 책임일 수 있다.

이슬람국가는 불쌍한 나라이다?

이슬람 지역 선교 보고 영상이나 자료에 주로 등장하는 현지인들의 전형적인 모습을 기억하는가? 희망과 삶의 의욕에 가득차 있는 이들은 많지 않을 것이다. 무엇인가 처진 얼굴과 지친 모습, 헐벗고 굶주리고 잔뜩 눌려있는 모습이 더 많이 차지하고 있을 것이다.

아프리카 하면 기계적으로 떠오르는 이미지가 있다. '절대 빈곤과 문맹에 시달리는 검은 대륙', 이 고정관념을 '빈곤의 포르노그라피'라 부른다.

벌레도 쫓을 힘이 없어 얼굴에 파리떼를 잔뜩 붙이고 웅크린 아이들, 형편없이 쪼그라든 젖을 아이에 물린 바짝 마른 여성. 이런 화면들이 지나가고 나면 '당신의 주머니 속 1달러가 이들을 살릴 수 있다'는 자막이 뜨는 식의 전형적 광고가 다수다. 6

---

6 이유주현, "아프리카 주민들이 추위 떠는 노르웨이 돕는다?", 『한겨레신문』, 2014.3.20.

이것은 오랫 동안 익숙해진 그러나 거짓된 아프리카의 이미지이다. 수년 전 부터 '빈곤의 포르노그라피'라는 반성과 돌아봄이 아프리카 구호 활동 영역 안팎에서 화두가 되고 있다.

그런데, 나는 이슬람 세계, 이슬람권 봉사 활동, 이슬람권에서의 종교 활동 관련해서는, 빈곤의 포르노그라피와 더불어 이슬람포비아가 작동하고 있다고 본다. 적지 않은 이슬람세계 홍보물에 등장하는 '빈곤'은 영적 빈곤, 물질적 빈곤 등 온갖 종류의 빈곤을 다 부각시킨다. 게다가 온갖 종류의 위협이 가득한'위험한 땅'이라고 강조하기도 한다. 결국 '영웅'만이 기억에 남는다. 그런 곳에서, 그런 사람들과 일하는 사람, 사역하는 단체가 주인공이 되는 것이다.

아주 오래 전벌써 14년 전이다 이라크 전쟁 중에, 이라크 바그다드에서 지원받은 물류 컨테이너를 열었다. 일단 당황했다. 그리고 몸도 마음도 지쳤다. 버릴 물품이 아니라 사용 가능한 물품을 골라내느라 2~3주 라는 긴 시간을 들여야 했기 때문이다. 성조기가 그려진 신발, 승마용으로 보이는 긴 가죽 부츠, 아주 높은 힐을 가진 여성용 신발, 유효 기간이 이미 한참 지난 의료용품 같은 것이 가득 차 있었다. 이런 물품을 마주하는 것 자체가 힘겨웠다. 아마도 어떤 이들은, 창고 정리 비용을 받아 챙긴 물품을, 구호물품 지원이라는 명분을 얻고, 이라크 긴급 구호성금까지 얻어 이라크로 보낸 것은 아니었을까 의구심이 들기도 했다.

이라크 지원 활동을 오는 한국인들에게 이렇게 망하곤 했다. "이라크인들 다수가 전쟁으로 인한 어려운 상황을 겪고 있지만, 그러나 우리가 이들 앞에서 우월감을 느끼거나 이들을 동정할 위치가 아니다. 전쟁 중에도 일상을 살아가고 있다." 그것은 정말 사실이었다. 그런데 이런 현실도 제대로 기사에 담지 못했다.

바그다드가 미군에 의해 함락되자마자 한국 언론도 바그다드로 몰아닥

쳤다. 그 가운데 가장 힘들었던 이들은 아무래도 사진기자였던 것 같다. 전쟁으로 처참한 상황에 처해있는 이라크를 상징적으로 보여줄 수 있는 사진을 담아야 했기 때문이다. 그런데 바그다드는 의외로 평온했다. 곳곳에 아직도 연기가 나고 있는 건물들과 파괴된 잔해가 가득했지만, 그것으로는 효과가 부족한 듯했다.

내 눈에 들어온 풍경들은 그저 또 다른 일상을 살아가는 주민들의 모습이 가득했다. 저녁 무렵 동네 공토에 나와 공을 차는 아이들과 바람을 쐬는 주민들의 일상이 그러했다. 그러나 그런 일상 풍경은 바그다드발 기사에 제대로 활용할 수가 없었다. 전쟁 분위기가 안 났기 때문이다. 독자 수준(?)에 맞는 사진을 선택해야 했다.

이슬람세계를 온갖 빈곤의 이미지로 강조하는 이들은, 복음=번영 이라는 사고방식에 젖어 있다. 나또한 그런 식의 '복음'을 중동에서 수없이 접했다. "한국이 식민지배와 남북분단, 6·25를 겪었지만, 하나님을 믿는 것으로 하나님의 축복을 받았다. 경제발전과 민주화를 이루었다. 이렇게 전쟁을 겪은 이라크에도 미래가 있다. 예수를 잘 믿으면 한국처럼 민주화도 경제발전도 이룰 수 있다"는 식이었다. 당시에 인기를 끌었던 기독교 동영상 어게인 1907 시리즈의 이라크 버전이었던 것이다. 참 무례하고 역사적 맥락이 없는 주장이었다.

못 사는 아랍 이슬람 국가, 잘 사는 이스라엘. 이런 식의 사고 방식에 젖어 있는 이들의 사고 구조가 독특하다. 이런 이들도 '걸프지역 아랍 국가들의 부유함을 알고 있다. 특별히 두바이는 '극도로 현대화된, 아랍국가 같지 않은 아랍 국가'라는 것도 알고 있다. 그런데도 이슬람을 믿기에 못사는 이슬람국가라는 고정관념에 젖어 있다. 이상한 논리체계이다.

아랍 이슬람 지역에 오는 단기 팀은 이런 '가난한'(?) 지역의 가난한 사람들에게 집중 또는 집착을 한다. 그런데 단기 팀들이 많이 다녀갈수록 여타 아랍 이슬람 국가들은 '가난'과 '영적 가난'으로 인식된다. 편견의 확대 재생산이 이뤄지는 셈이다. 단기팀을 돕는 선교사들 중 다수는 그 현장을 넓게 깊게 보여주는 것이 무다다. 한국 그 이상으로 살고 있는 부와 권력을 갖고 있는 이들, 그들의 생활공간도 있지만, 그런 곳은 가지도 보여주지도 않는다. 우리가 부러워할만한 장소와 사람들도 있지만, 그런 곳도 가까이 하지 않는다. 공허한 그 눈빛, 자기 고통과 두려움 가득 감쳐진 울음소리의 사람들만을 목격하고 가는 듯하다. 선교지에 와서 현장을 보고 갔다는 이들의 보고에 담긴 현장 왜곡은 이렇게 더욱 심화되는 것이다.

10여 년 전 여름 요르단을 찾은, 강남에 자리한 한 대형교회 청년들이 있었다. 이들 모두를 메카몰이라는 한 공간으로 안내했다. 아마도 2~3시간의 시간을 주고 주변을 살피고 사람들도 만나보라고 했다. 나중에 다 같이 모였을 때, 내가 이런 질문을 던졌다. 누가 아랍인이고, 무슬림인가? 여기 있는 이들 대부분이 아랍인이고, 무슬림이다. 생김새, 옷차림새도 다르지만, 강남에서도 통할만한 옷차림새와 몸매를 가진 이들도 아랍인이고 무슬림이라는 설명을 덧붙였다. 사실 그런 현실 때문에 이 청년들은 적잖은 곤혹감을 느꼈다. 기대하고 생각했던 그런 무슬림의 모습과 너무 다른 사람들을 보았기 때문이다.

부자들에게도 가라!

무슬림 부자들은 단기 사역의 관심의 대상, 섬김의 대상이 될 수는 없는 것일까? 경제적으로 가난한 자들은 부자들보다 복음에 더 열려있다고 단정 지을 수 있는 것일까? '부와 가난' 이라는 잣대로 이 지역을 보게 되는 것도 해 묵은 편견의 하나일 것 같다. 아마도 이슬람을 믿기에 가난하다는 전제에서 벗어 나기게 아예 그런 생각도 안하는 것인지 모르겠다.

선교현장을 보면 가난한 자들을 위한 구령의 열정이 타오르는 것 같다. 단기 사역팀은 물론이고 장기 사역자들도 가난한 자를 위한 사역에 집중하고 있다. 실제로 그런 사역들이 넘쳐나는 것은 아니지만 대상을 살펴보면 가난한 자가 중심이 되고 있는 것은 분명하다. 그러나 사역의 열매를 보면 그렇지만도 않다. 가난한 자를 중심으로 사역을 하기도 하지만 사역의 열매는 생각하는 것만큼 눈에 띄지는 않는 듯하다. 그래서 뿌리는 것이 우리의 역할이고 거두시는 것은 주님의 몫이라고 되뇌곤 한다.

그렇다고 가난한 자 병든 자를 위한 사역의 소중성을 무시하는 말은 아니다. 저 또한 그런 사역의 소중성을 알고 있고, 여러 모양으로 그런 섬김의 기회도 가졌던 것이 사실이다. 그렇지만 우리에게는 상대방이 가진 것 때문에 상대방이 복음을 들을 권리를 가지고 있음을 간과할 권리가 없다. 우리는 상대방이 부자이든 가난한 자이든 권력자이든 일반 백성이든 그가 복음을 들을 권리가 있음을 부인해서는 안 된다.

아랍 이슬람 지역의 개종자들은 가난한 자들보다 그렇지 않은 자들이 더 많은 듯하다. 나름대로 사회적 지위와 힘을 가진 이들도 복음에 반응하고 있다. 우리들의 일반적인 기대나 계산과는 거리가 있는 듯하다. 우리가 포기(?)한 이들임에도 불구하고 하나님께서는 다른 손길들을 통해 그들을 만나 주시고 복음으로 하나님의 자녀를 삼고 계시는 것을 보게 된다. 복음은 어떤 한 사람이 가진 것에 의하여 수용 여부가 결정되는 것이 아니다.

내가 접하고 있는 이슬람권 사역자의 어떤가? 그의 선교사역 영상물이나 사진 자료는 어떠한가? 그 안에 어떤 표정의 사람들이 담겨 있는가? 난민이어도 그들의 일상과 그래도 활기찬 모습으로 살아가는 아이들을 담아내는 이들과 전쟁의 참상으로 여전히 고통하고 신음하는 현모습을 주로 등장하는 시키는 이들이 있을 것이다. 현지인의 아픔을 같이 아파하고, 기쁨을 같이 즐거워할 수 있는 그런 사역자를 만나는 것은 기쁨일 것 같다. 우리는 지금 같은 듯 다른 세계에 살고 있는 것 같다.

남의 아픔이나 고난을 상품화하여 자신의 이익이나 명예를 챙기는 시대를 살아간다. 남이 겪은 고통을 내가 겪은 것으로 표절하는 시대를 마주하고 있다. 가상현실 속에서 겪는 상상의 고난을 지금 일상에서 겪는 것인 양 떠벌이는 이들을 마주하며 살아간다. 이슬람 지역에서의 한국교회의 활동이, 기독교 구호활동이나 복음 나눔이 영혼 없이 값싼 동정심을 자극하는 것이 아니면 좋겠다.

6

이슬람국가는 반기독교적이다?

이슬람 국가를 떠올리면서 기독교활동을 원천적으로 금지하고, 기독교 선교사들을 추방하는 것에 열심인 나라로 생각하는 이들이 있다. 이슬람 국가를 이슬람 외의 다른 종교나 신앙을 가질 수 없는 나라라고 생각하는 이들이 의외로 많다. 그러나 이것은 사실과 다르다. 이런 나라, 그런 정부 는 없다. 물론 사우디아라비아를 예외로 둘 수 있다. 기독교 선교사들이 때 때로 추방되는 경우가 있는 것은 사실이다. 그러나 무슬림들도 추방을 당 하곤 한다. 기독교 비정부기구가 어려움을 겪기도 한다. 그러나 동시에 이 슬람 사회단체가 정부의 통제를 받기도 한다. 우리는 기독교인과 교회, 선 교사가 겪는 것에 주목하지만, 다른 이들이 겪는 어려움도 같이 존재한다.

대부분의 아랍 이슬람국가는 물론 대부분의 이슬람 지역은 다양한 국적 과 배경을 가진 다국적 국제선교단체가 활동하고 있다. 그렇지만, 이제까 지 특정 단체에 소속된 선교사 모두가 추방조치를 받은 적이 없다. 최소한 그런 자료를 찾아보지 못했다. 추방조치를 당한 선교사가 사역하던 나라

안에도 그와 동역하던 선교사는 물론, 여타 나라에서 온 다양한 외국인 선교사들도 있을텐데, 그들 모두가 같이 추방을 당하는 경우도 거의 벌어지지 않았다. 해당국 정보기관은 물론 정부가 '그'가 선교사라는 사실을 알아도, 묵인하고, 체류를 허용하는 경우가 대부분이다. 때때로 비자 연장을 받지 못해 어쩔 수 없이 한 나라를 떠나는 경우가 생긴다. 그러나 그 동시에 다른 이들도 비슷한 일을 겪고 있는 것이다.

나는, 이른바 추방 경험을 가진 선교사들 중 적지 않은 이들을 통해, 그 선교사가 사역하던 나라, 정부, 사람들이 반기독교적인 존재로 인식되는 것에 불편함을 느낀다. 특정 국가에서 정권은 변한다. 정치 지도자나 정부 당국자의 입장도 다양하다. 그 정부의 그 어떤 담당자가 어떤 조치를 취한 것이 사실이라고 하여, 그 나라가 그렇다고 일반화시키는 것은 억지스럽다.

아랍 이슬람 지역의 A국가 정보기관에서 한국 대사관에 협조요청을 한 경우가 있다. 자국 내에 00명의 한국인 선교사들이 있는데, 이런 저런 활동을 하는 선교사들에게 지역 주민을 자극하지 않도록 주의를 요청한다는 식이었다. 일부 국가의 일부 한인 선교사들은 선교사 비자 또는 목사 비자로 체류하기도 한다. 2천년 안팎의 역사를 가진 정교회나 가톨릭교회와 영국과 프랑스의 위임통치 이전부터 존재하던 개신교회들이 존재한다. 교회 건물이 있고, 예배와 기독교 교육의 공간으로 활용되고 있다. 또한 타종교로의 개종이 법적으로 허용이 되는 나라도 있다.

이슬람 국가라고 하여도, 나라마다, 한 나라에서도 정부 또는 정권에 따라 상이한 종교정책이나 입장을 보여주곤 한다. 그런 이유로 '이슬람국가'를 시대를 가리지 않고, 지역과 나라를 떠나서 반기독교 입장을 실천하고 있다고 생각하는 것은 왜곡된 것이다.

기독교와 이슬람, 종교 아닌 권력충돌

버락 오바마 미국 대통령은 지난 2009년 6월 4일 이슬람권을 대상으로 한 메시지를 전달했다. 그 가운데 아래와 같은 내용이 담겨 있었다.

> "이슬람과 서구와의 관계는 수세기에 걸친 협력과 공존뿐 아니라 분쟁과 종교 전쟁의 역사도 아우르고 있습니다. 가장 최근에는 수많은 무슬림의 권리와 기회를 부정하는 식민주의 그리고 무슬림이 다수를 차지하는 국가들이 자신들의 바람과는 무관하게 종종 대리물로 취급된 냉전에 의해 갈등이 증폭되어 왔습니다. 뿐만 아니라, 현대화와 글로벌화에 따른 광범위한 변화로 인해 무슬림들은 서구가 이슬람 전통에 적대적이라고 인식하게 되었습니다."[7]

충돌은 하나의 세력화된 집단이 전제되어야 한다. 이슬람권은 존재하는가? 앞서도 언급했지만 하나의 통일된 운명공동체 또는 정치공동체로서의 이슬람권은 없다. 다양한 이해관계를 가지고 이합집산離合集散하는 국가와 개인, 집단들이 뒤엉켜져 있을 뿐이다. 그런 이유에서 헌팅턴이 1996년 펴낸 『문명충돌과 세계질서의 재편』에서 냉전의 종언과 함께 세계는 문명 대 문명의 충돌 국면으로 접어들게 됐다고 주장한 문명충돌론의 실제는 이슬람권에 없다. 문명충돌론은 이슬람권과 서구의 필연적인 갈등을 예언 또는 확정하였다. 그는 다양한 문명권 가운데서도 특히 이슬람문명과 서구 기독교문명은 정면으로 충돌할 여지가 가장 큰 대립적 문명이라고 진단했다.

그러나 이슬람 세계가 갖는 서구 세계 또는 기독교 문명권에 대한 반감과 적대감은 서구의 침탈과 착취, 이스라엘에 대한 일방적 편애 등에서 비롯된 것이다.

---

7 김동문, 『기독교와 이슬람 그 만남이 빚어낸 공존과 갈등』(세창출판사, 2011), p.330.

이슬람혐오증이나 기독교혐오증은 어제 오늘의 일이 아니다. 고대 역사가 말해 주듯이 새로운 제국이나 국가가 출연하면 필연적으로 국교와 통치 구조를 정당화하는 명분과 이론이 필요하다. 이슬람 세력의 중동과 북아프리카에서의 약진은 종교 자체의 변화를 강하게 몰고 온 것은 아니었다. 통치 권력의 구조를 변화시켰다는 것이 더 적절한 표현일 것이다. 무함마드 출현 이후 거의 2세기 동안 중동과 북아프리카의 무슬림 인구 비율은 10%도 못 미쳤다는 점에서도 종교 확장 전쟁은 아니었다고 평가할 수 있다. 유럽과 페르시아 등에 지배를 받고 있던 아랍 민족들이 아랍 제국을 건설한 것이라 할 수 있다.

아랍 역사가들이 초기 이슬람 200년간의 역사를 이슬람 제국이 아닌 아랍 제국8이라고 부르는 것도 이 때문이다. 아랍은 알라가 친히 선택한 선민 집단이었고, 이슬람은 아랍 민족이 알라와 함께 누리는 혜택이고 특권이었다. 당시 지배자들은 아랍인에 의한 아랍인의 제국 건설과 확장이 의식 깊숙이 각인되어 있었다. 그것이 이슬람 제국이라는 종교성으로 변화되면서 종교 확장 전쟁의 성격을 지니게 된 것은 후대의 일이다.

이런 와중에 서구 사회의 뿌리 깊은 이슬람 혐오증의 싹이 트고 있었다. 그 영향권도 퍼져가고 있었다. 잠시 호흡을 가다듬어 보자. 이슬람세력의 스페인의 안달루시아스페인 남부 점령과 샤를마뉴카롤루스 대제와의 한판 대결을 떠올려보자. 이슬람제국은 711년 지브롤터 해협을 넘어섰다. 이슬람 세력은 처음으로 유럽을 만났다. 물론 이보다 앞서서 691년 대서양 해안에 접근하면서 비잔틴 제국과의 경계를 이루고 있었다. 이슬람 세력의 북아프리카 진출 이후 지브롤터 해협을 건너 유럽 진출의 교두보가 되었던 스페인 남부 점령은 오늘날도 기독교와 이슬람의 공존의 가능성과 미래를 가늠하는 주요한 키워드가 되고 있다. 오늘날 스페인 문명은 사실 '유럽화된

---

8 김동문, 『기독교와 이슬람 그 만남이 빚어낸 공존과 갈등』(세창출판사, 2011), p.63, 162.

이슬람 문명'또는 유럽의 옷을 입은 이슬람 문명의 흔적을 여실히 보여주고 있다.

그러나 그곳에는 이미 경험된 이슬람 혐오주의가 자리하고 있었다. 이슬람의 확장 과정에 그들의 박해와 도전을 피해 피난한 이들이 유럽에 이미 자리하고 있었기 때문이다. 북아프리카의 가톨릭 신자들은 여타 동방 교회 기독교인들과 사정이 달랐다. 이들은 시실리와 이탈리아 남부 지역으로 피난을 떠나야 했다. 일부는 골 지방과 스페인, 그리스, 독일 등지로까지 탈출하였다. 이들에게는 예수의 그리스도 됨과 신성을 부정하는 이슬람을 종교적으로 받아들일 수 없었을뿐더러 이들에 의해 강제된 협약딤마를 수용할 수 없었다. 신앙을 지키기 위해 지중해를 건너야 했다. 이들은 살아 있는 이슬람혐오증의 근거가 되었다.

서구 기독교 제국의 위기를 종교적 신념으로 돌리는 과정에 예루살렘 성지 탈환이 등장했다. 십자군 전쟁은 양측 간의 감정의 골을 깊게 하는 계기와 구실이 되었다. 특히 기독교 세계의 권력층은 반이슬람 사상을 유포시켰다. 적대감을 고조시키기 위한 갖가지 이론과 잘못된 정보들이 확산되었다. 오스만 투르크로 대표되던 이슬람 세계와 서구 기독교 세계가 충돌로 이어졌다. 그러나 사실 오스만 투르크의 지배에서 벗어나기 위한 정복된 아랍 이슬람 국가와 민족들의 독립 투쟁이 오스만 투르크 제국 아래서 가열되고 있었다.

1차 대전! 전쟁은 끝났고, 오스만 투르크 제국은 중동의 권좌에서 밀려났다. 오스만 투르크의 지배와 학정에 시달리던 아랍 민중들에게 서구 세계, 특별히 영국과 프랑스는 해방자였다. 처음에는 그랬다. 그런데 아니었다. 그들은 또 다른 점령군으로 인식되었다. 영국과 프랑스는 석유에 욕심을 가졌다. 아랍 민중의 독립을 주겠다더니 아랍 민중의 고혈을 뽑아갔다. 유대인과는 또 다른 이면 계약을 체결해놓고도 눈속임을 했다. 아예 아랍과의 약속은 헌신짝이 되어버렸다. 오스만 투르크 대신에 선택했던, 아니 찾아왔던 세력과 다시 갈등하고 분쟁하여야 했다. 그러는 사이 2차 대전이 찾아왔다.9

2차 대전을 겪는 와중에도 아랍 이슬람 세계의 독립에 대한 갈망은 멈추지 않았다. 독립의 꿈이 좌절된 민족들이 여전히 독립을 갈망했다. 그러는 사이 이스라엘이 돌연 건국된다. 1948년 5월의 일이다. 아랍 민중들은 격노했다. 영국을 비롯한 서구 열강을 향한 배신감도 밀려왔다. 아랍 무슬림들은 전면전을 벌여야 했다. 그래서 중동전은 벌어졌다. 1948년, 1956년, 1967년 6월, 1973년 10월 전쟁은 이어졌다. 그런데 그것이 끝이 아니었다. 90년대에도 1991년 1월의 걸프전쟁을 비롯하여 2003년 3월의 이라크 전쟁에 이르기까지 미국을 비롯한 서구 세력에 의한 지역 분쟁과 갈등은 이어졌다.10

이처럼 이슬람 세계는 다양한 정치적 역할 관계에 따른 이합집산이 존재했다. 지배와 피지배도 공존했다. 동시에 또 다른 정치 세력인 서구 유럽 사회와도 공존과 갈등을 계속 이어왔다. 이슬람 세계가 이슬람 정신을 어떻게 무슬림들의 일상생활에 잘 실천하며 살 수 있을까를 고민하는 그런 정치제제도 아니었고, 전 세계에 어떻게 이슬람 정신을 확산시킬까를 고민

9 앞의 책, p.122.
10 앞의 책, p.126.

하던 종교단체도 아니었던 것이다. 단지 지배세력이 믿고 내세우던 종교가 이슬람이었을 뿐이다. 그런 까닭에 종교적 배타성이 이유가 되어 기독교 자체에 대한 말살 또는 탄압을 하려는 시도는 찾아보기 힘들었다. 다만 정권에 따라 기독교인은 물론 이슬람 내 다른 소수 종파에 대한 억압과 차별을 펼친 권력자와 정치집단, 종교집단이 존재했다.

7

이슬람 선교 '다와'

이슬람이나 기독교 모두 자신들의 신앙을 확산시키는 것에 주목하는 종교이다. 물론 이렇지 않은 종교는 사실 없다. 모든 종교가 자신의 영향력을 확산시키고 확대하는 것에 관심을 기울이고 있다. 그 가운데서도 세계 최대 종교인 기독교와 이슬람이 적극적이라는 평가이다.

다시 말하자면, 이슬람은 선교하는 종교이다. 그렇다고 하여 이슬람을 전파하는 것을 우선순위로 삼고 있는 이슬람 정부나 국가가 있는 것은 아니다. 무슬림들 가운데는 힘껏 자신의 신앙을 전하는 것에 관심과 마음을 기울이는 이들이 적지 않다. 전세계에 이슬람이 전파되는 것을 자신의 삶의 존재 이유로 고백하는 이들도 있다. 이슬람이 전파되고 그 영향력이 확산되는 과정에 이슬람스러움이 한 사회를 주도하는 것을 이슬람화라고 할 수 있다.[11]

기독교의 선교에 해당하는 이슬람 관용어는 '다와'이다. 이슬람의 다와

11 김동문, 『기독교와 이슬람 그 만남이 빚어낸 공존과 갈등』(세창출판사, 2011), p.198.

는 '초청', '부름'이라는 단순한 의미를 지녔다.12 여기서 아랍화, 이슬람화의 뜻을 짚어본다.

아랍화와 이슬람화13

초기 이슬람 확장은 아랍 제국의 확장, 아랍 통치자의 왕국의 확장이었다. 그런 과정에 종교 측면을 넘어서서 문화와 체제로서의 이슬람의 영향을 받게 되었다. 종교 때문이 아니라 제국의 통치 이념이라는 측면에서 아랍화가 이뤄졌다. 아랍화는 주류 집단에 연결할 수 있는 좋은 수단이었다. "유럽이 이슬람화되고 있다", "한국을 이슬람화하려고 한다"는 식의 말에 이슬람화가 등장한다. 최근 들어 점차 더 많이 쓰여지는 용어이다. 이슬람화는 한 사회가 이슬람 종교로 전환되는 경우나 기존의 무슬림 공동체가 이슬람 정신을 준수하는 것이 더 강화되는 것을 뜻한다. 초기 아랍 이슬람 제국의 확장이 일정 정도 이슬람화를 이룬 것이 사실이다. 당시 제국의 목표가 이슬람화가 아니라 아랍 이슬람 통치권의 확산이었다는 점에 주의할 필요가 있다.

아랍화는 비아랍권에 아랍어나 아랍 문화가 전파되고 확산되는 현상을 말한다. 7세기의 초기 이슬람화는 아랍화와 동시에 이뤄졌다. 물론 아랍 무슬림들에 의해 아랍 기독교인과 아랍 유대인들이 점령당한 것도 사실이다. 이런 것을 고려하면 아랍화는 오늘날의 사우디아라비아 반도에 기원을 둔 아랍 종족의 언어와 문화, 영향력의 확대를 뜻한다. 아랍 이슬람화와 거의 비슷한 뜻으로 사용된다.

이슬람 제국 아래서 아랍어는 귀족어로, 특권층의 언어로, 통치와 교역어로 자리 잡았다. 오늘날 영어 이상의 무게로 자리 잡았다. 압바스 왕조가

---

12 앞의 책, p.200.
13 앞의 책, pp.198~200.

들어서면서 아랍인에 대한 특권이 많이 줄어들었지만 여전했다. 아랍계의 영향력은 아랍어를 향유한 집단이라는 점에서 정치적인 영향력은 줄어들었는지 모르지만 사회적·종교적 무게감은 변함이 없었다. 오늘날 아랍인들은 이슬람 도래 전후한 시기의 아랍인들과 다른 개념이다. 당시 비아랍인이었던 이들이 아랍 이슬람화 이후에 아랍인으로 규정되었다. 오늘날 아랍인은 아랍어를 국어로 사용하는 종족과 민족을 전체적으로 일컫는 말이 되었다.

21세기에 아랍화는 다소 정치적인 의미가 더해진 채로 반서구화의 의미로 사용하기도 한다. 때때로 자신을 아랍인이 아닌 페니키아의 후손으로 지칭하는 이들을 만난다. 아랍인이 아닌 이집트인으로 일컫는 이집트인을 마주하기도 한다. 이들은 아랍어 대신 페니키아어를, 고대 이집트어의 현재형인 콥트어로 돌아가야 한다고 목소리를 내는 이들이다.

20세기 초 열강의 세력 다툼의 와중에 이슬람 정신을 회복하자는 취지의 이슬람 부흥운동 또는 원리주의 운동이 강화되었다. 일부에서는 반서구운동을 기치로 정치 투쟁과 무력시위를 펼치면서, 이것을 재再이슬람화로 규정하기도 한다.

역사 속의 이슬람 선교[14]

아랍 제국, 이슬람 제국의 통치력의 확산이라는 다소 무력적이거나 힘에 의한 아랍화, 이슬람화가 이뤄진 것은 물론 무역과 문명 교류를 통해 이슬람화도 이뤄졌다. 힘에 의한 이슬람화는 셀죽 투르크와 오스만 투르크 지배와 무굴 제국[15]을 통해 이뤄졌다. 비잔틴 제국의 영향력이 약화되면서 어부지리도 누렸다. 이슬람제국이 지배하지 못한 유럽과 아시아 지역에서의

---

14 앞의 책, pp.200~203.

15 1526~1857, 오늘날의 인도 북부, 파키스탄, 아프가니스탄에 이르는 지역을 지배한 이슬람 왕조이다.

이슬람에 대한 영향력 확대는 상업과 문화 교류를 통해 이뤄졌다.

이슬람 제국 안에서 비무슬림을 대상으로 하는 무슬림들에 의한 평화적인 선교다와가 활성화된 시기가 있다. 제국 밖으로는 무역로를 따라 오가던 무슬림 상인들에 의한 이슬람 선교로 800년부터 1050년 사이의 일이다. 오늘날의 인도를 넘어 인도네시아 같은 동남아시아 지역의 이슬람화는 무력에 의한 것이기 보다 무역 같은 상업 행위와 민간에 의한 다소 자발적인 선교 활동의 결과였다. 13세기부터 17세기 사이, 오스만 제국의 귀족층은 이슬람화에 적극적인 이들이 많았다. 제국의 수도였던 콘스탄티노플이스탄불을 비롯한 주요도시에서 교육 받은 이들 가운데 종교적 열정이 강한 이들이 있었다. 이들은 자원하여 자신들의 출신지로 돌아가곤 했다. 물론 지방정부의 주요한 역할을 맡은 고위공무원으로 돌아가는 경우가 많았다. 자신들의 출신지와 지방에서 사원을 세우고 학교를 세우기도 했다. 교육을 통한 이슬람 정신의 확대를 도모한 것이었다.

제국의 영향력이 축소되고 유럽의 영향력이 이슬람 제국 안으로 흘러들어 오면서 이슬람 제국 내에서의 기독교와의 만남이 이뤄졌다. 17세기부터 1차 대전 시기까지이다. 정치적으로는 여전히 오스만 제국의 지배가 이어지고 있었지만 문화적으로는 영국과 프랑스를 통해 기독교의 영향력이 확대되는 시기였다. 사실 이 시기에 아랍 이슬람 지역 곳곳에 교회와 기독교 계통의 학교들이 세워졌다.

유럽에서의 이슬람화는 오스만 제국의 쇠퇴와 맞물려서 진행이 되었다. 군사 대결이나 긴장이 강했던 시기에는 유럽 내의 이슬람 활동은 미미하기 그지없었다. 그러나 제국의 약화와 붕괴가 이어지던 20세기 초에 접어들자, 적지 않은 이슬람권 이주자들이 유럽에 발을 들여놓기 시작했다. 이 이주자 집단을 중심으로 이슬람 선교사들의 활동이 펼쳐질 수 있었다. 그것은 20세기 초반의 유럽의 무슬림 공동체는 개종자 존재가 미미한 것에서 볼 수 있듯이, 비무슬림을 주요 목표로 삼은 것이 아니었다. 여기에는 이슬람이 유럽의 적대국이었던 오스만 제국의 종교였다는 것에서 유럽인들이 가졌던 이슬람에 대한 비우호적인 태도와 이슬람 혐오감도 한 몫 한 것으로 볼 수 있다. 당시 유럽인들에게 무슬림은 터키인이라는 인식이 팽배했다. 비무슬림을 대상으로 하는 이슬람 선교는 유럽보다 미국 안에서 이뤄졌다. 이슬람 세계와 역사적으로 적대적인 관계를 한 번도 맺지 않았던 것도 비무슬림을 대상으로 한 이슬람 선교가 활발하게 이뤄진 것으로 볼 수 있다. 어찌 보면 비이슬람권에서 이뤄진 이슬람 선교 활동 중 가장 결실이 많았던 지역이 미국이라 평가할 정도였다. 초기 미국 사회의 흑인을 비롯한 소외 계층을 중심으로 영향력이 확대되었다. 말콤 엑스나 권투 선수 무함마드 알리는 두드러졌다.

새로운 전환점은 70년대에 이뤄졌다. 고학력의 전문성을 갖춘 이슬람권 이주자들의 미국 유입으로 이들을 중심으로 이슬람 사원 건축 붐이 미국 곳곳에서 일어났다. 크고 작은 무슬림 공동체는 후발 주자로 유입되는 이슬람권 이주자들의 센터로 자리하게 되고, 그 규모가 커지면서 사원과 부대시설을 갖춘 하나의 작은 무슬림 구역을 만들어냈다. 이 무슬림 공동체 안팎에서 이슬람 선교사들의 활동이 펼쳐졌다. 안으로는 이슬람권 이주자

들에 대한 이슬람 정신을 함양하는 일로, 밖으로는 비무슬림들에게 이슬람을 소개하는 활동으로 전개되었다. 그러나 생활 공간에서 비무슬림 미국민과 무슬림 이주자의 만남이 이슬람에 대한 이해를 확산시켰다. 신앙심이 깊은 무슬림들의 생활 속에서의 선교활동이 효과를 얻었다.

80년대에 들어서자 미국 이슬람화를 지원하는 단체와 사우디아라비아를 포함한 일부 이슬람 정부의 재정 지원이 드러났다. 그러나 정부 차원의 공식적인 지원보다 민간 차원의 선교 참여와 후원이 주를 이뤘다. 이들의 선교 후원의 일차적인 대상은 사실 이슬람 공동체와 이슬람 국가 내의 가난한 이들이었다. 이들에게 예배처로서 이슬람 사원을 지어주고 교육시설을 확충해주고 구제 활동을 지원했다.

이슬람세계 안팎의 이슬람 선교에 있어서 중요한 역할을 했던 것이 다양한 이슬람 소개 책자였다. 물론 이슬람 세계 다수의 사람들이 문맹이었다는 점에서 이슬람 교육을 위하여 학교 시설을 확대하고 교육 투자를 강화하였다는 점은 상식적인 것이었다. 이슬람 사원에서 아랍어를 교육하는 이들을 통해 자연스럽게 이슬람화와 더불어 아랍화를 이룰 수 있었다. 비무슬림을 위한 이슬람 안내 책자 발행에서 중요한 역할을 한 것은 외국어로 꾸란을 번역하는 일이었다. 다양한 영문판 꾸란해설서이 소개되었다. 미국 내의 이슬람 공동체 분포 상황을 보면 이슬람권 이주자 밀집 지역을 중심으로 그 활동이 전개되었다는 것을 알 수 있다.

이슬람 선교의 중심은 국가 단위의 지원 정책에서 정부 파견 이슬람 선교사가 아니었다. 자발적인 무슬림 이주자들의 이슬람 소개 활동과 민간 독지가들의 재정 모금과 지원에 힘입은 것이 컸다. 아울러 이슬람 선교 현장에서 아랍 무슬림의 비중은 크지 않았다. 비아랍 무슬림들의 선교 열정이 아랍 무슬림들보다 더 크고 영향력을 발휘한 것으로 평가할 수 있다.

제5장
공감 있는 소통하기

선교는 일방적인 선포가 아니라 소통이라고 한다. 그 소통은 전하는 이의 언어가 아니라 상대방의 언어로 전해져야 한다. 아랍어가 안 되어도 현지인들과 공감 가득하게 대화할 방법은 많다. 그들의 공감코드를 담아서 대화하는 것이다. 5장에서 다루는 꼭지글들은, 우리가 몰랐던, 우리와 너무 닮은 아랍 세계를 보여준다.

아랍인들의 전통놀이는 뜻밖에도 우리의 전통놀이를 닮았다. 사라져가는 아랍의 전통놀이에서 우리의 지난 기억을 만날 수 있다. 아랍 속담, 아랍 유머는 다른 듯 닮은 지혜를 만난다. 공감 가득한 소통에서 중요한 것은 닮음, 같음 인데, 그런 근거들을 마련해주는 이런 소재를 담아 대화하는 것은 중요하다. 또한 대중가요와 영화를 통해, 현지의 일상을 만나고, 특별한 아랍어 표현을 통해, 아랍 세계가 열리는 느낌을 갖게 될 것이다.

이런 식의 소통은, 기독교인으로서 한류에 의존하지 않고도, 현지인과 공감을 나눌 수 있도록 도울 것이다.

1

아랍어, 눈이 아닌 귀로 익히는 것이다

'선교지 언어를 모르면 사역에 지장 있다? 선교지 '말'을 못하는 것은 말이 안 된다! … 말이 통해야 소통으로서의 복음을 나눌 수 있는 것이 아닌가? … 그런데 선교지 언어는 단지 '말'을 의미하는 것은 아니다.

"선교지 언어를 몰라도 사역에 지장없다." 이 말은 거짓과 진실을 함께 담고 있는 말이다. 사실 선교지의 지역 언어를 몰라도 사역을 성실하게 알차게 효과적으로 사역을 하는 경우들이 허다하다. 그 반면에 선교지 언어를 너무 잘 알아도 사역이 제대로 이뤄지지 않은 경우들 또한 많다. 그런 면에서 선교지 언어 습득 수준이 선교지 사역의 열매를 측정할 기준이 될 수 없다고 본다. 그러나 그럼에도 불구하고 선교지 언어를 모르는 것은 사역에 걸림돌이 되고 지장을 초래할 수 있다.

물론 여기서 말하는 언어는 조금 다른 의미로 사용한다. 흔히들 언어를 소리 자체로 생각들 하지만 언어는 소리가 아니라 '공감 능력'을 말한다. 우리들이 일상생활에서 의사소통을 할 때 실제로 사용되는 소리로서의 말

은 30~40%에 불과하다. 다른 60~70%가 다 분위기나 관계, 표정과 상황 등 비 언어적인 요소들로 가득 차 있다.

아랍어는 어려운 언어이다. 아랍인이라고 다 아랍어를 잘하는 것이 아니기에, 이 주장은 맞다. 한국인으로 태어나 자라고 살아가고 있는 독자들 대부분은 한국어 말하기가 쉬운가? 한글로 글쓰기는 쉬운가? 물론 쉽지 않다고 답할 것이다. 맞는 말이다. 한국인에게 한국어로 말하기와 글쓰기가 쉽지 않은데, 외국인의 처지에서 아랍어 말하기와 글쓰기가 쉽지 않다는 것은 자연스러운 것이다.

외국어는 경지에 오르기 위해 배우는 것은 아닌 것 같다. 그것은 소통하기 위한 것이다. 내 마음을 상대에게 전달하고, 상대의 생각을 내가 가슴으로 이해하는 것이면 되지 않을까 싶다. 글로, 학문으로, 지식으로 아랍어를 배우는 것이 목적이 아니라면 말이다. 이 꼭지글은, 열심히 아랍어를 배운다고 하는 이들에게서 보이는 아쉬운 장면을 염두에 두고 쓰는 글이다. 그것은 외국어를 대할 때의 우리의 태도와 일종의 편견에 대한 비판을 담고 있다. 하나의 말과 글을 배우는 과정은 단순하다. 듣기 말하기, 읽기 쓰기의 과정이다. 글을 못 읽고 못 써도 듣고 말할 수 있기 때문이다. 우리의 아랍어 언어 습득은 아랍인과 말하기 위한 것이다. 그렇다면 아랍어 듣기가 먼저일 것이다.

"왜, 아랍인끼리 하는 말이 뭔 말인지 전혀 들리지 않죠?" 통하지 않는 아랍어, 들리지 않는 아랍어, 전달되지 않는 아랍어 … 때로, 강의실 밖에서 무작위적으로 아랍어를 구시하는 아랍인들 가운데서, 통역 활동을 한 경험을 가진 이들의 외침이다. 이것은, 내가 한국에서도 요르단, 이라크, 이집트 등 아랍 국가 곳곳에서 아랍어 전공자들, 선교지에서 아랍어를 배우는 이들로부터 종종 듣던 이야기이다. 무엇이, 통하지 않는 아랍어의 한계와 답답함을 갖게 한 것일까?

아랍인들은 나라마다 다른 아랍어를 말한다. 구어체 아랍어 아니 각 나라별 일상 아랍어는 나라마다 너무 다르다. 걸프지역과 요르단, 시리아, 레바논, 리비아의 아랍어는 그나마 큰 무리 없이 소통할 수 있다. 이라크 아랍어는 이라크에서 통한다. 이집트 아랍어도 다른 지역 아랍어와 사뭇 다르다. 그리고 알제리, 모로코, 튀니지아의 아랍어가 하나의 무리를 지으면서 다른 지역 아랍어와 또 다르다.

그럼에도 불구하고, 일상생활 아랍어에도 규칙이 있고 문법이 있다. 한 지역의 일상 아랍어를 규모 있게 체계적으로 습득하고 나면, 다른 지역의 생활 아랍어의 규칙을 파악하는데 빠를 수 있고, 몇 가지 규칙만 잘 적용해도 그 지역 주민들의 일상적인 대화를 감 잡을 수는 있다. 마치 충청도, 경상도, 전라도 사투리의 몇 가지 규칙과 특징들을 알면, 그 사투리를 잘 따라하지는 못해도, 뭔 말인지 알아챌 수는 있는 것처럼 그렇다.

아랍어 교육의 한계 가운데 대표적인 것은, 읽기 쓰기 아랍어푸스하 또는 문어체 아랍어로 듣기 말하기를 가르친다는 점이다. 통역대학원을 졸업한 경우에도, 아랍 현지인들 사이에 오고가는, 듣기 말하기 아랍어암미야 또는 구어체 아랍어로 주고받는 대화를 따라잡지 못하는 경우가 많다. 아랍어 교육은 실무적 교육이어야 한다. 그런데도 아랍어 교육 현장은 실제 아랍어가 구사되는 현장과 구어체가 바탕이 되어야 하는 현실이 반영되지 않고 있다.

구어체 아랍어 과목이 없다

아랍 국가는 나라마다 그리고 한 나라 안에서도 지역마다 저마다의 구어체 아랍어를 구사하기 때문이다. 기준으로 삼을 구어체 아랍어를 정하지 못하는 것이다. 이런 이유로 아랍어과에서 구어체 아랍어를 가르치지 않거나 못하고 있다. 어느 나라 구어체 아랍어를 표준삼아야 할지도 간단하지 않다는 것도 학문의 전당인 대학 교육에서는 고민스런 주제이다. 그러나 더 큰 문제는 다른 곳에서 발견할 수 있을 것 같다.

아랍어과 교수진 가운데 구어체 아랍어와 문어체 아랍어를 자유롭게 구사할 수 있는 인력도 많지 않다는 점이다. 적지 않은 수의 대학 교수진은 아랍 국가 유학 기간 중에도, 현지인들과의 구어체 의사소통을 원활하게 경험하지 못하고, 문어체 아랍어를 구사하며 지낸 경우가 많았기 때문이다. 여기서 구어체 아랍어와 문어체 아랍어 사이의 차이점을 학문적으로 정리할 필요가 있을 듯하다. 그런데 그보다, 일상에서 '감'을 잡을 수 있는 예를 들어야할 것 같다. 문어체 아랍어는 마치 군대 언어처럼 격식을 갖춘 말이다. 아니면 한글 교육 교재 기초편에 나오는 어투와도 같다. 그런 말투로 일상생활에서 말을 하면, 듣는 사람이 알아듣고 반응할 수 있겠지만, 자유로운 느낌보다 상대방에 대하여 이상한 느낌이 들 것이다.

여기에 더하여, 문어체 그것도 현대적인 표현이 자유롭게 반영되지 않은 문어체만을 배운 이들은, 현지인들이 일상에서 구사하는 아랍어를 도통 이해할 수 없을 것이다. 이것은 마치 서울 토박이 토박이가 경상도나 전라도 산골을 찾아, 바깥 세계를 거의 접하지 못한, 지역의 어르신을 만나 지역 사투리로 대화를 나눌 때 느끼는, 그런 낯설음 그 이상일 것 같다.

아랍어 교육인가, 아랍 글 교육인가?

아랍어 교육인데 말을 못 알아 듣고, 말을 하지도 못한다면, 이것은 큰 문제이다. 글을 읽고 쓰지는 못해도 듣고 말하는 것이 중요한데, 알아 듣지도, 말하지도 못한다면, 최소한 생존 능력이 키워지지 않는 교육이라 생각한다. 우리의 일상은, 듣기 말하기 읽기 쓰기 순서로 언제나 그런 것은 아니지만 말과 글을 배운다. 이것은 자연스런 언어교육이다. 듣기 말하기에도 소리로만 전달되는 듣기 말하기가 아니라, 몸짓과 표정을 읽어내고 표현하는 말하기 학습도 어우러진다. 그런데 글로만, 문자로만 아랍어를 익히려니, 버겁고, 실용성도 떨어진다.

실용적 아랍어 익히기

언어는 새로 태어나고 많이 사용되고 사라지고 없어진다. 언어는 살아 있는 사람들이 만들어가는 것이기 때문이다. 그래서 말은, 시대정신이나 시대상과 밀접하게 연결되어 있다. 나는 아직도 개그콘서트의 코너 모두를 다 이해하거나 다 공감하지 못한다. 개그에 사용되는 표현의 사회성, 시대상을 잘 모르거나, 상황 설정 자체가 이해가 안 되는 경우가 많기 때문이다.

그런데 하물며 외국인이 글로, 그것도 현재가 반영되지 않은 묵은 글투로, 지금의 한국인과 그것도 젊은 세대와 원활한 소통을 한다는 것은 불가능하다. 그러나 한국의 아랍어 교육에는 현장성이나 시대정신이 크게 담겨 있지 않다. 정확한 발음과 문장 그 이상으로 공감 있는 소재 공유와 적절한 사용도 중요하다.

아랍어 사랑고백 느껴보기

아랍어의 사랑의 고백은 상당히 시적이다. 닭살 돋는 느낌이 들기도 한다. 요즘은 느낌이 약해졌지만, "달덩이처럼 예뻐요"라는 표현이 아주 아름답다는 표현으로 사용하던 시절이 있었다. 이에 해당하는 아랍어 고백은, '14일 밤의 달덩이 같아요'였다. 왜냐하면, 보름날부터는 달이 기울기에, 꽉 찬 둥근달은 14일 밤의 달로 표현한 것이었다. 깊은 통찰이 담긴 고백이다. 아랍어는 상대가 남자, 여자인가에 따라 표현이 다르다. 나라별로 약간씩의 발음이 차이가 존재한다.

■ 여자가 남자에게 고백할 때

– 엔타 하비이비Enta Habibi : 당신은 나의 사랑

– 하비이비Habibi : 내 사랑

– 엔타 하이야티Enta Hayati : 당신은 나의 생명

– 하이야티Hayete : 내 생명

– 하비입 알비Habib Alby : 내 심장의 사랑

– 알비Albi : 내 심장

– 오므리Omre : 내 생애

– 아유니 엔타Ayouni enta : 당신은 나의 눈동자

– 하이야트 알비 엔타Hayet albi enta : 당신은 내 심장의 생명이에요.

– 아흘람 싸이다Ahlam sa'ida : 달콤한 꿈!

– 야 까마르Ya Qamar : 아, 달님.

– 아나 바힙박Ana Bahebbak : 당신을 사랑해요

– 야 하비이비 바헵박Ya Habibi Bahebbak : 내 사랑, 당신을 사랑해요.

– 엔타 하빕 알비 우하야티 야하비이비Enta Habib Alby W Hayaty Ya Habibi : 당신은 내 심장과 내 삶의 사랑입니다. 나의 사랑!

– 엘까마르 힐루 와엔타 아흘루Il Qamar Helou Wa Inta Ahhlou : 달이 아름다워요, 그런데 당신은 더 아름다워요.

– 아헵부카Ahebbouka : 당신을 사랑해요.

– 할 투헤부우니?Hal tou hebbouni? : 나를 사랑해요?

– 우리두 안 아쿠나 마악 일랄아바디Oriido an akoona ma'ak ila al-abad : 영원히 당신
  과 함께하고 싶어요.

▣ 남자가 여자에게 고백할 때

– 엔티 하빕티Enti Habibti : 당신은 나의 사랑

– 하빕티Habibti : 내 사랑

– 엔티 하이야티Enti Hayati : 당신은 나의 생명

– 하이야티Hayeti : 내 생명

– 하빕티 알비Habibti Alby : 내 심장의 사랑

– 알비Albi : 내 심장

– 오므리Omre : 내 생애

– 아유니 엔티Ayouni enti : 당신은 나의 눈동자

– 하이야트 알비 엔티Hayet albi enti : 당신은 내 심장의 생명이에요.

– 아흘람 싸이다Ahlam sa'ida : 달콤한 꿈!

– 야 까마르Ya Qamar : 아, 달님.

– 아나 바힙빅Ana Bahebbik : 당신을 사랑해요

– 야 하빕티 바헵빅Ya Habibi Bahebbik : 내 사랑, 당신을 사랑해요.

– 엔티 하빕티 알비 우하야티 야하빕티Enti Habibti Alby W Hayati Ya Habibti : 당신은

내 심장과 내 삶의 사랑입니다. 나의 사랑!

- 엘까마르 힐루 와엔타 아흘루Il Qamar Helou Wa Inta Ahhlou : 달이 아름다워요, 그런데 당신은 더 아름다워요.

- 아헵부키Ahebbouki : 당신을 사랑해요.

- 할 투헵부우니?Hal tou hebbouni? : 나를 사랑해요?

- 우리두 안 아쿠나 마아키 일랄 아바디Oriido an akoona ma'aki ila al-abad : 영원히 당신과 함께하고 싶어요.

2

민속과 전통놀이로 마음 같이하자

한국만의 놀이인줄 알았는데, 어, 여기서도 저런 놀이를 하는구나 싶은 충격을 받은 적이 있다. 현지인들과 대화를 나누다가 여기서도 저런 표현을 사용하는 구나 하는 친근감을 느낀 적도 있다. 속담과 전통놀이를 공유하면서, 중동을 느껴보자.

아랍에미리트에서 발행한 전통놀이 우표

아직 쇠굴리기, 구슬치기 등의 놀이를 기억하는 한국인들이 적지 않다. 점차 이런 놀이를 경험하지 못하고 자라나는 한국의 어린세대들을 지켜보고 있다. 그런데, 이런 놀이들을 중동지역에서도 그대로 목격할 수 있다. "어, 여기서도 저런 놀이를 하네… 우리의 전통놀이인줄로만 알았는데, 이것은 무슨 일이지?" 신기한 느낌으로, 이 지역의 잊혀져 가는 전통놀이를 눈여겨 본 적이 있다. 물론 중동지역에서도 이런 전통놀이가 점점 잊혀져 가고 있기는 하다. 그 놀이 문화를 통해, 아랍 지역 주민들과의 공감대를 이룰 수 있다.

'Taq Taqieh' "Tak-tak-takiyya" "TagTag Tagiyeh", 수건 돌리기 : 따끼에

Taqieh는 머리 덮개나 수건을 뜻한다. 여러 명의 사람과 수건, 혹은 손수건이나 천 조각 등이 필요하다. 술래를 제외한 다른 사람들은 바닥에 둥그렇게 마주보고 앉는다. 술래는 수건을 들고 사람들의 등 뒤를 한 방향으로 빙글빙글 돈다. 술래는 수건을 사람의 등 뒤에 눈치채지 못하게 놓고는, 아직 수건을 내려놓지 않은척하면서 계속 돌아서, 수건을 내려놓은 사람에게 다시 돌아오면 수건을 받은 사람이 술래가 된다. 자신의 등 뒤에 수건이 있는 것을 확인한 사람이 술래를 잡으면 술래는 탈락한다.

"Natt Al-Hable" "Al Natt'or Al Natt Ingleise", 큰 줄 넘기 : 한국에서는

주로 소녀들이 하는 놀이로, 두 사람이 6~7m 되는 줄새끼 등을 돌리면, 그 안에 다른 사람이 뛰어들어 줄에 걸리지 않게 뛰어넘는다. 발이 걸리면 그 사람이 줄을 돌리고, 돌리던 사람이 들어간다. 한 사람이 뛰는 방법도 있고 여럿이 함께 뛰는 경우도 있다. 줄에 걸리면, 역할을 바꾼다. 줄넘기를 할 때는, 구령을 맞추기 위해 노래를 함께 부른다.

"Bobsante", 두꺼비집 :  "두껍아 두껍아 새집 줄게 헌집 다오, 살았니 죽었니?"를 연상시키는 놀이이다. 한국의 경우와 달리 이 지역에서는, 놀이자가 모래에 덮이는 것이다. 모래에 덮인물론 얼굴은 다 노출되어 있다 놀이자가 죽었다고 말하면 모래를 더 덮지 않고 역할을 바꾼다. 모래위에 누운 놀이자가 살았다고 말하면, 또 한 줌의 모래를 놀이자에게 덮고, 죽었다고 말할 때까지 모래를 한 줌씩 계속 덮는다. 가장 많은 모래로 덮이면 이기는 놀이이다.

"Al-Dorbaha" "Dahouri", 굴렁쇠굴리기 : 자전거 바퀴나 둥근 통의 테 등을 막대기 등을 이용하여 굴리는 놀이이다. 한국의 굴렁쇠 굴리기와 다르지 않다. 2~8명정도로, 굴렁쇠, Y자 막대기50~60㎝ 굴렁쇠를 굴리며 반환점을 빨리 돌아오는 편이 승자가 된다. 둘이서 하거나 편을 갈라 할 수 있다.

"Al-Haila", 사방치기 :  이 놀이는 땅바닥에 여러 공간, 일반적으로 6칸, 8칸을 구분해 그리고, 그 안에서 납작한 돌을 한 발로 차서 차례로 다음 공간으로 옮기고, 이렇게 모든 칸을 다 통과하고, 마지막으로 돌을 공중으로 띄워 받아 돌아오는 놀이이다.

"Al Saqlah" "Al-Lagsa", 공기놀이 : 공기받이 놀이에 해당한다. 여자들이 하는 놀이로 인식하고 있다. 새알만한 작은 돌이나 조개껍질 같은 것을 이용한다. 둘씩 또는 그 이상이 함께 놀고, 여자 아이들은 물론 남자 아이들도 노는 놀이이다. 공기돌도 5개가 일반적이다. 놀이 방식은 한국의 공기놀이와 같다. 5개의 돌 가운데 하나를 높이 올려서 그 돌을 잡고 성공하면 다시 두 개의 돌을 던져서 잡고 … 마지막으로 5개의 돌 이것이 끝나면, 다섯 개를 살짝 던져 손등으로 받았다가, 다시 던져 손바닥을 아래로 하여 받으면 점수를 얻는 식이다.

"Ses Ses Seh", 쎄쎄쎄 : "푸른 하늘 은하수 하얀 쪽배엔 계수나무 한

나무 토끼 한 마리 돛대도 아니 달고 삿대도 없이 가기도 잘도 간다 서쪽 나라로" 노래하면서 양 손바닥을 마주치며 쎄쎄쎄 소리를 내며 놀던 놀이가 있다. 말 그대로 쎄쎄쎄 였다. 앉거나 서서, 두 사람이 마주보고 양 손바닥을 마주치며 '쎄쎄쎄' 라는 구호와 함께 장단을 맞추며 하는 놀이이다. 정해진 순서에 따라 노래를 부르며 손바닥을 서로 마주치거나, 어떤 몸짓을 하고, 마지막에 가위 바위 보를 한다. 17세기 무렵부터 일본에서 시작된 놀이로 일제 강점기에 한국에 들어온 어린이 놀이 문화로 알고 있다. '쎄쎄쎄'는 손바닥을 부딪치는 일본식 의성어, '구리구리'는 손을 돌리는 모습을 표현한 의태어로 모두 일본어이다. 그런데 이 놀이를 아랍에미리트에서도 하였던 것이다. 쎄쎄쎄라는 발음도 그대로이다. 2004년에 아랍에미리트 통신에서 만든 전화카드에 쎄쎄쎄는 전통놀이의 하나로 소개하고 있다.

"Al Qabba", 자치기 : 한국의 자치기 놀이와 놀이 방식이 같다. 소년들

이, 길고 짧은 막대나무 꼬챙이 2개 만으로 하는 놀이이다. 엄지손가락 만한 굵기에 약 40~50cm 길이의 막대자로 새끼막대10cm정도를 쳐서 멀리 가게 하는 놀이이다. 먼저, 땅바닥에 새끼막대를 걸쳐둔다. 다음에는, 막대자로 새끼막대를 올려 쳐 날린다. 떨어진 지점에서, 다시 막대자로 새끼막대를 쳐서 멀리 보낸다. 치는 회수는 놀이를 하면서 정할 수 있다. 회수대로 친 다음, 시작지점흠에서 새끼막대가 떨어진 곳까지를 막대자로 재어서 더 멀리 간 쪽이 이긴다. 한국의 자치기 놀이처럼, 새끼막대가 날아갈 때 상대편에서 받아 버리면, 무효가 된다.

3

아랍 속담으로 생각 나누자

아랍인들과 조금 더 품격 있는 대화를 나누려면, 속담이나 격언을 적절하게 활용하는 것도 하나의 방법이다. 아랍어 발음으로 표현하지 못하여도, 그 내용을 전달하는 것도 공감하는데 도움이 된다. 이런 대화는 이질적이라는 느낌을 넘어서게 돕는다. 닮음 또는 같음을 발견할 수 있기 때문이다. 내가 중동에서 처음 주민으로 살게 된 1990년 말, 가장 먼저 접한 속담은 이랬다.

"나일 강의 물을 한 번 마신 자는 반드시 다시 돌아온다."

나일 물을 자주 마셔서일까, 나는 이집트를 떠난 1993년 봄 이후에도 자주 이집트를 찾을 수 있었다. 아랍인들과 이야기를 하다가, 졸려움을 표현하면서, "쉬리비틴 놈"이라는 표현을 사용하기도 했다. 직역하면, "'놈'잠을 내가 마셔버렸어!"이다. 얼마다 시적인 표현인가? 아랍 최고의 가수 움 쿨쑴Umm

Kulthum의 노래말에 나오는 한 표현으로 나는 알고 있다.

아래의 속담16 은, 한국외국어대학교의 김종도 교수의 연구 논문을 중심으로 재구성한 것이다.

- 쥐의 정의보다 오히려 고양이의 난폭이 낫다.
- 아끼는 것을 남에게 주면 그것은 준 사람에게로 돌아온다.17
- 형제처럼 같이 살고 낯선 이처럼 장사를 해라.
- 적에게 숨기고 싶은 것은 친구에게도 말하지 말라.
- 빨리 하는 것은 사탄이나 하는 짓이고, 천천히 하는 것이라야 알라께서 기뻐하신다.
- 서두름이 우리를 죽이고 있다. 과거는 달아났고, 미래는 부재한다. 하지만 현재는 당신의 것이다.
- 당신이 입을 열고 있을 때, 그것은 침묵보다 가치 있는 것이어야 한다.
- 여자에게는 자기가 사랑하는 남자와 결혼하기보다는 자기를 사랑해 주는 남자와 결혼하는 게 낫다.
- 신부는 신랑을 위함이요, 고역은 빈자를 위함이다.
- 필요 때문에 신부를 칭찬하는 사람은, 신부의 어머니와 외숙모와 산파이다.
- 네가 돗자리로 두른다할지라도, 성품 좋은 남자와 결혼하라.
- 소매자락으로 나 자신을 감싼다할지라도, 나는 사촌과 결혼하는 게 낫다.
- 결혼한 여자는 경호원과 고용인이 공짜로 생긴다.
- 가장 보잘 것 없는 남자도 여자를 도울 수 있다.

---

16 김종도, 한국속담과 아랍속담의 비교연구-부(富)를 중심으로-, 『한국이슬람학회논총』, 2007, vol.17, no.1, pp. 201~212.
17 구약성경 전도서 11장 1절에 나오는, "네 식물(빵)을 물 위에 던지라. 여러 날 후에 돌 찾으리라"는 격언을 연상시킨다.

독신을 권하는 듯한 속담도 보인다

- 결혼하여 후회하느니, 집에 있는 편이 낫다.
- 혼자 지내는 것이 잘못된 결혼보다 낫다.

남존여비

- 여자로 천일을 사는 것보다 하루를 남자로 살아라.
- 남자는 그가 조그만 도자기 같을지라도 남자이다.
- 진정한 남자는 절대로 여자를 상대로 상담하지 않는다.
- 나의 남편의 지옥이 나의 아버지 천국보다 낫다.
- 벽의 그늘 보다는 남자의 그늘. 남편의 지옥이 아버지의 지옥보다 낫다.
- 집안의 부는 여자에게 달려있다.
- 여자는 나무로 된 배이며 그것으로 여행하는 사람은 길을 잃게 된다.
- 자신보다 나이 많은 여자와 결혼하는 사람은 분명히 불행해질 것이다.
- 젊은 여인과 결혼하는 사람은 부와 보물을 얻는 것이다.
- 젊은 여인과 결혼하라, 네가 누룩 없는 빵을 먹게 된다 할지라도.
- 여자의 음모는 남자의 음모를 능가한다.
- 구혼자가 많은 여자는 절대 결혼 못한다.
- 남자에 있어서 여자의 죽음은 그의 팔꿈치를 때리는 것과 같다,
- 그는 그녀를 고기처럼 먹고 그녀를 뼈다귀처럼 버린다,
- 엄마는 항상 둥지를 짓는 반면에 아버지는 늘 귀찮은 손님이다.
- 그녀의 평생 작업은 분명히 이루어졌다. 왜냐면 그녀는 아들을 낳았기 때문이다.
- 지혜는 여성의 가장 훌륭한 장식이다.
- 설령 남자들이 여자들을 홀로 남게 할지라도 여자들은 여자들만의 자부심
  과 위엄을 갖고 있을 것이다.
- 알뜰한 여인은 거위 한 마리로 잔치를 치른다.

- 대장장이 옆에 앉아 있는 사람은 불에 덴다.

- 도움이 되지 않은 친구보다 적이 낫다.

- 적은 결코 친구가 될 수 없다.

- 당신이 아는 사람은 모르는 사람보다 낫다.

- 연합은 백의 비용이 들지만 이별은 천의 비용이 든다.

- 모든 주전자는 자신의 뚜껑을 찾는다.

- 너무 많은 비난은 친구사이를 가른다.

- 너를 모르는 그는 너를 무시할 수 있다.

- 모든 마을에서 친구 하나를 사귀어라

- 너 자신을 제외하고 너의 동전을 가볍게 여겨라

- 너의 양동이를 양동이 가운데 던져라

- 보잘 것 없는 '한 꾸르쉬'라도 힘겨운 날에 도움이 된다

- 느슨한 돈이 도둑질을 가르친다

- 돈은 새처럼 왔다가 간다.

- 당신이 벌지 않은 것은 쉽게 태울 수 있다.

- 잘못 얻어진 것은 결코 지속되지 못하며 어느 누구에게도 이익이 되지 못한다.

- 인내는 종교의 열쇠이다.

- 알라를 제외하고 어떤 사람을 변호하는 것은 순수한 수치이다.

- 네가 그것을 너의 손안에 쥐고 있더라도 알라께서 명령하면 너는 그것을 잃을 것이다.

- 알라를 찾기 위하여 너는 너의 마음을 이용해야 한다.

- 기도하는 것은 빈둥빈둥 시간을 보내는 것보다 낫다.

- 당신의 신에게 어떤 거짓말도 하지마라.

- 알라만이 상처받은 자존심을 치유할 수 있다.

- 전능하신 알라만이 결코 잘못이나 실수를 하지 않으신다.

- 알라는 벌거벗은 사람들의 세탁하는 노고를 아끼셨다.

- 알라는 우리가 머리를 쓸 때만 발견된다.

- 주님은 죽음으로만 우리를 공평하게 하신다.

- 이맘이 방귀를 뀌면 추종자들은 똥을 싼다.

- 네가 최선을 다하면 알라께서 도울 것이다.

- 알라는 너의 중심에 위치하신다.

- 알라는 너를 점점 깨우쳐주신다.

- 알라께서 사랑하는 자들만 타인과 연합할 수 있다.

- 알라는 그가 사랑하는 자들에게만 천국을 보여주신다.

- 알라께서 데려오는 사람은 어느 누구도 나눌 수 없다.

- 알라께서 보호하는 사람은 아무도 창피를 당하지 않는다.

- 알라께서 축복한 사람과 다투지 마라, 그러면 축복을 받으리라.

- 사람의 행운은 알라께로 부터 온 선물이다.

- 알라께서 너에게 이름을 지어줄때 너를 부유케 한다.

- 남자들이 너를 해친다고 맹세하면, 잠을 자며 밤을 보내라. 그러나 여자들
  이 너를 해친다고 하면 잠을 자지 않고 너의 밤을 새며 보내라.

- 소녀들은 상대의 뺨을 할 킬 때까지, 싸움을 그치지 않는다.

- 백발의 노파는 흰머리가 나올 때 까지, 싸움을 그만두지 않는다.

- 악마가 일 년 동안 해치우는 일을 늙은 여자는 한 시간에 해치운다.

- 늙은 여자는 악마보다 더 나쁘다.

- 친구 없는 남자는 꽃 없는 정원과 같다.

- 책 없는 현자는 연장 없는 장인과 같다.

- 알라조차도 미인을 좋아하신다.

- 유대인이 무슬림을 속이면 그는 그날은 행복하다.

– 유대인이 무슬림이 된다 할지라도 믿지 마라.

– 유대인에게 권력이 돌아가면 집에 들어가 문을 잠궈라.

– 방에 있는 유대인이 베일 쓴 사람보다 낫다.

– 유대인 친구를 사귀어라. 이래저래 그는 도움이 된다.

– 유대인조차도 잘 해주라. 그러면 알라께서 적으로부터 시기하는 자들로부
  터 너를 보호한다.

– 당신은 소유한 만큼 당신은 그만큼 가치가 있다.

– 당신이 입는 옷만큼 당신은 그만큼 가치가 있다.

– 너의 돈은 너의 먼지를 씻어낸다.

– 너의 돈이 너의 악행을 덮는다.

– 돈을 가진 사람은 설사 그가 나쁜 놈일지라도 사랑받으며, 가난한 사람은
  그가 착할지라도 미움 받는다.

– 부자가 훔치면 사람들은 그가 잃어버렸다고 말하고 빈자가 잃어버리면 훔
  쳤다고들 말한다.

– 빵이 없다면 기도도 경배도 없다.

– 가난한 자가 진실을 말하면 사람들은 그를 쫓아버리고 덧붙여 그에게 침을
  뱉는다.

4

몸짓, 보디랭귀지 Body Language 로 교감하자[18]

원래 아랍인들의 일상 대화는 60% 이상이 보디랭귀지인 것 같다. 그 만큼 몸짓으로 표현하는 내용이 풍부하다. 아랍인들의 삶을 보면 이런 말이 더욱 실감난다. 표정과 몸짓 하나하나로 엄청난(?) 뜻을 주고받기 때문이다. 이 몸짓 하나하나에 담긴 사연들을 알면 아랍인들에 대해 더 많은 것들을 이해하게 될 것이다.

▣ 거룩한 키스로 서로 인사하라

아랍 사람처럼 악수와 키스(?)를 많이 하는 민족도 드물다. 만나고 헤어질 때마다 수없이 반복하기 때문이다. 그렇다고 오해하지는 말기를. 지금 말하고 있는 키스는 입술과 입술을 서로 부딪치는 뽀뽀가 아니다.

잠시 두 사람이 서로 만나 인사 나누는 장면을 짚어 보자. 이것은 일반적인 상황이다. 먼저 손을 잡고 악수를 간단히 한다. 그런데 얌전히 손만 잡

---

18 김동문, 『이슬람의 두 얼굴』, 예영커뮤니케이션, 2001.

는 그런 악수가 아니다. 옆에서 들어도 소리가 날 만큼 힘차게 손바닥을 부딪치며 하는 그런 악수이다. 다음으로 서로의 어깨를 부여잡고 왼쪽 오른쪽 어깨를 번갈아 가며 진하게 안아 주는 인사를 한다. 이때 볼과 볼을 가볍게 비벼 준다. 그러면서 입으로 쪽쪽 소리를 내는데, 어떤 때에는 경박스럽다 싶을 정도로 소리를 내는 사람도 있다. 우선은 왼뺨부터 먼저 하고 다시 오른뺨 왼뺨으로 이어진다. 물론 이는 간단한 악수보다 반갑다는 뜻을 더 잘 표현한다. 친한 정도에 따라 뺨을 비비는 횟수가 늘어난다. 이와 동일하게 반가운 정도에 따라 쪽쪽 소리도 더 정겹게 낸다. 남녀 사이에도 이런 식으로 인사를 나눈다고 생각하면 오산이다. 남자는 남자끼리, 여자는 여자끼리 하는 것이 일반적이다. 간혹 친척 간이라든지 아주 특별한 관계에 있는 남녀의 경우는 가벼운 볼 인사를 하기도 한다. 그러니 낯선 이방인이 현지인, 특히 여성에게 볼 인사를 시도했다가는 낭패를 당한다.

▣ 끊이지 않는 안부 인사

아랍인들은 이런 식의 인사에 그치지 않는다. 이어지는 인사는 주로 악수한 상태에서 이루어진다. 잘 지냈느냐는 개인의 안부를 묻는 인사부터 가족과 친지의 사업이나 학업의 근황을 묻는 인사가 줄을 잇는다. 이집트에서 머물 때 한번은 급한 일로 카이로 시내를 나갔다가 친구를 만났다. 20~30분 정도 서서 인사만 나누며 시간을 보냈다. 어떤 주제 토론을 한 것이 아니라 그냥 안부만 묻는 데 걸린 시간이다. 전화를 주고받을 때도 마찬가지인데, 용무가 급할 때 이렇게 나오면 당황스러울 때도 있다.

▣ 몸짓으로 하는 언어, 제스처 Gesture 19

아랍인들 사이에는 몸짓이나 손짓을 통해 의사를 전달하는 무언의 언어

---

19 김동문, 『이슬람의 두 얼굴』, 예영커뮤니케이션, 2001,

가 다양하다. 마치 수화를 하는 것만 같다. 같은 몸동작도 상황에 따라 다른 뜻, 때로는 전혀 상반되는 뜻으로 전달될 수도 있다. 그리고 대부분의 경우는 오른손을 사용한다.

왼손을 내밀어 상대방의 손을 잡거나, 왼손으로 아래의 제스처를 표현하면, 상대에게 불쾌감을 안겨줄 수 있다. 특별히 왼손으로 이슬람의 경전인 꾸란을 넘기거나 하면, 무슬림들의 명예를 훼손할 수 있다. 또한 발바닥을 상대방의 얼굴을 향해 보이는 것은 상대를 모욕하는 것으로 받아들일 수 있다.

반갑습니다

■ 반갑습니다.

중동 지역에서 한국식의 악수는 일반적이지 않다. 어깨를 서로 어긋맞기는 식으로 인사를 나눈다. 오른뺨을 상대의 뺨에 갖대 대고, 입으로 짧게 '쪽'소리 정도를 낸다. 반대 방향으로 반복한다.

그렇지만, 이렇게 인사하지 않아도 부담을 느낄 필요는 없다. 또한 남녀 간에는 이렇게 인사하지 않는 것이 일반적이다.

조금만…천천히…참아!

- 천천히, 살살
- 참아라
- 조금만 기다리세요.
- 조금만 더 깎아 주세요. 더 주세요.

오른손 손가락 끝을 함께 모은 다음, 손을 천천히 위 아래로 움직인다. 다섯 손가락 끝부분을 위를 향해 오므리고 상대방에게 내밀면 된다. 일상에서 매우 자주 쓰는 표현이다. 특히 운전 중에 운전자가 창밖으로 손을 내밀고 이런 손짓을 하면 먼저 갈 테니 조금만 길을 양보해 달라는 의미이다.

무얼원해요?

- 왜요? 왜 그래요?
- 웬일이니?
- 무얼 원해요?

손바닥을 위로 하고 손가락을 위로 세우고 손가락 사이를 벌리면서 180도 돌린다. 손을 바꿔가며 표현할 수 있다.

손바닥을 위로 향하게 하고 어깨를 조금 위로 들썩인다.

■ 알함두 릴라!

■ 정말 반갑습니다.

■ 진심으로 감사합니다.

■ 괜찮습니다.

■ 감사합니다. 나중에 또 봐요.

감사합니다　　　　나중에 봐요

오른손 바닥을 왼쪽 가슴에 댄다. 당신을 만나 진심으로 반갑다는 의미가 된다. 상대의 호의를 사양할 때도 이렇게 가슴에 손을 얹는다. 그러면 '괜찮습니다'라는 뜻을 전하게 된다.

때로는, 손바닥을 앞으로 향하게 하고 경례를 하듯이 손을 치켜든다. '그럼 이만 실례하겠습니다.'는 뜻으로 전달된다.

또는, 엄지와 검지로 동그라미를 그리고 나머지 세 손가락을 편다. 물론 이 경우는 좋은 의미이다. 그런데 경우에 따라서는 '나중에 두고 보자'는 안 좋은 의미로 쓰이기도 한다.

■ **돈 있어요? 또는 돈 주세요.**

엄지와 검지를 서로 비빈다.

상점에서 물건을 사고팔 때나 뒷돈을 요구할 때도 점잖게 이런 표현을 많이 한다.

돈 있어요?

반값으로 깎아 주세요

■ **반값으로 깎아 주세요.**

손목과 손가락을 이용해서 아래로 대각선을 그린다. 역시 물건 살 때 많이 쓰인다. 우리말의 '당신 해고입니다'와 유사해 보이지만 다른 언어임에 유의하라.

제발, 부탁해요

■ **제발, "Please."**

손으로 턱을 쓸어내리듯 만진다. 좀 애교 있는 표현으로 남에게 무엇을 간청할 때 자주 쓴다.

가당치도 않아요

■ 아닙니다. 가당치도 않은 소리.

서로 이야기를 주고받다가 '쯧' 정도로 혀를 치는 소리를 낸다. 두 눈썹을 동시에 올리면서 쳇 소리를 낸다. 동시에 턱을 약간 치켜든다.

그런데 중요한 것은 혀를 차는 소리를 한국식으로 '쯔쯔' 내면 실례이다. 무슨 뜻인지 모를 사람도 많겠지만.

아닙니다. 전혀 안됩니다

■ 아닙니다. 전혀 안됩니다.

아주 강한 부정을 나타낼 때는, 단호하게 검지손가락을 치켜들고 좌우로 흔든다.

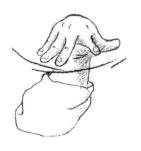

그저 그렇습니다

■ 그저 그렇습니다.

손바닥을 아래로 하고 좌우로 약간씩 흔든다. 영어의 'so so' 정도의 의미이다.

아, 잊었어요

■ **아, 잊었어요.**

■ **아, 생각났어요.**

여성들이 즐겨 표현하는 몸동작으로, 손바닥으로 앞이마에 가볍게 갖다 댄다. 무엇인가를 잊었을 때, 무엇인가 잊고 있던 것을 기억해 냈을 때, 사용한다.

말도 안돼요

■ **말도 안돼요.**

■ **난 아니다.**

두 손을 조금 들어 벌리며 양손으로 머리에 갖다댄다. 어깨를 들어 올리고, 눈을 조금 위로 뜨면서, 입을 삐죽거리며 놀라는 표정을 짓는다.

너무 당황스런 어떤 말이나 일에 대해서 들었을 때, 자신의 결백을 강조할 때 표현한다.

맹세해요

■ **맹세합니다.**

강한 다짐을 할 때는 검지손가락으로 눈을 번갈아 가르치면서, 알라 아이니내 눈으로 또는 알라 아유니내 두 눈으로 정도로 말한다. 손바닥을 펴서 마치 머리를 쓰다듬듯이 머리 위에서 손을 흔든다. 그러면서 알라 라아씨내 머리를 걸고 라고 말한다. 이 둘을 합쳐서 표현함알라 아이니 와라아씨'ala 'aini wa raasi으로 강한 다짐과 맹세를 보여줄 수도 있다. 때로는 같은 표현으로, 상대에게 보복할 것을 경고할 때도 이렇게 표현한다.

못 믿겠어요

■ 못 믿겠어요.

오른쪽 검지, 중지로 턱을 살짝 쓰다듬듯 갖대 댄다. 한국식으로 고개를 까우뚱하는 표정을 곁들인다.가볍게 의심하거나, 정말이에요? 정도의 의구심의 표현부터, 믿을 수 없다는 강한 부정과 의심까지를 표현한다.

기도합시다

■ 기도할게요, 기도해요.

손바닥을 펴고 머리를 조금 수그린다. 실제 기도하는 몸짓을 보인다. 기도하자는 권유의 표현이기도 하고, 기도하겠다는 다짐의 표현이기도 하다.

참아라

■ **참아라.**

■ **조금만 기다려라.**

■ **조금만 더 깎아주세요.**

■ **천천히, 살살**

오른손 손가락 끝을 함께 모은 다음, 손을 천천히 상하로 움직인다.

거절합니다

■ **거절합니다.**

오른손 검지 손가락을 들어서 하늘을 가르치고, 살짝 고개를 들어 하늘을 향한다. 입에서는 알라 케림알라는 관대하시다이라고 말한다. 알라가 관대하시니 네게 필요한 것 알라가 챙겨주실 것이다는 표현이다.

대개의 경우, 구걸이나 적선을 거절할 때, 누군가가 공돈을 요구할 때, 그것을 무시할 때 사용하는 표현이다.

서류 주세요

■ **서류 주세요.**

오른손을 펴서 손바닥을 바깥으로 향하게 하고, 왼손으로 오른손목을 잡는다.

서류, 종이, 신분증, 운전면허증 같은 문서를 보여달라는 손짓이다. 때로는, '증거가 있으면 증거를 보여달라'는 뜻으로도 풀이된다.

5

아랍의 유머로 공감하자

중동에도 각 지역별로 누구나 다 아는 그런 농담들이 있다. 이것은 지방
색과 관련된 것일 때도 있고, 특정 사람에 관련된 것일 수도 있다. 한국에
서 유행처럼 번지는 '… 시리즈'처럼 연출되기도 한다. 현지인들과 더불어
살 때 주고받은 유머 한 마디는 서툰 백 마디 아랍어를 만회하는 경우가 많
았다. 유머는 사람들 사이의 공감대를 이루고 있는 하나의 끈과도 같은 것
이다.

유머의 세계는 현지인의 문화와 풍습, 공감대가 바탕이 되어 있고, 말
의 유희유사어의 반복이라든지가 살아 움직이기도 한다. 그런 까닭에 한국식으
로 바꾸고 나면 맛이 사라지는 경우들이 많다. 그럼에도 이곳에서 회자되
는 유머의 세계를 보여 주고 싶다. 나중에 이곳을 방문했을 때, 서툰 영어
와 보디랭귀지로 이 유머들을 이야기한다 해도 현지인들은 쉽게 이해할 것
이다.

사실 아랍인들은 야한 농담을 많이 한다. 여자들끼리도 야한 농담을 주

고받곤 한다. 말 주고받기를 즐기는 문화 때문인지 '전설 따라 삼천리' 같은 이야기부터 왕이나 통치자, 미국이나 유럽의 정치 지도자들에 이르기까지 대화 소재가 떨어지지를 않는다.[20]

(1) 정치 유머

■ 공무원 아미르에게 시장 상인 무하마드가 청탁을 하러 갔다. 아미르는 이렇게 말했다. "내 친구 무하마드, 나는 앞으로 손을 더럽히지 않겠다고 알라께 맹세했다네. 그러니 봉투를 내 호주머니에 직접 넣어 주게."

(2) 지역 유머

■ 시리아 북부의 홈스 주민 세 사람이 엘리베이터를 탔다. 그런데 누구도 승강기를 조작하지 않은 채 마냥 기다리고 있었다. 승강기 안에 이런 구절이 적혀 있었다. "4인용입니다" 그들은 나머지 한 사람을 기다리고 있던 것이다.

· 요르단 따피일레 사람들 현지인들을 줄여서 '따피일리'로 말한다 유머

요르단 중부 지방에 살며 독특한 지방색을 가지고 있는 따피일레 사람들을 꼬집는 유머가 많다. 아마도 요르단 농담의 압권일 것이다. 일반적으로 지방색을 드러내는 농담들은 "한 사람이 있었는데 …"식으로 시작한다.

■ 한 따피일레 사람이 있었다. 갑자기 성냥갑에 대고 거수경례를 붙였다. 곁에 있던 사람들이 물었다. "도대체 왜 그러는 거야?" 그가 대답했다. "장군님께 경례를 해야지!" → 성냥갑에는 별이 그려져 있었다.[21]

---

20 김동문, 『이슬람의 두 얼굴』(예영커뮤니케이션, 2001), p.197.
21 앞의 책, p.199.

■ 한 따피일레 사람이 텔레비전을 보고 있었다. 전통 연속극이 시작될 시간이 되자 갑자기 이 따피일레 사람이 옷장에서 사우디의 전통 겉옷인 아바야우리에게는 이란어인 '차도르'로 알려졌다를 가져왔다. 그러고는 그 옷을 텔레비전 위에 걸쳐 두었다. 그리고는 이렇게 중얼거렸다. "곧 사우디 사람이 나올 텐데 이 아바야를 입고 나오도록 해야지!"22

· 요르단 쌀트 사람줄여서 '쌀티' 이야기23

쌀트는 암만 근교에 있는 산간 도시로, 암만이 수도가 되기 전 중요한 행정수도 역할을 했던 도시이다.

■ 암만 근교 쌀트 시에 사는 사람들은 밤에 농사를 짓는다. 한 쌀트 사람이 밤에 씨를 뿌리고 있었다. 그 모습을 의아하게 생각하고는 한 사람이 물었다. "왜 굳이 밤에 씨를 뿌리는 겁니까?" 쌀트 사람이 대답했다. "밤에 뿌려야 잘 익은 검은색 열매를 수확할 수 있잖아요."아랍 지역에서 올리브를 많이 재배하는데, 잘 익은 올리브 열매는 검은색이다.

· 이집트 남부 사람줄여서 '싸이디' 이야기

이집트인을 만나 어디서 왔느냐고 물을 때 "아나 싸이디나 남부 촌놈이야" 하면 박장대소하며 환호한다. 어떻게 그런 말을 아냐는 식이다. 싸이디란 원래 이집트 남부 지방 사람들을 일컫는 말이다. 우리식으로 말한다면 촌사람에 해당하는 말이다. 이집트 농담의 압권은 이 싸이디 시리즈로 정평이 나 있다. 우리식으로 하면 아주 썰렁한 얘기들이지만 아랍인들에게는 '딱'이다.24

---

22 앞의 책, p.200
23 앞의 책, p.201
24 앞의 책, p.202

■ 한 싸이디가 밭을 갈고 있었다. 괭이로 땅을 힘껏 내리쳤는데 어디서 "아~" 하는 비명소리가 들렸다. 이 싸이디는 이상하다 생각하고 다시 한 번 더 힘껏 땅을 내리쳤다. 또 "아~" 하는 비명 소리가 들렸다. 싸이디는 무서운 기분이 들었다. 그래도 밭을 갈아야 하기에 또다시 힘껏 땅을 내리쳤다. "아~!" 싸이디는 무서워서 일을 그만두고 서둘러 집으로 돌아갔다. 그러나 아무런 일도 일어나지 않은 듯했다. 그래서 싸이디는 이 일을 금세 잊어버렸다. 이윽고 밤이 되었다. 싸이디가 자려고 발을 씻는데 글쎄 발가락 세 개가 없는 것이다. 아뿔싸! 25

■ 한 싸이디가 전자제품 대리점에 들러 직원에게 "저, 저 TV를 사겠습니다"라고 말했다. 직원이 대답했다. "싸이디에게 팔지 않습니다." 싸이디가 그 직원의 거절에 화를 내면서 다른 날 가서 사야지 결심했다. 삼 일 동안 수염을 기른 싸이디가 다시 그 대리점을 찾아, 다른 직원에게 말했다. "저, 저 TV를 사려고 해요." 그러자 그 직원이 같은 대답을 했다. "저희들은 싸이디에게 팔지 않습니다." 너무 기분이 상한 싸이디는 집으로 돌아가 수염을 깎고는, 여장을 하고 그 대리점을 찾았다. 또 다른 직원에게 말했다. "저, 저 TV를 사려고 합니다." 그러자, 이 직원도 거절했다. 싸이디는 무척 당황스러웠다. 그리고 궁금했다. 싸이디가 직원에게 물었다. "아니, 내가 변장을 하고 세 번씩이나 와서 다른 직원에게 물어봤는데, 어떻게 당신들은 내가 싸이디라는 것을 알아챘죠?" 그러자 그 직원이 말했다. "손님, 이것은 전자레인지거든요."

■ 한 싸이디 출신 경찰이 있었다. 하루는 시장에서 경비를 서다가 도둑놈이 물건을 훔쳐 달아나는 것을 보았다. 당연히 이 싸이디 경찰은 열심히 도둑을 쫓아갔다. 그런데 아뿔싸, 너무 빨리 달려가는 바람에 글쎄

---

25 앞의 책, p.202

도둑놈을 지나치고 만 것이다.26

- 한 싸이디가 있었다. 그는 난생 처음 비행기를 탔다. 비행기가 한참 비행 중이던 그때, 싸이디가 승무원에게 소리를 질렀다. "이거 뭐 이래, 창문이 안 열리잖아!"27

- 한 싸이디가 카이로에 살고 있었다. 그는 거기서 아들을 학교에 보냈다. 첫날 아들이 학교에서 돌아와, 아주 자랑스럽게 말했다. "아빠, 우리 반에서 100까지 셀 줄 아는 아이는 저밖에 없었어요. 그것은 제가 싸이디이기 때문이죠?" 아버지가 말했다. "아니야, 그것은 네가 똑똑하기 때문이야." 다음 날 아이가 기쁘게 집으로 돌아와 그의 아버지에게 말했다. "아빠, 제가 우리 반에서 유일하게 알파벳을 알고 있어요. 그것은 제가 싸이디이기 때문이죠?" "아니야, 그것은 네가 똑똑하기 때문이야." 셋째날, 아들이 아주 고무되어 집으로 돌아와 말했다. "오늘 학교에서 키를 쟀는데요, 제가 제일 큰 아이였어요. 그것은 제가 싸이디이기 때문이죠?" 그러자 아버지가 웃으면서 말했다. "아니야, 아들아, 그것은 네가 이미 서른 살이라서 그래."

- 싸이디: 선생님, 저는 꿈에 매일 축구를 해요.
  의사: 그래요, 이 약을 먹어요. 좋아질 거예요.
  싸이디: 선생님, 이 약 내일 먹으면 안 되나요? 오늘밤에 결승전이 있거든요.

- 싸이디 남편: 내가 죽으면 당신은 재혼할 거예요?
  아내: 아니요, 누이동생하고 같이 살 거예요. 그런데, 내가 죽으면 재혼할 거예요?
  싸이디 남편: 아니요, 나도 처제아내의 누이동생와 같이 살 거예요.

---

26 앞의 책, p.202
27 앞의 책, p.203

- 싸이디 남편: 사람들이 나를 신이라고 생각해요.

  아내: 어떻게 알아요?

  싸이디 남편: 아니 내가 오늘 공원에 갔잖아요. 그랬더니 사람들이 나를 보고는 "오 마이 갓, 오늘 또 왔어요?" 라고 하지 뭐예요.

- 미국 여행 중이던 한 싸이디가 있었다. 그가 일을 보고 차를 세워 둔 곳으로 왔다. 차 앞 유리에 '파킹 파인'Parking Fine 통지서가 붙어 있었다. 그러자 싸이디가 아래와 같이 써서 주차 기둥 위에 붙여 두었다. "당신의 호의에 감사드려요."

- 어느 날 한 싸이디가 길을 걷고 있었다. 그런데 한 손에는 장갑을 꼈고 다른 손은 맨손이었다. 이것을 본 사람들이 싸이디에게 물었다. "왜 그렇게 한 손에만 장갑을 꼈어요?" 싸이디가 대답했다. "오늘 일기 예보를 들었어요. 한 편은 춥겠고, 다른 한 편은 덥겠다고 하잖아요."

- 한 싸이디가 카페에서 커피를 마시고 있었다. 그의 핸드폰이 울렸다. 전화기를 들고는 이렇게 말했다. "여보세요, 제가 여기에 있는 것을 어떻게 아셨어요?"

- 싸이디: "가서 식물에 물을 줘요."

  하인: 아니, 지금 비가 내리고 있는데요?

  싸이디: 그래서? 그럼, 우산을 쓰고 갔다 와요.

· 팔레스타인 남부의 중심도시, 헤브론 사람알-칼릴리 이야기

- 한 칼릴리가 예루살렘의 전파상에 들어가서 주인에게 물었다. "아저씨, 이 TV를 고칠 수 있습니까?" 상점 주인은 그를 한 번 훑어보더니 말을 던졌다. "당신 알-칼릴헤브론에서 왔죠?" 너무 놀란 칼릴리는 그 전파상에서 도망치듯 다급하게 빠져나왔다.

  '아니, 내가 칼릴리라는 것을 어떻게 알아챘지? 몰랐을 거야. 내게 바가지 씌우려고 한 번 해 본 말일 거야.' 그러고는 다른 전파상을 찾았다. 그곳에서도 같은 요구를 했지만 주인의 대답은 같았다. 다른 전파상에도 가 보았지만, 대답은 마찬가지였다. 칼릴리는 너무 당황스러웠다. 이해할 수 없었던 칼릴리가 주인에게 물었다. "아니, 어떻게, 내가 TV를 고칠 수 있냐고 묻기만 하면, 곧장 나보고 칼릴리라고 말하는지, 어찌된 영문인지 모르겠어요." 그러자, 전파상 주인이 말했다. "아니, 당신 손에 들고 있는 것은 TV가 아니라 라디오잖아요!"

■ 기독교인 칼릴리가 있었다. 어느 날 무슬림 성직자 이맘을 만나서 말했다. "당신께서, 만일 내게 당신들 무슬림이 얼마나 영리한지를 보여 준다면, 내가 무슬림이 되겠소." 그러자, 이맘이 대답했다. "좋소, 그런데 자녀는 있으시오?" 기독교인 칼릴리가 대답했다. "예. 자녀가 한 명 있습니다." "아들이요?" 그리스도인 칼릴리가 말했다. "아닙니다." 그러자 이맘이 말을 이었다. "그렇다면 딸이 분명하네." 그러자 그리스도인 칼릴리가 이맘에게 머리를 숙여 인사했다. "오, 알라시여, 당신의 능력은 참으로 크십니다." 그러고는, 무슬림이 되었다.

■ 한 칼릴리 노인이 그의 외동아들과 함께 헤브론에 살고 있었다. 그런데 그 외동아들이 이스라엘군에 체포되어 감옥에 갇혔다. 그 칼릴리 노인은 평소 밭에 감자를 심기를 간절히 원했지만 힘이 없었고, 그의 외동아들은 이스라엘 감옥에 갇혀 있었다. 아무도 이 칼릴리 노인을 도울 상황이 아니었다. 그래서 칼릴리 노인은 감옥에 있는 아들에게 편지를 보냈다. "아들아, 내가 밭에 감자를 너무 심고 싶은데 나는 힘이 없고, 아들 너는 감옥에 갇혀 있으니 내가 어떻게 해야겠니?'

아들이 아버지에게 답장을 보내왔다. "아버지, 어찌 되었든, 밭 근처는 절대 가지 마세요. 제가 그곳에 무기를 숨겨 두었어요." 이 편지를 받은 아버지는 너무 놀라서 밭 근처엔 얼씬도 하지 않았다. 그런데, 이스라엘

군이 이 사실을 알고, 어느 날 병사들을 풀어 밭 안팎을 다 뒤엎어 버렸다. 그러나 무기는 찾지 못했다.

아버지가 아들에게 편지를 보냈다. "아니, 이스라엘군들이 몰려와서는 밭을 다 파헤쳐 놓고 가버렸다. 무기도 발견되지 않았어. 무슨 일이냐 내가 어찌 해야겠니?" 아들이 답장을 보냈다. "이제, 아버지 하고 싶으신 대로 감자를 심으세요."

■ '압달라'라는 칼릴리가 예루살렘 북쪽 라말라에 가게를 갖고 있었다. 가게 이름은 '압달라와 친구들'이었다. 어느 날 경찰이 가게에 찾아와 물었다. "당신의 친구들이 누구요?" 압달라가 대답했다. "아니에요, 그냥 가게 이름을 그렇게 붙인 것이에요. 저밖에 없어요. 이 가게는 제 거예요." 그러자 경찰이, 정직하지 않은 사람이라며, 화를 내고는 그를 두들겨 팼다. 칼릴리 압달라는 팔레스타인을 떠나 사우디아라비아로 이주했다. 그곳에서 압달라는 더욱 조심스럽게 지내며 새 가게를 열었다. 가게 이름은 '압달라, 오직 하나이며 유일한 이'였다. 결국 압달라는 그곳에서 강제 출국조치를 당했다. '오직 하나이며 유일한 이'는 오직 알라에게만 붙일 수 있는 호칭이었기 때문이다.

· 레바논인 이야기

■ 하나님이 이 땅을 지으셨다. 그리고 여섯째 날, 하나님이 천사들에게 말씀하셨다. "오늘 레바논이라 불리는 나라를 만들려고 한다. 이 나라는 만년설로 뒤덮인 아름다운 땅, 맑은 물이 가득한 호수들, 각종 나무들이 울창한 숲, 바닷가의 낭만을 만끽할 수 있는 20개가 넘는 부드러운 모래사장, 깎아지른 듯한 절벽들로 꾸며질 것이다." 하나님이 말씀을 이어 나가셨다. "이 나라를 부유한 나라로 만들어 그 주민들이 풍요를 누리도록 할 것이다. 그들은 이 세상에서 가장 친절한 국민으로 알려질

것이다." "그런데요 하나님…." 천사들이 하나님께 물었다. "이 레바논 사람들에게만 유독 후하신 것은 아닌지요?" 하나님이 대답하셨다. "아니, 절대로 아니다. 잠시 기다렸다 그 주변 나라들을 보라. 이제 레바논 국민들에게 줄 이웃들을 …."[28]

전통적인 농담 가운데 주하 시리즈가 있다. 13세기 이후에 아랍 지역과 터키에서도 유명한 이야기였다. 각 나라 버전이 있을 정도로 주하 이야기는 유명하다.

■ 주하의 이웃이 주하의 당나귀를 빌리기 위해서 주하의 집을 찾아왔다. 주하는 당나귀를 빌려주고 싶지 않아서 둘러댔다. "미안하지만 이미 다른 사람이 빌려 갔소." 그런데 때마침 집 뒤에서 주하의 당나귀가 울어대기 시작했다. 불쾌한 그 이웃은 주하에게 말했다. "지금 선생님 당나귀가 울고 있지 않습니까?" 그러자 주하가 정색을 하고 화가 난 목소리로 말했다. "아니, 지금 당신은 나를 믿습니까? 당나귀를 믿습니까?"

---

28 앞의 책, p.203

대중가요로 노래하기

무슬림들은 꾸란만 읽고 기도만 한다? 그렇지 않다. 이들도 우리처럼 대중가요를 부른다. 영상 문화에 선정성 논란이 일기도 한다. 리얼리티 버라이어티 예능 프로그램도 가득하다. 아랍 무슬림들도 노래를 좋아한다. 작은 북파울레 하나면 온갖 장단을 다 맞춘다. 야외로 나온 이들은, 슬픈 곡조부터 빠른 멜로디까지 노래를 이어간다. 노래방이 따로 없다. 함께 모이면 노래 이어부르기가 벌어진다.

대중가요로 대중문화 따라잡기[29]

아랍인들은 음악과 춤을 좋아하는 민족이다. 쉬는 날 조금만 근교로 나가도 곳곳에서 전통 악기인 북 등으로 한껏 흥을 돋우면서 어우러지는 이들을 볼 수 있다. 아랍 세계와 한국은 여러 면에서 비슷하다는 생각이 든다. 대중가요에 흐르는 정서와 취향도 비슷하다고 느낄 정도이다. 아랍 대

---

29 김동문, 『이슬람의 두 얼굴』 (예영커뮤니케이션, 2001), p. 174~177.

중가요는 정서를 담고 있고, 시대상도 반영한다. 음악 장르도 다양하게 유입되고 있다. 서양풍의 노래는 장단을 따라갈 수 있지만, 아랍 민요풍의 흥얼거리는 노래는 아직도 낯설게 다가온다.

1999년, 우연히 방송에서 노래를 들었다. 무슨 가사인지 잘 들리지는 않았지만 그 후부터 이 노래에 끌렸다. '힐름 아라비'아랍인의 꿈라는 곡으로 CD를 구해 놓고는 하루에도 몇 차례씩 듣던 때가 있었다. '아, 중동에도 이런 유의 저항가요가 있구나. 아랍인들의 정서를 어쩌면 이렇게 잘 표현할 수 있을까?' 여러 감정들이 스쳐 갔다.

아랍 지역에서도 가수들의 경연이 치열하다. 아랍 지역 전체가 하나의 동질 문화권이기에, 이들에게 국적이나 국경의 경계는 크게 의미가 없다. 한국이 아시아권에서 한류를 말하는 것 같은, 이집트류니 뭐니 하는 것은 이곳에서는 의미가 없다.

아랍의 사랑 노래

한국의 대중가요에도 발라드, 힙합, 레게, 트로트, 댄스 등의 여러 장르가 있지만 그 주제에 있어 사랑가가 주를 이루는 것처럼, 아랍 대중가요의 대다수도 이른바 사랑 타령이다. '내 사랑은 신경을 쓰지 않네'아므르 디압, '내 삶'무스타파 아마르, '낯선 시간'조르지 와소우프, '내 마음에 있는 이'디아나 핫다드, '영원히'앗시 알-힐라니, '나는 오늘밤 낯선 감정을 느껴요'카템 앗사헤르, '저 노력하고 있어요'나왈 & 파델 샤케르, '바람처럼'무함마드 압두, '오늘밤'헵 푸딜, '미치겠네'라깁 알라마 등 제목만 봐도 그 내용을 알 것 같은 노래들이다.

"두 개의 달, 두 개의 달. 그것들은 당신의 두 눈동자인가요? 내 가슴은 당신에 대해 묻고 있어요, 내 마음 당신을 생각하고 있어요. 제가 당신을 사랑하고 있다고 생각할 수는 없나요?" 최고 인기가수 아므르 디압의 노랫말 일부를 옮겨 보았다. 아랍 지역에서 가장 유명한 가수는 이집트의 아므르 디압이다. 아랍 국가에서는 가수들의 국적이 문제가 되지 않는다. 아랍어라는 공통분모가 있기에 서로 교감을 나누는 데 아무런 문제가 없다. 이것이 내게는 부러움으로 느껴진다.

또 다른 인기 가수 에합 타우픽의 앨범 타이틀곡의 제목은 '마음의 사랑'이다. 그 외에도 '하나님이 당신의 눈에 계셔요' 등 연가가 함께 수록되어 있다. 싸미라 싸이드의 최근 앨범에도 '내 사랑 왜요?'를 비롯하여 '정말 나를 잊으셨나요?', '내 심장, 보고 있어요' 등의 연가풍 곡이 많이 담겨 있다.

이 연가들을 4음계의 전통 리듬에 맞춰 부를 때면 현지인들은 손장단을 맞추면서 열광한다. 이방인으로서는 저런 단조로운 곡에 열광을 하는 것이 이상하다 싶을 정도이다. 그렇다고 아랍 음악이 연가로만 가득 찬 것은 아니다. 현실 비판적인 면도 있고 사회적인 이슈들도 담고 있다. 최근에는 서구 발라드곡이나 레게음악도 인기를 얻어가고 있다. 음악 전문 아랍 채널들이 레바논이나 해외에서 촬영해 온 다양한 뮤직비디오들을 온종일 방영한다. 뮤직비디오의 소리를 낮추고 본다면 여느 유럽 뮤직비디오 못지않다는 인상도 받는다.

노래를 잘하지 못해도, 가수의 이름과 가사만 아랍어로 읊조려도 아랍인과 마음을 나눌 수 있다. 두 곡의 노래를 영어로 음역하여 옮겨 본다. 최근에 인기를 얻고 있는 레바논 여가수 낸시 아즈람의 노래와 아랍 세계에서 오래전부터 널리 애송되고 있는 이집트 여가수 달리다의 노래를 소개한다.

■ 'Ah we noss' 아, 반만 [30]

이 노래는 2004년에 공개된 낸시 아즈람의 노래이다. 전통적인 아랍 장단과 전형적인 사랑가로 구성되어 있다. 낸시 아즈람이 레바논 여가수임에도, 이 노래는 이집트 아랍어 사투리로 이뤄져 있다. 이집트 아랍어 사투리

---

[30] 윤은경, 노래를 활용한 구어체아랍어 교육에 대한 연구, 『중동연구』 2015, vol.33, no.3, pp. 171~192.

가 주는 경쾌함과 가사의 느낌을 고려한 것으로 보인다.

mafish ḥāga tegy kedah ehda ḥabībi kedah we ergaʕ zay zamān

이럴 수는 없어요. 진정해요, 나의 사랑! 이전처럼 돌아가요.

yabny esmaʕny hatdalaʕny takhod ʕayni kamān

들어 보세요, 그대. 당신은 나를 사랑할 거예요. 다시 내 눈을 사로잡을 거예요.

mafish ḥāga tegy kedah ehda ḥabībi kedah we ergaʕ zay zamān

이럴 수는 없어요. 진정해요, 나의 사랑! 이전처럼 돌아가요.

yabny esmaʕny hatdalaʕny takhod ʕayni kamān

들어 보세요, 그대. 당신은 나를 사랑할 거예요. 다시 내 눈을 사로잡을 거예요.

ḥabībi ʔarrib bossi we bossi, boss

그대여. 가까이 오세요. 나를 보세요. 그리고 나를 보세요, 보세요.

zaʕlān ezʕal, ezʕal noṣṣ noṣṣ

화가 났나요? 화를 내요, 화를 내요, 반만, 반만.

lahsan habaʕed, abaʕed ah we noṣṣ

내가 당신으로부터 멀어지는 게 나은가요? 내가 멀어질게요. 아. 반만.

we hatebʔā inta akīd khasrān

그런데 당신은 분명 손해를 보게 될 거예요.

akid mafish ḥāga tegy kedah

확신해요, 이럴 수는 없어요.

ehda ḥabībi kedah we ergaʕ zay zamān

진정해요, 나의 사랑! 이전처럼 돌아가요.

yabny esmaʕny hatdalaʕny takhod ʕayni kamān

들어 보세요, 그대. 당신은 나를 사랑할 거예요. 다시 내 눈을 사로잡을 거예요.

leh dah kolli dah akhadt ʕala kedah

왜 모든 것이 이렇게 된 건가요? 왜 당신은 내게 이렇게 하나요?

inta ma btezhaʔsh malām teʕebt yana, yana. layāly ḥayrāna

당신은 싫증 내지 않는데, 정말 나는 지쳤어요. 밤들을 헤매었어요.

eh dah baʔa, we kefāya ḥarām

진정해요. 이 정도면 충분해요. 그러면 안 돼요.

leh dah kolli dah akhadt ʕala kedah

왜 모든 것이 이렇게 된 건가요? 왜 당신은 내게 이렇게 하나요?

inta ma btezhaʔsh malām teʕebt yana, yana. layāly ḥayrāna

당신은 싫증 내지 않는데, 정말 나는 지쳤어요. 밤들을 헤매었어요.

eh dah baʔa, we kefāya ḥarām

진정해요. 이 정도면 충분해요. 그러면 안 돼요.

ḥabībi ʔarrib bossi we bossi, boss

그대여. 가까이 오세요. 나를 보세요. 그리고 나를 보세요, 보세요.

zaʕlān ezʕal, ezʕal noṣṣ noṣṣ

화가 났나요? 화를 내요, 화를 내요, 반만, 반만.

lahsan habaʕed, abaʕed ah we noṣṣ

내가 당신으로부터 멀어지는 게 나은가요? 내가 멀어질게요. 아. 반만.

we hatebʔā inta akīd khasrān

그런데 당신은 분명 손해를 보게 될 거예요.

ḥabībi ʔarrib bossi we bossi, boss

그대여. 가까이 오세요. 나를 보세요. 그리고 나를 보세요, 보세요.

zaʕlān ezʕal, ezʕal noṣṣ noṣṣ

화가 났나요? 화를 내요, 화를 내요, 반만, 반만.

lahsan habaʕed, abaʕed ah we noṣṣ

내가 당신으로부터 멀어지는 게 나은가요? 내가 멀어질게요. 아. 반만.

we hatebʔā inta akīd khasrān

그런데 당신은 분명 손해를 보게 될 거에요.

mafish ḥāga tegy kedah ehda ḥabībi kedah we ergaʕ zay zamān

확신해요, 이럴 수는 없어요. 진정해요, 나의 사랑! 이전처럼 돌아가요.

yabny esmaʕny hatdalaʕny takhod ʕayni kamān

들어 보세요, 그대. 당신은 나를 사랑할 거에요. 다시 내 눈을 사로잡을 거에요.

di ḥāga motaʕeba mestaḥmelāk we baʔāly iktēr

이것은 피곤한 일이에요. 그래도 나는 좋은 사람이죠. 오랫동안 당신을 참아 왔죠. 많이도 참았어요.

ḥabībi shof ana ṣebert kam sana khadt waʔti maʕāya ikbēr.

내 사랑, 보세요. 내가 몇 년을 참아 왔는지, 당신은 내게 있는 많은 시간들을 뺏어 갔어요.

di ḥāga motaʕeba mestaḥmelāk we baʔāly iktēr

이것은 피곤한 일이에요. 그래도 나는 좋은 사람이죠. 오랫동안 당신을 참아 왔죠. 많이도 참았어요.

ḥabībi shof ana ṣebert kam sana khadt waʔti maʕāya ikbēr.

내 사랑, 보세요. 내가 몇 년을 참아 왔는지, 당신은 내게 있는 많은 시간들을 뺏어 갔어요.

ḥabībi ʔarrib bossi we bossi, boss

그대여. 가까이 오세요. 나를 보세요. 그리고 나를 보세요, 보세요.

zaʕlān ezʕal, ezʕal noṣṣ noṣṣ

화가 났나요? 화를 내요, 화를 내요, 반만, 반만.

lahsan habaʕed, abaʕed ah we noṣṣ

내가 당신으로부터 멀어지는 게 나은가요? 내가 멀어질게요. 아, 반만.

we hatebʔā inta akīd khasrān

그런데 당신은 분명 손해를 보게 될 거예요.

ḥabībi ʔarrib bossi we bossi, boss

그대여. 가까이 오세요. 나를 보세요. 그리고 나를 보세요, 보세요.

zaʕlān ezʕal, ezʕal noṣṣ noṣṣ

화가 났나요? 화를 내요, 화를 내요, 반만, 반만.

lahsan habaʕed, abaʕed ah we noṣṣ

내가 당신으로부터 멀어지는 게 나은가요? 내가 멀어질게요. 아. 반만.

we hatebʔā inta akīd khasrān

그런데 당신은 분명 손해를 보게 될 거예요.

mafish ḥāga tegy kedah ehda ḥabībi kedah we ergaʕ zay zamān

확신해요, 이럴 수는 없어요. 진정해요, 나의 사랑! 이전처럼 돌아가요.

yabny esmaʕny hatdalaʕny takhod ʕayni kamān

들어보세요, 그대. 당신은 나를 사랑할 거예요. 다시 내 눈을 사로잡을 거예요.

mafish ḥāga tegy kedah ehda ḥabībi kedah we ergaʕ zay zamān

확신해요, 이럴 수는 없어요. 진정해요, 나의 사랑! 이전처럼 돌아가요.

yabny esmaʕny hatdalaʕny takhod ʕayni kamān

들어보세요, 그대. 당신은 나를 사랑할 거예요. 다시 내 눈을 사로잡을 거예요.

■ 헬와 야 발라디달콤한, 아름다운 나의 조국

이집트 출신 이탈리아 여가수 달리다1933~1987의 1987년 노래이다. 달리다의 본명은 요란다 질리오티Yolanda Cristina Gigliotti로, 대표적인 샹송 가수이다. 우리에게도 '빠홀레 빠홀레'달콤한 속삭임라는, 알랭 드롱과 같이 부른 노래가 귀에 익을 정도이다. 헬와 야 발라디는, 이집트의 문화, 역사에 대한 자긍심을 담은 노래이지만, 다른 아랍 국가에서도 자국의 고향산천을 떠올리며 부르는 노래이다.

Kelma helwa we kelmeten 아름다운 말 한마디 또는 두 마디 말.

Helwa ya baladi 오 나의 조국, 아름다워라.

Ghenwa helwa we ghenweten 아름다운 노래 한 곡 또는 두 곡.

Helwa ya baladi 오 나의 조국, 아름다워라.

Amali dayman kan ya baladi 오 나의 조국, 언제나 나의 희망이었다네.

Enni arga'lek ya baladi 오 나의 조국, 네게로 돌아가는 것이었다네.

Wafdal dayman gambek alatoul 언제나 영원히 네 곁에 머무는 것이었다네.

Zekrayat kol elli fat Fakra ya baladi 지나간 모든 추억들은, 오 나의 조국을 기억하네.

Albi malyan behekayat Fakra ya baladi 나의 가슴은 이야기들로 가득 차 있

네. 오 나의 조국을 기억하네.

Awel hob kan fi baladi 나의 첫 사랑은 나의 조국이었다네.

Mesh momken ansa ya baladi 오 나의 조국, 잊는다는 것은 불가능하다네.

Fen ayam zaman Abl el wedaa 옛날이 있는 곳에서, 이별이 있기 전까지.

Konna ben oul en el foura-a da moustahil We kolle demaa ala el khaddein kanet bitsil 우리들은 헤어짐을 말하는 것은 불가능하다고 말하곤 한다네.

Malyana bé amal en ehna nob-à mawgoudin 두 볼의 눈물 방울이 희망으로 가득 차 떨어지네.

Fe bahr el hob ala el shatten 사랑의 지중해 바다에, 나일의 두 물가에.

Oh, oh 오 오.

Kelma helwa we kelmeten 아름다운 말 한마디 또는 두 마디 말.

Helwa ya baladi 오 나의 조국, 아름다워라.

Ghenwa helwa we ghenweten 아름다운 노래 한 곡 또는 두 곡.

Helwa ya baladi 오 나의 조국, 아름다워라.

Fen habbib el alb ya baladi 내 마음의 사랑 오 나의 조국은 어디에 있나?

Kan be'id 'anni ya baladi 오 나의 조국, 그것은 내게서 멀었다네.

We kolle ma baghani Bafakkar fi 그래서 내가 노래를 부를 때는 언제나, 그곳을 생각한다네.

Oul ya habibi enta sayebni we rayeh fein 오 나의 사랑, 말해다오. 나를 떠나려는지, 어디로 가려는지를.

Da agmal lahn han ghanni ehnal etnein 우리는 가장 아름다운 노래로 둘이서 노래하리라.

Ya mahla kelmet baladi fe ghenwa ben satrein 나의 조국이라는 말이 얼마나 아름다운 것인지를.

Ya leil ya ‘ein ya ‘ein ya leil 오 밤이여, 오 눈이여, 오 눈이여, 오 밤이여.

Kelma helwa we kelmeten 아름다운 말 한마디 또는 두 마디 말.

Helwa ya baladi 오 나의 조국, 아름다워라.

Ghenwa helwa we ghenweten 아름다운 노래 한 곡 또는 두 곡.

Amali ya baladi 오 나의 조국 나의 희망이어라.

Amali dayman kan ya baladi 오 나의 조국, 언제나 나의 희망이었다네.

Enni arga’lek ya baladi 오 나의 조국, 네게로 돌아가는 것이었다네.

Wafdal dayman gambek alatoul 언제나 영원히 네 곁에 머무는 것이었다네.

Oh oh oh Amar ya baladi 오 오 오, 오 나의 조국은 '달'이어라.

Helwa ya baladi Oh oh oh 오 나의 조국, 아름다워라. 오 오 오

영화, 한국에서 만난 「오마르」와 「와즈다」

영화는 가상의 이야기를 다루기도 하지만, 현실을 반영하기도 한다. 아랍, 이슬람 지역 영화는 어떤 현실을 담고 있을까? 한국 사회에서 '아랍' 영화를 만난다는 것은 흥미롭다. 아직도 많은 이들은 인도 배경의 『천일야화』를 아랍에서 기원한 이야기로 알고 있다. 아랍 관련 뉴스가 뜰 때만, 반짝 아랍권에 주목하곤 한다. 이슬람 선교를 말하는 현장에서는, 무슬림들은 그들의 종교심에만 집착하여 전 세계를 이슬람화하는 것에 전략적으로 참여하고 있으며, 한국을 이슬람화하려는 전략을 진행 중이라고 목소리를 높이기도 한다. 우리에게 아랍인은 먼 나라 이방인 같은 느낌이 가득하다.

이런 한국에서, 한국 영화관에서 아랍 영화를 마주하는 것은, 나에게는 색다른 경험이다. 아랍어 대사를 들으면서, 아랍 음악이 흘러나오는 스크린에서, 아랍어 대화를 마주하는 것도 반갑다. 2015년 2월에 팔레스타인인의 삶을 다룬 영화 「오마르」를 보았다. 2014년 6월 중순에는 사우디아라비아 영화 「와즈다」를 만났다. 두 영화 모두, 잔잔하게 현실의 일상을 그려

주었다. 이슬람 사회를 미화하거나 비난하려는 의도도, 무엇인가를 선동하려는 목적의식도 보이지 않는다. 그냥 영화를 보다 보면, 아랍 사회에서 일상적으로 접해 오던 이들의 일상이 잔잔하게 다가온다. 그 일상이 누구에게는 고통스러운 일상이고, 누구에게는 밋밋한 일상일 수 있을 것이다.

서구인이 말하는 아랍 세계, 이슬람, 그리고 무슬림과 아랍인 스스로가 말하는 그들의 삶은 어떻게 같고 다른 걸까? 한 사회를 있는 그대로 보기 위하여, 우리는 어떤 수고를 해야 하는 것일까? 이 글에서 전문적인 영화 비평을 하려는 건 아니다. 다만, 한국에 상영된 아랍 영화를 통해 아랍 사회를 어떻게 바라볼 수 있을지, 영화에 담겨 있는 아랍 사회와 문화에 대해 나누고 싶을 뿐이다. IS^{이슬람 국가}의 잔혹성이 뉴스가 되고 있는 시점에, 나는, 왜, 아랍 영화를 말하려는 것일까? 그것은 괴물 같은 집단의 극단적 일탈 행동보다, 평범한 일상을 살아가는 이들의 삶에 주목하는 것이 더 의미가 있다고 생각하기 때문이다.

■「오마르」와 분리장벽

영화 「오마르」는 사랑하는 이와 더불어 평범한 행복을 살아가고자 하는, 아랍식 빵을 굽는 주인공 오마르를 중심으로 한 이야기를 담고 있다. 오마르는 그저 그런 평범한 소망을 지키기 위해 이스라엘의 이중첩자가 된다. 영화는 그를 중심으로 테러와 이스라엘 비밀경찰, 공작, 친구들 사이의 우정과 불신, 배신을 담아낸다.

영화의 중심 배경은 분리장벽이다. 그런데 이 분리장벽을 몸으로 공감하기는 쉽지도, 어렵지도 않다. 고속도로나 국도의 어느 구간이 극심한 교통체증이 빚어지고, 아예 출입이 통제될 때, 우회도로를 돌아가는 풍경이 날마다 반복된다면, 우리는 어떤 기분을 느끼게 될까? 눈앞에 있는 학교를 두고 멀리까지 걸어서 학교를 다녀야 한다면, 어떤 감정이 들까?

예루살렘과 베들레헴은 서로 가깝게 붙어 있다. 두 도시 간의 거리는 8킬로미터, 도보로 2시간 정도 떨어져 있다. 그런데 베들레헴에 진입하는 순간, 정면에서 거대한 콘크리트 장벽이 막아선다. 이스라엘 번호판을 단 차량은 간단하게 통과하지만, 팔레스타인 사람들이나 팔레스타인 번호판을 단 차량들은 출입이 통제된다. 예루살렘에 일자리를 찾아가고자, 300~400명의 팔레스타인인들이 예루살렘 통행 허가증을 지닌 채 해가 뜨기 전부터 장사진을 친다. 날마다 다르지만, 2~3시간은 족히 걸려야 예루살렘에 들어설 수가 있다. 서안 지구에 사는 팔레스타인인들은 예루살렘 출입이 자유롭지 못하다. 허가를 받아야만 출입 심사를 받을 자격이 주어지기 때문이다. 분리장벽은 팔레스타인인들의 일상을 깨뜨리고 있다. 아니, 오히려 뒤틀려진 일상이 자연스러운 것이 되어 버렸다.

이 분리장벽을 그림 언어로 담아내고 있는 영화가 바로 「오마르」다. 영화 제목은 등장인물의 이름이다. 이 영화는 이미 한국 관객들에게 특별 상영된 적이 있다. 2014년 6월 20~26일 아랍영화제에서였다. 이보다 앞서 2013년 부산국제영화제10월 3~12일에서도 상영되었다. 사실 개인적으로 이 영화에 대해 아는 것이라곤, 하니 아부 아사드 감독이 이스라엘 북부 나사렛에서 태어난 아랍계 이스라엘인이라는 것 정도이다. 그럼에도 이 영화가, 그동안 팔레스타인과 이스라엘 방문을 통해 배우고 느꼈던 것들을 떠올리게 하는 분리장벽 문제를 잔잔하면서도 깊이 있게 다루고 있다는 점이 눈길을 끌었다.

영화 「오마르」에 등장하는 분리장벽은, 이스라엘과 팔레스타인 사이를 가르는 콘크리트 장벽을 말한다. 높이가 5~8미터에 이르는 이 장벽은, 팔레스타인인의 테러로부터 이스라엘 시민을 보호한다는 명목하에 2002년 6월 이후부터 지금까지 건설이 진행 중인 인종차별 장벽이다. 이스라엘에서는 이를 '보안장벽'이라 부른다. 현재 그 길이는 800킬로미터에 이르고 있고, 2020년 완공을 목표로 하고 있다. 2004년 국제사법재판소에서 이 장벽이 불법이라는 권고안을 내며 장벽 해체를 요구하였으나, 이스라엘은 안보를 빌미로 지금까지 이를 무시하고 있다.

다시 영화 이야기를 이어가야 할 것 같다. 「오마르」는 제66회 칸영화제 '주목할 만한 시선' 부문에서 심사위원상을 받았다. 아카데미시상식과 토론토영화제를 비롯한 유수의 영화제에도 초청되었다.

■ 「와즈다」와 자전거 타기

세계에서 유일하게 공공 영화관이 없는 나라가 있다. 사우디아라비아(이하 사우디)다. 그런 나라에서 만들어진 영화가 있다. 2014년 6월 19일 우리나라에서 개봉한, 사우디 최초의 여성 영화감독 하이파 알-만수르의 영화 「와즈다」다.

어린 배우들을 비롯하여 우리에게 낯선 사우디 배우들의 자연스러운 연기와 사우디 여성들의 일상이 애잔하게 담겨 있는 이 영화는 '자전거 타기'라는 단순한 소재를 중심으로 이야기를 전개한다. "왜, 여자는 자전거를 탈 수 없어요?" 여성이 자동차 운전을 할 수 없는 나라 사우디에서, 주인공 소녀 와즈다의 꾸밈없는 시선과 일상 이야기를 통해 만나는 사우디의 현실이 가혹하게 다가오기도 한다.

남편이 합법적인 바람을 피워도, 새장가를 가도 가슴앓이만 해야 하는 여성들, 혼자서는 운전을 할 수도 없고, 여성 전용 탈의실이 없어 백화점 화장실에서 옷을 갈아입어야 하는 일상, 생리 중일 때는 꾸란에 손을 대지 못하는 금기 등이 영화에 자연스럽게 녹아 있다. 영화를 보면서 남아선호, 가부장제에 바탕을 둔, 여성 차별적인 말과 관행들(일부다처 등)을 운명으로 받아들여야 하는 평범한 여인의 일상이 아프게 다가왔다.

영화가 나온 이후, 외부 세계의 평가는 고무적이었다. 제69회 베니스국제영화제 3관왕을 비롯해 세계 유수 영화제에서 19개 부문 수상, 18개 부문에 노미네이트되었다. 그 결과, 사우디 사회에도 변화가 일기 시작했다. 사우디의 이슬람법샤리아이 개정되어, 2013년 4월부터 사우디의 여성들도 자전거를 탈 수 있게 되었다. 난공불락과 같은 사우디 사회의 여성에 대한 엄격한 차별적 장벽도 그 높이가 낮아지고 두께도 얇아지고 있는 것이다.

　우리가 흔히 종교성만 가득하다고 생각하는 아랍인들도 우리와 다르지 않은 일상을 살고 있고, 삶의 이야기를 일구어 간다. 정도의 차이, 형편의 차이가 있을 뿐이다. 우리 가운데는 아랍 이슬람 사회는 고민도 토론도 열망도 없는 것처럼 이해하는 이들도 적지 않다. 그러나 두 영화에서 볼 수 있듯이, 그리고 우리 곁에 이웃으로 다가와 있는 아랍 이주자들을 통해서도 볼 수 있듯이, 그들 또한 우리와 다르지 않은 삶의 갈망을 갖고 살아가는 이들이다. 영화 「오마르」나 「와즈다」 속의 이야기, 그리고 아랍인들의 일상 이야기는 우리들의 지난 시절 이야기이며, 현재의 이야기이기도 하다.

　아랍 이슬람 지역 관심자라면, 온라인이나 영화관에서 기회를 잡아 아랍 영화를 관람하면 좋겠다. 그리고 아랍영화제나 부산국제영화제 등에서 상영한 아랍 영화를 더욱 즐겁게 감상해 보기 바란다. 이 꼭지글에서 소개한 일반 상영한 이 두 편의 영화를 통해, 한국인에게 굳어진 아랍 사회에 대한 무지의 벽을 깨뜨리고, 그들을 괴물로만 인식하는 시선을 바로잡으면 좋겠다. 수많은 금기를 넘어서서 자신의 건강하고 당당한 목소리를 내는 아랍인들과 더불어 자전거를 타고 달리는 우리들이 되면 좋겠다. 우리가 '분리장벽'을 넘어서서, 금기의 수레바퀴를 움직여서 그들에게 다가가면 좋겠다.

제6장
이슬람 선교의
시작과 끝을 묻다

'무엇이 중동인가?' 하는 질문에, '이것이 중동이다'라고 말할 수 있는 용기가 아직 내게는 없다. 나는 중동은 규정지을 수 없다고 생각한다. 중동은 움직이고 있다. 움직이는 존재는, 살아있는 존재는, 단순하게 단정짓거나 규정지을 수 없다. 쉽게 규정짓기 보다 이해하고 배우는 자세로 이 땅과 이곳의 사람들을 만나 일상을 살아가는 현재가 소중할 뿐이다. 근거 없는 긍정적인 사고에 바탕을 두고, 이슬람 선교도 할 수 있다고 말하고 싶지 않다. 하나님이 실제 일하고 계시기에 이슬람 선교의 증인으로 살아갈 수 있다고 말하고 싶다. '증인'은 사건을 만드는 이가 아니라 이뤄진 것과 펼쳐지고 있는 현장과 사람들의 목격자이다.

중동 선교, 이슬람 선교는 가능한가? 아니면 시대적 사명이기에, 주님이 그 문을 열어주실 것을 믿음으로 바라보고 달려가야만 하는 길 일 뿐인가?

아나니아에게 장벽이었던 사울바울도, 베드로에게 배제와 혐오의 대상이었던 고넬료와 그 식솔들도, 요나에게 혐오와 증오, 심판의 대상이었던 니느웨 백성들도 구원하신 하나님의 마음을 생각한다. 증인으로서, 현장 목격자로서 중동 선교현장. 하나님의 일하심의 무대를 직면한다.

1

이슬람 선교의 시작과 끝을 묻다

이슬람에 대해 아는 것이 이슬람이나 무슬림을 알도록 돕는 것은 아니다. 이슬람이라는 종교에 관하여는 여러 전문가들의 글과 주장이 이미 널리 공유되고 있다. 그러나 사실 다수의 무슬림들은 우리가 접근하는 '이슬람에 관한' 이해에 그다지 민감하지 않은 경우들이 많다. '이슬람에 관한' 우리의 이해가 무슬림을 이해하는 데 별다른 도움을 주지 않는 경우들도 많다.

타 종교인이 기독교와 기독교인을 이해하기 위하여 아래와 같이 연구하고 있는 장면을 떠올려 보자. "기독교의 기원은 예수의 탄생과 연결되어 있다. 기독교는 개신교와 천주교를 비롯한 넓은 의미의 구교로 나뉜다. 개신교는 다시 다양한 교파와 교단으로 구분된다. 기독교인은 사도신경과 주기도문을 받아들인다. 기독교인이 되려는 사람은 영접 기도를 하여야 한다. 기독교인의 예배는 여러 형태인데 주일 낮 예배를 중요시한다. 예배는 흔히 주악에 맞춰 묵상 기도하는 것으로 시작하여 목회자의 축도로 끝난

다. 기독교인이 믿는 성경은 구약 39권, 신약 27권으로 모두 66권으로 구성되어 있다."상대방이 이런 정보를 알았다고 하여 기독교인인 나에 대해 이해할 준비가 끝났다고 말할 수 있을까? 위의 정보는 기독교에 관한 초보적인 정보에 불과하다. 이것이 기독교의 내면세계는 물론이고 기독교인의 삶의 자리를 비춰줄 수 없다.

그런데도 우리들은 이런 식으로 이슬람과 무슬림을 직면하고자 노력한다. 꾸란, 알라, 이슬람의 발생 배경, 무함마드는 누구인가? 이슬람에 관한 많은 담론이 펼쳐져도 여전히 우리에게 무슬림이 다가오지 않는 것은 우리의 이런 접근에 문제가 있기 때문이다. 무슬림을 이슬람을 믿는 종교인으로만 생각하는 한 월드컵 예선 경기로 인해 밤잠을 설치면서 잠 못 이루는 그들이 보이지 않을 것이다.

우리의 이슬람 선교는 요지부동이다. 생각도 굳어 있다. 우리에게 이슬람이 하나일지 모르지만 무슬림은 너무나 다양하다. 무슬림 하면 떠오르는 어떤 고정관념으로 설명할 수 없다. 중국의 무슬림과 아랍의 무슬림이 같을 수 없다. 다만 무슬림이라는 종교적 세계관이 닮았을 뿐이다. 더욱이 아프리카 무슬림과 서구 사회에서 태어나 자란 무슬림은 너무나 다르다. 이 다양한 무슬림을 이해하기 위하여 우리가 선택할 수 있는 방법은 많다. 다양한 종족의 문화적 토양 위에 이슬람이라는 겉옷이 입혀진 것은 아닌지 추론해 볼 수 있다. 거의 비슷한 시기에 중국과 일본, 한국에 복음이 전해졌다. 일본에서는 미미했으나 한국에서는 복음의 꽃을 피웠다. 그러니 일본을 근거로 복음의 영향력이 미미했다고 평가할 수는 없는 것이다. 복음 자체가 아니라 일본인의 심성과 토양, 역사에 대한 평가가 필요하다. 복음에 대하여 안다고 일본의 기독교 역사를 바로 설명할 수는 없을 것이다.

한국 교회가 이슬람과 적대적 대립관계였던 적은 없다. 그럼에도 한국 교회의 막연한 반이슬람 정서는 부정할 수 없다. 소위 이슬람권에서의 반미 분위기에도 상식은 있다. 이스라엘 점령지 가자 지구나 라말라 같은 대표적인 반미 성향의 도시나 전쟁 전 이라크를 방문했을 때 희한한 풍경을 만나곤 했다. 'The Big Taste of America' 미국 담배 말보로 광고 문구다. 청바지를 입고, 나이키 상표가 달린 운동화를 신은 아랍과 팔레스타인 젊은 이들, 이들은 양담배를 물고 커피를 마시거나 펩시콜라를 마시면서 말을 이어 간다. "미국을 반대한다. 시온주의 거부한다."[31]

2002년 가을, 미국의 공격이 임박한 상황에 처한 이라크에서조차 미국 상품과 문화가 급속하게 번져 갔던 것은 우리에게 시사하는 바가 크다. 이들이 거부하는 것은 미국이나 서구의 침략적 외교 정책이다. 문화와 사람은 별개라는 인식이 일반적이고 자연스럽다. 그러나 우리의 반이슬람 정서는 상식적이지 않을 때가 많다.

다수파의 텃세는 어느 공동체나 다 있다. 우리나라와 같은 작은 곳에서도 지역감정이니 종교적 차이니 하며 종종 갈등이 빚어지지 않는가. 전체 인구 중 기독교인이 절반만 되었어도 지금보다 더 공세적으로 한국 사회를 주도하려 들 것이다. 이 과정에서 타 종교인들의 반감이나 반발을 살 것은 분명해 보인다.

그런데 입장을 바꿔 생각해 보자. 무슬림 인구가 90%가 넘는 나라에서 소수파 기독교인들에 대하여 어떤 배려와 지원이 가능할까. 쉽지 않은 문제일 것이다. 무슬림들이 의도적으로 소수파들을 탄압하거나 억압한다고만 볼 수 없는 면이 여기에 있다. 소수파들까지 다 아우르고 운영해 나가기에는 서구적인 시스템으로도 쉽지 않은 일이기 때문이다. 소수파를 배려하는 수많은 예외 조항들을 사회 모든 면에서 담아내기란 아예 불가능한 일인지도 모른다. 소수파로서 겪는 번거로움과 한계를 이슬람 종교 자체가 안겨 주는 것으로 봐서는 안 되는 이유가 여기에 있다.

---

31 김동문, 『기독교와 이슬람 그 만남이 빚어낸 공존과 갈등』(세창출판사, 2011), p.21.

그러나 무슬림도 이슬람 다수 지역을 벗어나면 소수파로서 고통을 겪기는 마찬가지다. 서유럽이나 미주 등에서 사는 무슬림 소수파들은 본토에서 당연히 누리던 많은 특권들을 포기해야 한다. 무슬림의 최대 성일인 금요일 낮 예배도 마음껏 참여할 수 없다. 그날이 평일이기 때문이다. 이슬람의 명절이라고 하여 쉴 수도 없다. 그들이 속한 세계는 이슬람의 명절과 무관하기 때문이다. 학교 교육도 마찬가지다. 이슬람 정신으로 가르치는 이른바 이슬람계 학교들은 많지 않다. 이들의 입장에서 보면 기독교계 학교나 세속적인 시스템으로 운영되는 일반 학교에 보내야만 한다. 종족이나 민족별로 모이는 무슬림 사원도 그리 많지 않다. 다민족 공동체가 이슬람이라는 하나의 일체성으로 모일 뿐이다. 이슬람 사원에서조차 자기의 언어로 대화를 마음껏 나누기가 쉽지 않다. 이슬람 전통과 법규상 같은 무슬림끼리 결혼하여야 하는 것도 큰 이슈가 되고 있다. 결혼 상대가 여의치 않기에 무슬림 간의 국제결혼도 늘어나고 있다.

라합을 기대하자

"나는 주님께서 이 땅을 당신들에게 주신 것을 압니다. 우리는 당신들 때문에 공포에 사로잡혀 있고, 이 땅의 주민들은 모두 하나같이 당신들 때문에 간

담이 서늘했습니다. 당신들이 이집트에서 나올 때에 주님께서 당신들 앞에서 어떻게 홍해의 물을 마르게 하셨으며, 또 당신들이 요단강 동쪽에 있는 아모리 사람의 두 왕 시혼과 옥을 어떻게 전멸시켜서 희생제물로 바쳤는가 하는 소식을, 우리가 들었기 때문입니다. 우리는 그 말을 듣고 간담이 서늘했고, 당신들 때문에 정신을 잃고 말았습니다. 위로는 하늘에서 아래로는 땅 위에서, 과연 당신들의 하나님만이 참 하나님이십니다."여호수아 2:9~11, 표준새번역 개정판

아랍이슬람 지역에서도 펼쳐지는 하나님나라를 보고자 하는 정탐꾼들은 '라합'을 만나야 한다. 우리의 정탐은 라합이 아닌 수치와 외형 파악, 그리고 우리의 주관적인 판단에 의존한 경우가 많았다. 바른 의미에서 하나님의 일하심을 알려면 우리의 정탐의 틀과 굳어진 시각에 전환점이 필요하다. 선교의 시작과 과정, 끝은 하나님이 하신다. 우리에게는 따끈따끈한 그의 이야기His Story를 직접 목격하고 알릴 수 있는 특권을 주셨다. 그 특권을 적극적으로 활용하는 수고가 우리에게 필요하다. 여러 면에서 이슬람 세계는 우리에게 가까이 다가와 있다. 철의 장막, 죽의 장막을 넘어 하나님이 품고 계시는 땅이기 때문이다.

이슬람 세계의 집단 회심에 대비하여 오늘을 맞이하자는 취지를 담고자 혼인잔치에서 물이 포도주가 된 사건 현장에 있었던, "물 떠온 하인들만 알더라"는 고백, 그 특권을 한국 교회가 놓치지 말았으면 하는 바람이다. 자, 이제 이슬람 세계 곳곳에서 일어나고 있는 하나님의 일하심을 그곳에서 만나게 하시는 다양한 라합을 통해 알아 가기를 원한다.

2

명목상 무슬림 증가, 그러나 예배자는 감소[32]

무슬림인구가 증가하고 있는 것은 사실이다. 그러나 여기서 '누가 무슬림인가?'에 대한 문제제기가 필요하다. 대부분의 이슬람 국가에서는 종교인구 조사를 하지 않는다. 기독교인이건 무슬림이건 가문의 종교로 간주한다. 한 개인의 종교성, 종교의식, 고백, 실천 같은 것은 고려하지 않는다. 반면에 비이슬람권의 기독교인의 경우는, 가문의 종교가 아닌 개인의 종교로, 종교의식 조사를 통해 스스로 자신을 기독교인으로 드러낸 이를 기독교인으로 간주한다. 즉 '무슬림이 몇 명이다', '기독교인이 몇 명이다'라고 말할 때 그 기준이 다른 것이다.

기독교인 인구를 계산하면서 가문의 종교로, 기독교인 가정에 시집을 온 여성들도 기독교인으로 간주한다면, 한국의 기독교인 인구는 얼마나 될까? 어찌보면 거의 대부분의 한국인들이 기독교인으로 간주될는지 모를 일이다. 유럽이나 미국의 경우 대부분이 기독교 인구에 포함될 것이다. 유

---

32 김동문, 『기독교와 이슬람 그 만남이 빚어낸 공존과 갈등』(세창출판사, 2011), p.238.

럽이나 미국의 기독교인구가 줄어드는 것은, 가문의 내력으로서의 종교가 아닌 개인의 종교로 종교인구를 평가하기 때문이다. 이처럼 종교인구 통계에 나오는 기독교인과 무슬림의 평가 기준이 이렇게 다르기 때문에, 무슬림인구를 줄어들지 않는 것이다. 결국 무슬림 인구 증가에는 허수가 많은 것이다.

어떤 이들은, 이슬람 인구의 증가가 이슬람 국가나 단체들의 적극적인 이슬람 선교에 영향을 받은 것처럼 생각한다. 그러나 그 안쪽의 상황은 이와 다르다. 오히려 이슬람의 외형적 성장을 견제하고 있는 분위기도 보인다. 몇 가지 그런 정황들을 짚어본다.

"금요일 무슬림 예배에서 설교할 권한을 부여받지 못한 성직자들이 많다", "사원을 지어 헌납하는 무슬림 독지가들 덕에 전담 성직자 없는 사원이 늘고 있다"는 이야기를 접하면서 어리둥절할 이들이 있을 것이다. 여전히 우리 주변에는 "이슬람은 강하고 기하급수적으로 확장되는 위협적인 종교"로 생각하는 이들이 적지 않기 때문이다. 그러나 이슬람 담장 밖에서 지레짐작 생각하고 판단하는 것과 그 안쪽에서 실제 이뤄지고 있는 일 사이에는 적지 않은 차이가 있다.

1,100여 개의 이슬람 사원이 있는 쿠웨이트의 경우 전담 성직자가 배치된 사원은 100여 개에 불과하다. 그 때문인지 라마단 기간 중 마지막 10일의 특별 새벽 집회를 열 수 있었던 사원은 1/4 정도였다. 이슬람국가의 종주국 사우디아라비아도 이와 크게 다르지 않다. 6만 개의 이슬람사원에, 1만 5천 명의 이맘이 존재할 뿐이다. 5,141개의 이슬람 사원2009년 기준이 있는 요르단도 그보다는 나았지만 사정은 비슷하였다. 전담 성직자이맘의 수는 2,446명이었고, 금요예배 설교자는 1,057명에 불과했다. 즉 금요예배에서 설교가 제공되는 사원의 수는 20% 정도에 불과하다. 그런데, 이슬람국가에서도 정부가 아닌 개인 또는 민간 주도로 지어진 사원이 많다는 것이

인상적이다. 또한 정부 통제에도 불과하고, 정부에 신고되지 않은 설교자가 활동하곤 하는데, 이슬람 정부는 이것을 단속하고 있다.

라마단 끝부분 10일 동안은 이슬람 사원에서 특별 새벽기도회가 진행된다. 특별 새벽기도회, 물론 평소에도 새벽 기도파즈르는 존재한다. 그러나 이 기도는 필수 사항이 아니다. 먼동 트는 무렵에 진행하는 먼동 예배슈루끄. 특별 새벽기도회는 파즈르 예배 시간에 모이는 것이다. 이른바 이슬람판 특별 새벽기도회이다. 무슬림 예배는 기도 행위로 이어진다. 정해진 기도 순서를 따라 기도하면 되는 것이다. 세 사람 이상일 경우 연장자나 지도자가 앞에 서서 기도를 인도하면 된다. 이른바 꾸란을 읽고 풀이해주는 설교는 평소 기도 시간에는 없다. 즉 무슬림들의 일상 기도 생활에서 설교는 주요한 요소가 아닌 것이다. 그러나 금요일 낮 기도는 설교가 중요하게 자리하고 있다. 그런 까닭에 금요일 낮기도 설교를 아무에게나 허락하지 않는다.

"교인들의 지적 수준도 높아졌는데 아무에게나 설교를 맡길 수는 없지요. 그래서 설교권을 제한하고 있습니다. 물론 설교권을 가진 모든 분들이 현재 이맘 직을 수행하고 있지는 않습니다. 신학교 교수도 있지만 무슬림으로서 신앙과 덕망이 있는 분들을 금요 예배 설교자로 임명하고 있는 상태입니다." 요르단 이슬람 종교부의 무함마드 과장이 밝힌 내용이다.

쿠웨이트나 요르단을 비롯한 아랍 국가 대부분에서 이슬람 사원은 정부

가 관리한다. 성직자 임명도 정부가 한다. 그런데 정부가 성직자 수급도 생각하지 않고 이슬람 사원을 지었다면 문제가 아닐까? 그러나 정부에서 직접 프로젝트를 가지고 이슬람 사원을 건축하는 경우는 극히 제한적이다. 최근에는 개인 독지가들에 의해 사원 헌납이 늘고 있다. 이제까지는 주로 지역에서 사원 건축에 뜻을 모은 위원회가 주도하여 사원을 건축하곤 했지만, 최근 들어 독지가들의 사원 건축과 헌납이 눈에 띌 정도로 늘고 있다.

사원 헌납이 늘고 있는 것은 2000년대에 들어서 두드러진다. 그 이유는 무엇일까? 이에 대한 정부나 현지 종교계의 학문적인 연구 조사 결과는 물론 없다. 여러 형태의 만남과 방문을 통해 짐작해보는 몇 가지 이유가 있다. 아프간 전쟁과 이라크 전쟁 등 이슬람권에서 벌어지는 여러 가지 힘든 상황들이 재력 있는 무슬림 독지가들로 하여금 사원 헌납에 대한 욕구를 자극하고 있다. 사실 이곳은 종교적인 열정도 이유가 되지만 이른바 기복적인 추구 경향이 증가하고 있는 것으로 볼 수도 있다. 사찰을 지어 헌납하는 경우나 일부 기독교인들이 자기 의를 내세우고 복을 구하기 위하여 교회당을 짓는 경우에서도 볼 수 있는 것이다. 이전까지는 사원 이름이 지역 이름이나 무슬림 성인의 이름을 따서 붙이곤 했지만 최근에는 헌납자의 성씨를 딴 이슬람 사원들도 증가하고 있다. 이것은 주목할 만한 가치가 있다. 무슬림들의 신앙생활이 물질주의에 의해 크게 영향을 받아가고 있다는 점이다. 종교를 사유화하는 종교적 의가 커지고 있다고도 볼 수 있을 것이다.

정부에서 성직자 수급 계획을 세우기도 전에 늘어난 사원들로 전담 성직자 수급 문제도 현안으로 떠오르고 있다. 성직자 수급 부족? 아니 팔레스타인의 가자 지구에서는 13세밖에 되지 않는 소년 암자드 아브 시두2005년의 이야기도 설교를 하는데 무슨 성직자 수급 문제냐고 반문할는지 모른다. 일부 한국의 이슬람 학자들이나 무슬림들이 이슬람에는 성직자가 없고 누구나 예배를 인도할 수 있다고까지 말한다.

그러나 세습되는 성직자는 없지만 직업적으로 종교직을 수행하는 성직자로서 이맘_{일부 지역에서는 쉐이크로도 부른다. 그러나 통상 쉐이크는 종교적으로 덕망이 인정된 사람을 뜻한다. 이맘은 종교적으로 성직을 수행하는 직업인을 일컫는다}은 분명히 존재한다.

일부 이슬람 학자들과 무슬림의 논리대로 말한다면 기독교는 개방적이다. 목회자 없이도 가정이나 장소와 모임을 가리지 않고 예배를 드린다. 무슬림들은 이맘이나 권한을 가진 사람이 아니고는 꾸란을 풀이할 수 없지만 기독교에서는 누구나 성경을 읽고 말씀을 해석할 수 있다. 무슬림 예배_{기도}에서 기도 인도자는 순서 진행자이지만 기독교에서 예배 인도자는 말씀 선포_{물론 그것을 간증이나 말씀 묵상 나눔이라고도 부르지만}할 권한을 가진다.

성직자 수급에 시달리는 이들 국가에 이슬람 신학을 전공하는 신학생들이 줄어든 것은 물론 아니었다. 이슬람 신학_{샤리아} 전공을 하는 학생들은 여전했지만 이들이 성직자로서 헌신하는 경우도 줄고 있고, 이슬람 사원 중 가율이 너무 높은 것 때문이다.

이슬람 신앙의 중심이 아랍인인 현실은 지금이나 과거나 크게 다르지 않다. 오늘날 이슬람의 확산을 우려하는 목소리가 엄연히 존재한다. 그 실체 존재 여부에 대한 논쟁도 의미가 있다. 가상의 적이나 가공되거나 과장된 이미지를 대상으로 다툼이나 경쟁을 할 수 있는 것은 아니기 때문이다. 그러나 다른 한편으로, 기독교가 바른 영성과 바른 시대적 역할을 제대로 하고 있는가를 짚어보는 것이 이슬람 확산을 경계하고 야단을 떠는 것보다 더 소중하고 가치 있는 일일 것이다.

국내 이주자 선교와 해외 선교를 병합하자

　여기서는 해외 타문화권 선교라는 단어 대신에 해외선교로 표현한다. 그것은 국내 이주자 선교이하 이주자 선교, 해외 선교 모두가 타문화권 선교이기 때문이다. 이주자선교와 해외선교가 연합할 때 한국교회의 균형잡힌 타문화권 선교는 펼쳐진다. 지금처럼 해외선교단체가 이주자 선교에 크게 관심도 참여도 하지 않는 상태는 건강하지 않다. 한국교회가 공간으로서의 '해외'에 집착하는 것은 타문화권 선교의 정신과 원리를 잊고 있는 것을 보여준다. 선교를 해외 특정 선교지에서 벌어지는 특별한 활동이나 프로그램이 아니다. 선교는 '땅'에서 이뤄지는 것일 수 있지만, 사람과의 만남을 통해 하나님의 마음이 전달되는 전체 과정이다. 나는 선교활동이나 프로그램이 세상을, 사람을 변화시킬 것이라 생각하지 않는다.

　이주자 선교와 해외선교는 자연스런 역할 분담이었고 한 몸이다. 장소의 차이가 있을 뿐 대상에는 차별이 없기 때문이다. 자신이 있는 자리, 자신이 보냄 받은 자리 그곳에서 다른 이들을 여러 모양으로 만나는 것도 선교의

한 부분이다. 오늘의 이주자 선교사가 내일의 해외선교사가 될 수도 있다. 어제의 해외 선교사가 오늘의 이주자 선교사가 될 수도 있는, 탄력적이고 열린 부르심이 필요하다. 그런 열린 부르심에 반응하는 일부 이주자 사역 단체와 사역자들을 보는 것은 희망이다.

이주자 선교와 해외 선교는 교회의 타문화권 선교의 양 날개이다. 그 균형을 이루는 것은 중요하다. 그러나 균형을 이루는 교회나 개인, 공동체가 그리 많지 않다. 그런데 그 균형은 교회나 개인, 공동체가 복음의 총체성을 얼마큼 온 몸으로 살아내고 있는지를 보여주는 것이다. 그럼에도 한국교회나 교단, 대부분의 선교사는 이주자 선교에 소극적이거나 무관심하다. 앞의 글에서도 언급했지만, 여름과 겨울철을 떠올려 보라. 수많은 교회들이 해외로 단기 선교팀을 보낸다. 보내기 전부터 교회에서는 단기 선교 광고를 하고, 준비팀을 위한 다양한 프로그램들을 가동한다. 그렇지만 이주자 선교와 국내에서의 타문화 체험 훈련을 위한 프로그램은 이에 비하면 턱없이 부족하다. 아마도 이주자 선교는 선교가 아니라고 생각하기 때문일 듯하다. 이런 고정 관념은 누가 심어준 것일까 곱씹어 봐야 한다. 나는 선교사들과 해외 선교단체의 책임이 작지 않다고 생각한다. '닫힌 선교지', '열린 선교지', '열린 선교', '닫힌 선교'를 지금도 읊조리는 것은 건강하지 않다. 여전히 선교를 해외라는 지리적 공간에 묶어두는 것도 안타깝다. 선교동원가들 가운데, 국내 이주자를 향한 타문화 선교를 강조하는 목소리를 거의 찾아볼 수 없다. 선교지를 '땅' 중심으로 생각하기에 빚어지고 있는 선교적이지 못한 상황이다. 다시 한 번 선교는 '땅'에서 이뤄지는 것일 수 있지만, 사람과의 만남을 통해 하나님의 마음이 전달되는 통합적인 과정이라는 것을 언급하고 싶다.

이주자 선교와 해외 선교를 병합하는 지혜가 필요하다. 해외 선교 헌신자들의 훈련과 섬김의 과정에 국내에서의 이주자 선교 경험을 필수로 하는 것은 어떨까? 해외 선교사로서의 파송이나 문화 적응 훈련에 앞서서 국내의 타문화권 이주자들을 대상으로 하는 다양한 섬김과 훈련의 기회를 의무화하는 것은 어떨까? 그런 다양한 이주자 선교 경험을 가진 이들을 해외 타문화권으로 파송하는 것은 어떨까? 어떤 면에서 이런 시도는 한국교회가 누릴 수 있는 선교의 특권이다. 한국의 이주자의 삶의 영역을 떠올리면, 언어, 인종, 종교권 별로 다양한 사역을 경험할 수 있고, 체험할 수 있다. 언어도 배울 수 있고, 문화도 경험할 수 있다. 무엇보다도 나와 다른 언어, 문화, 풍습, 종교, 역사, 세계관을 가진 이들과 어떻게 이웃할 수 있는지를 여기서 배울 수 있다. 게다가 국내에서는 나는 문화적 기득권을 빼앗기지 않을 수 있다. 이 땅에서 마이너리티로 살아가는 이들을 만나는 것은, 내가 해외 타문화권에서 마이너리티로 살아가는 삶을 미리 접할 수 있는 기회가 될 수도 있다.

해외 선교 단체와 이주자 선교 단체 사이의 협력의 폭은 넓고 깊다. 해외 선교단체는 이주자 선교단체가 이주자를 외국인으로만 간주하는 것을 넘어서도록 도울 수 있다. 특정 민족, 지역 출신, 종교인들이 한국이라는 땅과 문화에 접하기 전의 그들의 고유의 문화와 환경이 어떠했는지, 어떤 이해충돌, 문화 충격을 겪고 있는지 등을 소개해줄 수 있다. 그리고 이주자선교사들이 섬기고 있는 특정 인종, 민족을 그들의 언어로 만나고 격려하고 응원해줄 수 있다. 무엇보다도, 해외 선교지에서 한국을 방문하면서, 현지의 특식을 챙겨와 나누는 것도 할 수 있다. 문화 충격 중에, 음식의 맛과 향에 대한 그리움이 만만치 않다. 한국에도 크고 작은 이슬람 사원 주변에 이슬람 식료품점도 생기고 있지만, 그 맛과 향이 현지에 비해 떨어지고 가격은 비싸기 그지없다. 또한 한국에 올 때, 그 나라의 영상물을 챙겨 와서 나누는 것도 할 수 있다. 문화적 향수를 달랠 수 있는 배려만큼 작지만 큰 응원은 없다. 해외선교단체가 인적 인프라를 제대로 가동한다면, 국내 이주자 선교를 격려하고 응원할 길은 많다. 또한 이주자 선교사에게 해외 현지 적응 훈련 프로그램을 제공할 수도 있다. 효과적인 언어와 문화, 지역을 체험할 수 있도록 배려할 수도 있다. 이주자는, 자신들의 말로 음식을 함께 나누며, 한국에서 마이너리티 이주자로 살아가는 삶을 나눌 수 있다는 것으로도 잠시 동안의 '쉼'을 누릴 수 있을 것이다.

해외 타문화권 선교사들에게 기대하는 것이 있다. 자신이 지금 살고 있고, 섬기고 있는 그 민족, 그 인종이 한국 땅에서 어떻게 살고 있는지에 대해 관심을 열면 좋겠다. 그리고 시간을 내서 한국에서 그들을 만나고 그들의 마음을 헤아리고 그들의 언어로 응원해주면 좋겠다. 자신을 후원하는 후원자, 후원교회와 더불어 그런 만남을 한 번 이라도 가졌으면 좋겠다. 해외 선교지에 있으면서도, 후원자와 후원교회가 교회 주변과 한국에 있는 자신이 섬기는 민족과 인종에 대한 관심을 지속적으로 갖도록 구체적으로 도전하고 격려하면 좋겠다. 그리고 선교관심자, 후원자, 헌신자, 교회는, 교회주변과 한국의 이주민 상황에 대해 지금보다 더 마음을 열어주기를 바란다. 어떻게 해야 할 지 모른다면, 협력하는 해외 선교사들에게 구체적인 도움을 요청하라.

지난 5년간 한국에 머물면서 때때로 국내에서의 '타문화권 체험' 프로그램을 활용하곤 했다. 국내 타문화권 비전트립이다. 대표적인 경우로 경기

도 안산시 원곡동 지역을 들 수 있다. 비전트립 전의 준비 모임도 해외 비전트립과 다르지 않은 내용으로 채웠다. 언어, 문화, 풍습도 읽히고, 선교사들을 통해 적응훈련도 했다. 그리고 끊임없이 약속을 했다. 원곡동에 도착하는 순간부터 한국말, 한글의 기득권을 다 내려놓는다는 것이었다. "한국말과 글의 도움을 전혀 받지 않는다." 그렇게 생존하는 것이다. 어떤 일이 벌어질까? "팀원들 외에 다른 사람들과는 한국어를 사용하지 않는다." 무슨 상황을 겪게 될까? 한국인 닮은 사람에서 한국말 모르는 외국인 취급을 받게 될 것이다.

현장에서 머무는 기간 동안 다양한 문화를 체험했다. 다양한 언어권 사람들을 만났다. 방글라데시인을 만나서 언어와 문화를 익혔다. 방글라데시인 교회를 방문했다. 인도네시아인들도 그렇게 만났다. 이슬람 사원도 방문했다. 음식도 먹었다. 음식의 이름도 익히고, 그 음식에 담겨있는 문화적 배경도 생각했다. 언어와 문화, 음식, 종교 등 다양한 것을 듣고 보고 배우고 익혔다. 그곳의 주류 문화도 아침 저녁으로 마주했다. 사실 이곳의 중국 문화는 다양한 지역성에 드러나는 음식 체험의 기회가 많다. 그런데 이슬람 문화 체험을 위해서는 그것에 집착하지는 않았다. 때때로 이슬람권 선교사가 이 프로그램에 동행했다. 이론이 아닌 구체적인 상황에서 조언을 주고 받을 수 있었다.

누가 이주자의 이웃인가? 누군가의 이웃이 되는 것, 그 이전에는 이웃에 대한 관심을 여는 것이 필요하다. 세상이 들을 수 있는 말로 소통하라는 말이 다시금 떠오른다. 주님께서는 우리를 여러 곳에서 여러 모양으로 부르셨고, 지금도 여러 사람을 섬기도록 하시는 것이다.

꿈, 환상, 기적을 통해서도 일하시는 하나님

여전히 한국교회 안팎에서는 이슬람 선교는 어렵다고 말한다. 사실이다. 이슬람 세계에서 일하시는 하나님의 일하심의 결과는 자주 볼 수 없는 것이라도 말한다. 맞는 말이다. 그렇지만, 하나님이 일하시는 현장에 대한 관심이 부족하다. 한국교회가 파송한 선교사, 자신의 소속 교회가 후원 또는 파송한 선교사에게는 관심을 갖지만, 정작 그 땅에 사는 백성들, 민족들이나 하나님의 일하심과 그 마음에는 덜 관심을 갖는 것 같다.

'나는 MBB이다' vs '나는 BBB이다'

'누가 그리스도인인가? 이른바 기독교인의 종교적인 어떤 활동을 하면 기독교인이 되는 것인가? 집안이 기독교 집안이면 그가 기독교인인가? 아니면 자신 스스로가 기독교인이라고 말하면 그가 기독교인인가? 스스로 기독교인으로서 자의식도 강하고 기독교인으로서의 종교적인 활동도 열심히 하는 사람이 진짜 그리스도인일까? 무엇을 하느냐 안하느냐에 따라

기독교인을 규정지을 수 있을까? 질문이 끊임없이 이어진다. '누가 무슬림인가?', '무엇이 이슬람인가?'에 대한 궁금함은 지금도 계속되는 내 안에 자리한 질문이다. 너무나 다양한, 아니 이질적인 정도의 모습과 내용을 가진 이들 모두를 무슬림이라 부르고 있다. '무슬림은 하루에 다섯 번씩 기도를 하며, 라마단 한 달 동안 낮 금식을 지키며…' 이렇게 하는 사람만이 무슬림일까? 그렇게 하지 않는 사람도 무슬림일까?

무슬림 또는 이슬람을 말하면서도 동음이의同音異義인 경우들이 많을 것이다. 얼마나 쉽게 우리들은 이슬람과 무슬림들을 말해왔는지 모르겠다.

MBB라는 용어가 있다. 무슬림 배경을 가진 예수 그리스도를 믿는 믿음의 사람들Muslim Background Believer을 일컫는 말이다. 도대체 누구를 무슬림으로 규정할 수 있을까? 스스로 무슬림으로서의 정체성이 없는 사람, 다만 호적상 종교란에 무슬림으로 적혀있다고 하여 그를 무슬림으로 부를 수 있는 것일까? 스스로를 무슬림이라 부르면서도 무슬림으로서의 종교적 삶에 무관심한 사람을 무슬림이라 말할 수 있을까?

내가 어렸을 적에 학교에서는 가정환경 조사가 있었다. 수업 시간에 손을 들어 의견 표시를 하는 경우도 많았다. 요즘 같으면, 공개적으로 개인과 가정의 사생활을 드러내는 행위로, 거센 비난 여론에 직면할 일이었다. 그렇지만, 그 시절은 그렇게 살았다. 집에 텔레비전 있는 사람? 한 대 이상 있는 사람…' 이런 식이었다. 텔레비전은 물론이고 라디오 보유 현황까지 조사하곤 했다. 종교에 대한 질문도 당연히 있었다. 초등학교 시절 나는 불교 신자를 묻는 질문에 손을 들어 표시하곤 했다. 부모님들이 불교에 열심이었던 것도 아니고 내 자신이 절을 찾거나 불교 생활에 관심이 있었던 것도 아니었다. 그 시절 시골 사람은 대개 불교로 자신들의 종교를 표현하곤 했다. 부모님 세대 이전으로 거슬러 올라가면서 다른 종교보다 불교에 친숙한 집안 배경을 가지고 있다. 이후에 나는 그리스도인이 되었다. 그렇다면 나는 불교 배경을 가진 신자 Buddhist Background Believer 인 셈이다. 공식적이건 비공식적으로 내 자신이 불교신자로 표시되었지만 그것과 나의 불교인으로서의 정체성과는 무관한 것이었다. 이 글을 읽고 있는 독자들 중에도 이른바 BBB들이 적잖이 있을 것이다. 그렇다고 하여 독실한 불교 신자가 기독교 복음을 받아들인 것으로 간주할 수는 없다.

이와 비슷하게 오늘날도 무슬림으로 표시되는 적지 않은 사람들은 이슬람이나 무슬림으로서의 정체성과는 상관없는 이들이 많다. 그들을 너무 쉽게 '종교인'으로서 무슬림으로 간주하는 것은 자연스럽지 못한 일이다.

꿈으로 다가온 이사^{예수}

2007년 봄, 태국의 한 도시에서는 400여명의 전 세계에서 일하는 이슬람권 사역자와 선교학자들이 모였다. 일주일 동안, 개종자 교회의 리더쉽, 세례와 사역자 위임, 교회 분립, 개종자 교회와 기존 교회와의 관계 등 상세한 주제를 갖고 대화를 나누었다. 한국 교회는 한 사람의 개종자 얻는 것이 가능하냐 불가능하냐를 논의 하지만, 세계의 현실은 달랐다.

20년 전, 이슬람 법을 전공하고 이슬람 성직자 이맘이 되고자 국립 명문대 샤리아 학과에 입학한 한 젊은이가 있었다. 그러던 어느 날 이 젊은이가 꿈을 꾸었다. 흰색으로 회칠한 무덤가, 무슬림 비석들이 즐비한 그곳에 서 있는 한 영적 힘이 느껴지는 존재를 보았다. 그런데 목소리만 들리는 한 존재가 말을 했다. "이 분이 아브라함 선지자이시다". 아브라함, 믿음의 조상 아브라함이시라는 것이다. 압도된 힘에 머리를 숙이고, 그러다가 잠을 깼다. 이상스런 꿈이었다. 이로부터 3주 정도가 지난 어느날 다시 꿈을 꾸었다. 비슷한 환경이었다. 역시 무덤지역에 자신이 서있었다. 그런데 그 앞에, 지난 번 아브라함 선지자와는 또 다른 영적 힘을 발산하는 한 인물이 이 젊은이 앞에 서 있었다. 이때 목소리만 들리는 한 존재가 말했다. "이 분이 이사 알—마시히예수 그리스도시다” 이 말을 듣는 순간 당혹스러웠다. “이사예수라니?” 그 힘에 압도되어 머리를 숙이고는 잠에서 깨어났다.

이 꿈을 꾼 뒤, 7년 정도가 지난 어느 날 이 젊은이는, 자신의 심장 깊숙한 곳에서 떨림을 느꼈다. 그날 이 젊은이는 ‘이사예수가 나의 주님’이신 것을 고백하였다. 이 젊은이가 꾼 꿈은 무엇이었을까? 그것은 복음의 시초와 완성자인 아브라함과 예수에 관한 이야기였다. 이슬람 신학을 전공하는 한 젊은이에게 돌연 주어진 이 꿈은 당황스런 것이었지만, 이 같은 일이 자주 무슬림 개종자들에게서 확인된다.

중동 지역에 거주하는 동안, 다양한 개종자들을 만났다. 최근 들어 중동지역에는 결신자들이 줄을 잇고 있다. 그 단적인 예는 아래와 같다. 미국 ‘크리스채너티투데이’는 지난 2011년 6월 1일 “지난 30년간 이슬람 신정체제를 유지해오던 이란 정부가 국민들의 신뢰를 잃으면서 기독교로 개종하는 사람이 증가하고 있다…가정교회의 경우 개종자만 해도 수십만 명에 이른다”며 “이란 교회는 정부도 무시할 수 없을 정도로 강해졌다”고 보도했다. 이란에서 기독교 개종은 이미 공공연한 비밀이었다. 이란 정부에 의해 체포되고 구속되는 이란인 개종자는 이어지고 있다. 79년 중동에 일대 지각변동을 일으킨 사건은 호메이니의 이슬람 혁명이었다. 이후 여러 이슬람 국가에서는 이란 따라가기 열풍이 불면서 이른바 이슬람혁명의 물결이 덮쳐오기 시작했다. 호메이니 주도하의 이란의 이슬람 혁명은 이슬람 지역에 이슬람 원리주의 운동의 확산을 만들어내었다. 그렇지만 그 결과는 참담한 실패였음을 보여준다. 이슬람 정권이 공공연하게 약속해온 부의 공정한 분배와 많은 평등권 등을 약속했지만 그것이 빛바랜 장미빛 청사진이었다. 더욱이 혁명이후 강화된 이슬람 종교 교육은 역효과를 만들어냈다. 2000년 7월5일 테헤란시 문화예술기구 총책임자가 만든 청소년 실태 보고 자료 등에 따르면, 전체 이란 국민의 75%, 젊은 층의 86%가 이슬람의 가장 기본적인 덕목인 하루 5번의 일상적인 기도나 예배 생활을 하지 않았다. 다수의 국민들이 이슬람을 간접적으로 거부하거나 무관심해져가고 있었으며, 성직자들에 대한 반감도 극심하게 높아져가고 있었다.

그렇게 시간이 흘러 지금 이란에서 보여지는 급속한 개종자 증가 현황을 마주하고 있다. 그런데 이곳은 이란 만의 일이 아니라는 점에 주목해야 한다.

교회 역사가이자 선교사인 데이비드 게리슨은 최근 '프리미어 크리스채너티' 6월호에 '그리스도께 돌아오는 무슬림은 전 세계적 현상'이란 글을 기고하고 "수많은 무슬림들이 그리스도를 믿고 있으며 지난 25년 동안 집중적으로 발생하고 있다"고 밝혔다. 또 "이는 기도 응답의 결과로 볼 수 있다"며 "2000년 이후 800만명의 무슬림들이 기독교를 받아들인 것으로 추정한다"고 말했다.

국민일보 2016.06.18.

지금은 휘어져 추수할 때가 이미 지났다. 선교사를 통하지 않고도 하나님께 돌아오는 이들이 늘고 있다. 꿈과 환상, 기적을 통해 하나님의 직접적인 개입을 고백하는 이들이 늘고 있다. 구체적으로 각 나라의 개종자 현황을 드러낼 수는 없다. 물론 그 인원에 대한 정확한 파악이 가능하지도 않다. 요르단만 해도 300~500여명의 개종자 그룹이 존재하며, 튀니지아 300여명, 모로코에는 50여 곳 이상의 개종자 교회와 2,000여명의 개종자들이 존재하는 것으로 보인다. 각 지역에서 무슬림에서 개종한 이들이 폭발적으로 증가추세에 있다. 개종자에 의한 새로운 개종자들이 이어지고 있다. 이 같은 새로운 영적 기상도는 지난 10년 사이에 일어나고 있는 고무적인 현상들이다.

개종자들이 교회 출석하면 위험이 따르기 마련이지만 그럼에도 불구하고 개종자들의 믿음의 커밍아웃신분노출이 시작되고 있다. 10여년 전 중동의 한 학생 선교단체가 140여명의 대학생들이 모인 가운데 여름 수련회를 가졌다. 이들 중 40여명은 비기독교인들이었다. 비기독교인 학생들이 기독학생들과 더불어 일주일간의 수련회를 가졌다. 무슨 일이 일어날 것인가? 이 학생선교단체의 경우 지난 2000년대 초반만 해도 소규모였지만 2000년대 중반에 들어서면서 350여명이 넘는 회원들이 활동하기 시작했다. 이것은 이 단체의 총무 간사를 맡고 있는 현지인 사역자조차도 전혀 예상치 못한 일이다. 한국에서도 중동에서도 그리고 유럽이나 미국에서도 다양한 개종자들과 복음에 열린 이들을 만났다. 그들이 들려준 이야기의 일부는 위에서 나누었다. 이들 무슬림 출신 그리스도인들의 공통점이라면, 이슬람에 대한 악감정이나 반감보다 예수 그리스도의 뛰어남, 맞아주심으로 인해 그리스도인이 된 경우들이다.

우리는 복음을 전하면서 우리의 판단 기준을 가지고 우리가 복음을 전해줄 만 한 자와 그렇지 않은 자를 구별하고 판단하곤 한다. 어떤 면에서는 나보다 나은 자, 나보다 훌륭한 자 나보다 힘이 있는 자는 나로부터 복음을 들을 권리를 박탈당한 자가 되곤 한다. 그러나 복음은 나보다 더 인격적인 이에게도 나보다 더 힘이 센 이에게도 복음인 것이다. 하나님의 일하심에

더욱 주목하여야 한다. 선교사, 선교적 삶을 살고 있는 이들은, 하나님의 증인이다. 하나님이 말씀하시고 일하시는 것에 주목하고, 목격하고 그 목격한 바를 알리는 일을 하는 이들이다. 지금도 중동 땅 안팎의 무슬림들 가운데 계시며 말씀하시며 일하시는 하나님에게 주목하자.

5

한국 내 40만 무슬림 존재는 괴담

'한국이 이슬람화되고 있다'는 주장은 어제 오늘의 것이 아니다. 그 목소리는 한국 교회 안팎에 가득하다. 교단은 물론 교단연합 차원에서도, 심지어 기독교 정당에서도 한 목소리를 내고 있다. 그러나 그 주장들 가운데 상당한 분량은 과장되거나 왜곡된 것일 뿐이다. 그 가운데 하나의 예를 짚어본다.

"우리나라에도 불과 8년 만에 약 90배가 늘어 현재 미등록자까지 총 40만 이상의 무슬림이 있다"[33] 한국 내 무슬림 인구가 40만 명 이상? 내가 그동안 들었던 국내 무슬림 인구 수치 중 최대치였다. 어떤 근거로 그런 말을 했는지, 강사에게 직접 확인하지는 못했다. 이런 주장의 앞선 근거는 아래와 같은 것으로 보인다. "우리나라 안에도 무슬림이 급속하게 퍼지고 있다. 2006년 5,000명으로 파악됐던 무슬림이 2010년에 이르러서는 14만 5,000명에 이르

---

[33] 이혜훈 의원(바른정당)의 2015년 12월 26일 모임 강연 내용중.

렀고, 현재 한국에는 무슬림 20만 명과 이슬람 선교사 3만 명이 활동 중인 것으로 알려져 있다."[34]

위 주장의 기준 년도는 2016년일 것이다. 국내 무슬림 인구가 40만 명 이상이라는 주장은 유해석 목사의 아래와 같은 주장과 맥을 같이했다.

"마치 예상이라도 한 듯이 1990년부터 한국에 이슬람 인구가 급속하게 증가하게 되었다. 그리고 지금 한국의 이슬람 인구는 약 25만 명이고, 비공식적으로 40만 명을 헤아리고 있다. 그렇다면 한국의 이슬람 인구 성장 원인은 무엇일까?"[35]

"종교개혁 498주년을 보내면서 루터가 이슬람을 어떻게 생각했는지 아는 것은 중요하다. 왜냐하면 한국에도 이슬람이 몰려오고 있기 때문이다. 한국에서 이슬람 인구는 계속 증가하고 있다. 1970년에는 3천7백 명에 불과했지만 지금은 약 25만 명이다. 비공식적으로 40만 명이다. …미래학자 최윤식 박사의 연구에 따르면, 2050년에 이르면 한국 이슬람 인구는 약 300~400만 명에 이를 것으로 보인다. 이슬람이 한국으로 밀려오고 있다."[36]

"이슬람이 다시 부상하기 시작한 것은 1990년 약 2만 명의 산업연수생이 한국에 들어오면서부터다. 그 때부터 무슬림 인구가 늘어나기 시작하였다. 현재 한국에는 무슬림이 약 25만 명, 비공식적으로는 약 40만 명에 달한다. 이제 이슬람은 한국에서도 중요한 종교로 자리매김을 하고 있다. 미래학자 최윤식 박사는 2050년에는 한국의 이슬람 인구가 300~400만 명이 될 것이며,

34 이혜훈 의원(바른정당)의 2014년 05월 07일 강연 내용중
35 유해석, "한국 이슬람, 어디까지 왔는가?", 『크리스천투데이』, 2015. 6.5.
36 유해석, "루터는 이슬람에 대해 이렇게 말했다", 『크리스천투데이』, 2015. 10. 29.

이슬람은 불교, 천주교에 이어서 3번째 큰 종교가 되고 기독교는 그 뒤를 이을 것이라고 예측했다."37

"이어서 두 번째 강의는 "한국 이슬람의 현실과 전망"이다. 미래학자 최윤식 박사의 책 『2020~2040 한국교회 미래지도』에 의하면 한국이슬람 인구는 현재 비공식적으로 40만 명이며 2050년에는 3~400만 명에 이르고 한국에서 두 번째 종교가 될 것이라고 한다. 이번 출간 기념 강연회를 계기로 한국에서 급격하게 성장하는 이슬람에 대한 원인과 함께 개혁주의에 입각한 한국교회의 대안을 정립한다."38

위의 3개의 꼭지글에, 출처는 유해석 목사이고, 유 목사 주장의 출처는 최윤식 박사의 저서 『2020~2040 한국교회 미래지도』이다. 이 책은 2013년 5월 15일에 출판된 책이다. 그런데, 언급된 책 자체에는 위에서 유목사가 주장하는 내용을 찾을 수 없었다. 이 책을 몇 차례 읽어보았지만, 아직 A목사 주장과 관련있는 최윤식 박사의 글을 발견하지 못했다. 이게 어떻게 된 일인지 궁금했다. 혹시 『2020~2040 한국교회 미래지도 2』2015.03.20에 담겨있는지 모르겠지만, 아직 그 관련 본문을 발견하지 못했다. 온라인 검색을 통해 하나의 실마리를 찾았다. 아래 4번째 꼭지 글에서 이 내용을 살펴본다.

"이어 최 박사는 "교인수는 줄고 은퇴자가 대부분을 차지한 때 이슬람은 계속 증가한다. 현재는 이십만 정도 되는데 계속 증가한다"며 "현재 강남 테헤란로에서 성경 다음으로 베스트셀러는 코란이다. 한국이 이슬람자본을 막는

37 유해석, "기독교인이 알아야 할 이슬람 교리 몇 가지", 『크리스천투데이』, 2015.05.08.
38 양진우, "'하나님·알라, 다른 신' 한국 최초 공론화 시도", 『합동헤럴드』, 2016.06.10.

데 한번은 성공했지만 앞으로는 못 막는다. 경제가 안 좋아지니 받아야 하는데 자본주의 시대에는 공짜는 없다. 그 돈을 받으면 그들이 원하는 것을 해줘야한다"고 우려했다. 그러면서 "지금 한국의 다문화 가정 아이들의 40% 정도가 중·고등학교에 진학 못하고 그런 이유로 5~10년 후 그 아이들이 청년이 되면 사회에 적응하지 못한다. 그리고 2050년 한국 인구가 600만이 감소하면 최소 외국인 600만을 받아야 한다"며 "그러면 부의 불균형 분배, 사회적 갈등이 늘어나는데 이 계층들에게 가장 잘 파고들 수 있는 종교가 이슬람이다"고 말했다. 그는 "외국인이나 사회 부적응자, 사회 하층이라고 생각하는 중산층들에게 가장 잘 어필하는 것이 이슬람이다. 사회적 약자와 친밀한 관계로 들어갈 수 있는 종교적 배경이 있 남반부에서 그렇게 있고 빠른 속도로 남하하고 있다"며 "영국의 이슬람 전문가인 한 선교사는 한국에서 10년~15년 후에는 70만, 대책을 마련하지 않으면 2050년이 되면 최소 300~400만으로, 많으면 400~500만이다 증가한다고 본다. 이슬람이 최소 기독교인 숫자만큼이나 늘어날 수 있다"고 전했다.[39]

미래학자 최윤식 박사의 이슬람에 관한 언급은 전문가로 알려진 이의 주

39 오상아, "한국교회, 이대로는 암울한 미래뿐"…개혁·갱신 '절실', 『기독일보』, 2013.12.11.

장답지 않았다. 그가 재인용한, 비공식으로 한국 내 무슬림 인구가 40만 명이라는 주장의 출처글과 말 포함는 최윤식 박사가 아니다. 그런 점에서, 최윤식 박사 또는 그의 저서를 출처로 이 같은 주장을 하는 것은 인용의 오류일 수 있다. "2050년에는 한국의 이슬람 인구가 300~400만 명이 될 것"이라는 주장도 최윤식 박사의 주장이 아니다. 최 박사가, 영국의 이슬람 전문가인 한 선교사로 지칭한 이의 주장일 뿐이다. 그런 점에서 최윤식 박사가 인용한 내용을 최 박사의 주장으로 인용하는 것은 인용의 오류이다. '이슬람은 불교, 천주교에 이어서 3번째 큰 종교가 되고 기독교는 그 뒤를 이을 것이라고 예측'했다는 주장도 오류이다. 최윤식 박사의 책에서는 물론이고, 강연에서도 이 같은 주장을 아직 확인하지 못했다.

그렇다면, 한국 내 무슬림 인구가 비공식적으로 40만 명에 이른다는 주장은 누구의 주장이고, 그 출처와 근거는 무엇인가? 말은 도는데, 출처도 없다. 이런 경우를 괴담이라 불러야 한다.

도대체 한국에 체류하는 외국인 무슬림 인구는 얼마나 되는 것일까? 이전 의원 주장처럼 최근 10년 사이에 90배나 늘어난 것일까? 사실은 전혀 아니다. "2005년 기준으로 국내 무슬림의 인구는 약 15만 명으로 발표되었는데, 외국인이 11만 명이고 한국인이 4만 명이었다. 2010년 기준으로 이희수 교수도 한국 내 무슬림을 총 14만 5,000명으로 보고, 3만 5,000명 정도의 국내 무슬림, 10만 정도의 외국인 무슬림 그리고 결혼 및 귀화를 통해 한국에 정착한 외국인 무슬림을 약 1만 명으로 파악하고 있다."[40]

뚜렷한 근거를 제시하지 못했지만, 일반적인 주장을 담은 이 글에서 보듯이 2005년에서 2010년 사이의 외국인 무슬림 수는 10만~11만 정도였다. 조금 더 과학적인 근거를 통해『한겨레』에서는 외국인 무슬림을 9만 2,059명으로 추산하기도 했다.『한국일보』는 지난 2014년 기준으로 "국내 체류

---

40 서동찬,『선교타임즈』2012년 9월호.

하는 해외 이주 무슬림은 14만 3,500명으로, 전체 외국인175만 6,000명 10명 중 1명 꼴이다"고 적고 있다.

국내 체류 무슬림 인구는 실제로 몇 명일까? 2015년 말을 기준으로 OIC이슬람협력기구 41 국가 출신자를 대상으로 살펴보자. 2006년11만 7,000여 명 보다 1.3배 증가한 15만 5,059여 명이었다. 같은 기간, 전체 체류 외국인 증가율은 이보다 훨씬 높았다. 2006년91만 명보다 약 두 배204% 늘어난 186만 명이었다. 무슬림 인구 증가율의 특이점을 보여 주려면, 전체 체류 외국인 증가율보다 무슬림 인구 증가율이 더 높아야 하는데 그 반대 상황을 보여 주고 있다.

2005년부터 2015년 사이의 증가율을 비교하면 더욱 확연한 특징이 드러난다. OIC 국가 출신 외국인 체류자는 2005년7만 8,597명에 비해, 2015년 15만 5,059명으로 97.3% 정도 증가했다. 11월 기준이라 올해 말을 기준으로 하면 약 100% 정도 증가했다. 반면 전체 외국인 체류자는 2005년 74만 7,467명에서 2015년 186만 81명으로 148.9% 증가했습니다. 올해 말을 기준하면 150% 정도 증가율을 보인다. OIC 출신 외국인 수를 다 무슬림으로 간주한다고 해도 전체 체류 외국인 증가율의 2/3에 불과하다. 법무부 출입국외 국인정책본부 통계자료에 바탕한 것이다.

이런 상황을 두고, 국내 거주 외국인 무슬림 인구 증가율이 폭발적이라는 반응을 보이는 것은 자연스럽지 못하다. 한국에 체류하는 외국인의 종교에 관한 공식적인 자료는 확인할 수 없다. 국내 거주 무슬림 인구를 정확하게 추정하는 것은 불가능하다. 출입국 관련 기록은 물론 외국인 등록을 할 때 작성하는 개인 신상 카드에도 종교란이 없다. 이슬람 국가이슬람이 국교이거나 주류 종교인 국가 출신이라고 해도 무슬림으로 규정할 수 없다. 그 국가에도 적잖은 기독교인이나 타 종교인이 존재한다. 이른바 OIC 가입 국가

---

41 OIC는 이슬람협력기구(Organization of Islamic Cooperation)의 줄임말로 1969년 이슬람 국가들의 연대, 협력 등을 목적으로 창설된 국제기구이다.

출신 외국인을 모두 무슬림으로 간주하는데, 적절하지 않다. 언론도 정부기관도 이렇게 국내 무슬림 인구를 잘못 추산하고 있다.

OIC는 이슬람협력기구Organization of Islamic Cooperation의 줄임말로 1969년 이슬람 국가들의 연대, 협력 등을 목적으로 창설된 국제기구이다. OIC 가입 국가 57개국 중에도 기독교 인구가 무슬림 인구를 압도하는 나라들이 많다. 아프리카의 가봉은 무슬림 인구가 1% 정도인 데 반해 기독교 인구는 55~75% 정도로 추산되고 있다. 모잠비크도 무슬림 인구17~20%보다 기독교 인구30~41%가 크게 앞서고 있다. 카메룬도 비슷한 상황이다. 카메룬의 무슬림 인구20~22%는 기독교 인구40%의 절반에 불과하다. 토고도 무슬림 인구13~20%보다 기독교 인구29%가 많다. 남미의 가이아나는 무슬림 인구 7.2%가 기독교 인구41~50%에 턱없이 부족하다. 수리남도 이슬람 인구가 13~19% 정도로, 48%에 달하는 기독교 인구보다 엄청나게 적다. 탄자니아는 무슬림 인구35~45%가 기독교 인구30%를 조금 앞서는 수준이다.

이런 제약을 염두에 두고, 현실적으로 추산이 가능한 국내 거주 무슬림 인구를 파악하기 위해 몇 가지 작업을 해 봤다. 국내 거주 외국인들 출신 국가의 종교 인구 비율을 산출했다. CIA 연감과 PEW연구소 종교 인구 비율을 바탕으로 했다. 두 자료상에 무슬림 인구 비율에 차이가 있을 경우에

는 더 큰 수치를 선택했다. 이것은 국내 거주 무슬림 인구 최대치를 추론하기 위한 방안이었다.

이 기준값을 국내 거주 외국인 인구에 반영해 국내에 있는 무슬림 인구를 추정했다. 소수점 단위가 조금이라도 발생하면 무조건 반올림했다. 국내 거주 외국인 통계는 법무부 출입국외국인정책본부 2015년 11월 통계 2015년 11월 30일 기준를 기준 삼았다. 이 통계에 따르면 2015년 11월 기준 국내 체류 외국인 수는 186만 81명이다.

통계자료를 출신 국가별로 정리하면 OIC 국가 출신 외국인은 15만 5,059명이었다. OIC 국가 종교 인구 비율에 적용해 본 결과, 13만 6,579명 정도의 OIC 국가 출신 무슬림이 국내에 체류하고 있는 것으로 추정할 수 있다. 한편 아랍연맹에 속한 아랍 국가 출신 외국인은 9,456명이다. 아랍 국가 종교 인구 비율에 적용하면, 아랍 국가 출신으로는 8,772명의 무슬림이 국내에 체류하고 있다. PEW연구소에서 2010년 산정한 각국의 종교 인구 비율을 국내 거주 외국인 통계 자료에 적용했다. 국내 체류 외국인 186만 81명 중 최대 16만 8,095명의 외국인 무슬림이 국내에 거주하고 있는 것으로 추론할 수 있었다. 이것이 추정 가능한 최대치라 할 수 있다. 미국, 영국, 프랑스 할 것 없이 모든 국가 출신 무슬림 추정치를 반영했기 때문이다.

한국 내 거주 무슬림 이주자의 증가세는 전체 외국인 이주자 증가세에 비해 두드러지지도 않고, 그 현상이 강력하지도 않다. 마치 무슬림들이 한국을 이슬람화시키고자 몰려드는 것 같은 주장은 전혀 사실이 아니다. 우리 곁에 넘쳐나는 한국이 이슬람화되고 있다는 주장들 가운데는 근거가 없거나 과장된 정보들이 대부분이다. 잘못된 상황 판단과 전망에 바탕을 둔 전략이나 대응은 공허한 것이다. 사람들 속에 공포감과 혐오감을 부추키는 것은 건강하지 않다.

6

무슬림 이주자, 우리의 이웃?

한국사회는 아주 빠르게 다민족국가, 다문화 공동체로 변해가고 있다. 다양한 타민족들이 한국사회의 한 구성원으로 자리한지 오래이다. 지난해 여름을 지나면서 국내 체류 외국인 수는 이미 200만 명을 넘어섰다. 외국인 체류자의 증가 추세는 앞으로도 더욱 가속화될 것으로 보인다. 정부기구에서는 2021년이면 300만 명에 이를 것으로 전망하고 있다.

이런 가운데, 한국교회 안팎에는 이슬람권 이주자들을 두고 한국 이슬람화를 위한 전사?들로 취급하고 경계하는 분위기가 번져가고 있다. 일부 거친 입장을 가진 무슬림 이주자들도 있겠지만, 대개의 경우 경제적인 이슈와 사연을 가지고 이 땅을 찾은 우리의 이웃이다.

이주 노동자들을 중심으로 한 외국인 체류자들이 늘어가는 것뿐만 아니라 결혼 이주자들과 다문화 가정도 증가하고 있다. 2000년대 이후 국제결혼 수는 폭증이라 할 정도로 늘어나 18만 건에 육박하고 있다. 농어촌 지역

에서는 한 해 결혼의 38%가 국제결혼에 이르고 있다는 통계도 있다. 전국 평균 10% 정도가 국제결혼이다. 이런 상황은 점점 강화될 것으로 보인다.

다민족 사회를 살고 있는 한국 그리스도인들에게 주어지는 도전이 있다. 우리의 이웃으로 우리와 함께 하고 있는 다민족 공동체 안에는 지금 그리스도의 제자로 헌신된 이들부터 이방인들까지 뒤엉켜져 있다. 복음은 믿음의 공동체 구성원들만을 위하여 공동체 안에서만 필요한 것이 아니다. 복음은 다민족을 향하여, 다민족 가운데 선포되고 구현되고 누려져야 하는 것이다. 온 민족과 족속과 나라와 방언이 함께 뒤섞여 살고 있는 우리의 사회는 그 사회 현장 자체가 작은 세계인 셈이다. 그 사회 속에서 세계가 회복되는 것을 보는 은혜의 기회가 우리에게 주어져 있는 것이다.

미국 남침례교단 선교부와 한국선교연구원KRIM이 지난 해 3월 발표한 '2015 세계선교 통계'에 따르면, 기독 인구 연평균 성장률은 1.32%로 이슬람1.88%은 물론 불교1.94%에도 뒤지는 것으로 나타났다. 이슬람은 계속 꾸준하게 증가 추세를 보이고 있다고 알려진다.

이런 주장의 사실 여부에 관계없이 '이슬람의 확장'을 느끼는 이들은, 이에 대한 위협감과 두려움, 혐오감을 드러내기도 한다. 이것이 이슬람 지역 선교를 기피하게 만들거나 이슬람 지역 선교를 공격적으로 하는 만드는 요인이 되고 있다. 한국 교회의 선교 참여가 늘어남에도 불구하고 이슬람 선교에 대한 무관심이나 거부감은 여전하다. 이슬람 세계로 나가지도 않고 보내지도 않는다. 게다가 다가온 무슬림에 대해 배제와 멀리함으로 반응하고 있다.

그래서일까. 하나님께서는 새로운 시대를 우리에게 안겨 주고 있다. 허다한 이슬람권의 종족과 민족들이 우리 가까이에 다가와 있는 것이다. 한국 사회에 들어온 다수의 이슬람권 출신 외국인들을 떠올려 보라. 우리가 가지 않고 보내지도 않았기에 하나님께서 아예 우리 가까이 데려다 주신 것이다. 그것은 유럽과 미주 지역도 마찬가지다. 해마다 수백만의 이슬람권 주민들이 미주와 유럽으로 발걸음을 옮기고 있다. 밀입국도 불사하고 있다. 이제 유럽 사회는 허다한 무슬림들이 존재하는 다종교 공동체로 급격하게 변화하고 있다. 이것을 두고 유럽의 위기라고 말하는 이들도 있지만 오히려 그 반대로 봐야 한다. 이슬람 선교를 위한 너무나 좋은 기회를 주기 위하여 하나님이 그 땅 백성들을 불러내어 주신 것이다. 다양한 이유로 유럽과 미주, 그리고 한국으로 들어온 허다한 무슬림들을 바로 섬긴다면 우리가 그동안 소홀하게 생각했던 이슬람 사역의 새로운 전환기를 맞이할 수 있을 것이다. 그들이 이슬람 본토와 무슬람 다수 사회를 떠나는 순간 그들은 소수파가 되기 때문이다.

한국에 머물던 지난 5년 간, 때를 따라, 종종, 한국 내 이민자들이 몰려 사는 지역들을 방문하곤 했다. 서울, 부산, 대구, 인천, 대전, 광주, 포항, 경주, 전주, 안산, 수원, 화성, 파주, 안양, 김해, 양산, 이천 등 전국적이었다. 무슬림 이주자들이 모이는 이슬람 사원이나 동아리방 같은 쉼터도 방문하곤 했다. 금요일 무슬림 예배도 참관할 수 있었다. 어떤 경우는 외국인들이 아예 존재할 것 같지도 않은 한적한 시골 마을까지도 둘러본 적이 있다. "아니, 이런 곳에까지 외국인들이 들어와 살고 있다니." 마음이 안타까웠다. 한국인 노동력이 빠져나간 그 허름한 자리에까지 찾아와야 했던 이들 이주자들은 어떤 사연을 갖고 있는 것이었을까?

대학 캠퍼스도 방문하고, 유학중인 외국인 무슬림 유학생들과 식사도 하고 교제도 했다. 학교생활, 한국에서의 일상생활 등에 대해 듣고 배우는 시간이었다. 무슬림 유학생 가운데는 히잡을 착용하고 다니는 여학생부터 일반 옷차림의 여학생까지 다양했다. 아랍 무슬림 남자 전통복을 입고 다니는 유학생은 거의 본적이 없다. 히잡을 착용하고 다니는 여학생의 경우, 전철 안에서 거친 목소리로 비난하는 소리를 듣기도 했다. 교회 다니시는 여자들로부터 따가운 시선을 한 몸에 받기도 했다, 무슬림 유학생들이 캠퍼스 생활에서 제일 번거롭고 힘든 것은 음식 문제였다. 식당 메뉴판에 자세한 음식 재료가 소개되는 경우는 정말 일부 대학 외에는 존재하지 않았다. 게다가 한국 음식의 다수는 돼지고기나 돼지고기로 만든 음식 재료를 사용한다는 것이, 한두 번도 아니고, 매 끼니때 마다 일일이 확인하는 것이 지친다고 말한다. 그래서 가급적이면 음식은 만들어 먹거나 이미 파악된 음식만을 고집할 수 밖에 없다고 어려움을 호소한다.

이들과의 만남에서, 때때로 기독교, 기독교 문화, 교회 생활 등에 호기심과 궁금함을 갖는 이들을 만나곤 했다. 삼위일체에 대한 질문부터, 예수에 대한 생각에 이르기까지 다양했다. 어떤 이는, 기독교인들이 믿는 삼위일체는 우상숭배가 아니냐고 반문하기도 했다. 한 외국인 이맘은 내게 이렇게 물어왔다. "성부 하나님, 성모 마리아, 성자 예수의 삼위일체를 기독교인들이 믿고 있다. 이것은 오직 하나님만을 예배하라는 것을 위배한 우상숭배가 아닌가?" 나는 이렇게 대답했다. "맞다. 그것은 우상숭배가 맞다. 그런데, 기독교인인 내가 알기로는 기독교인들은, 성부 하나님, 성령 그리고 예수의 삼위일체를 믿는다. 성령의 존재와 이해가 이슬람에는 없거나 드러나지 않는다. 기독교인이 이해하는 성령의 존재는…" 3년 전 봄, 한 대학에서 유학중인 무슬림 유학생을 만났다. 버스 안에서 교제를 이어갔다.

그런데, 문득 내게 물었다. "교회가 뭐하는 곳이에요?" 처음에는 교회라는 단어를 못 알아들었다. 아랍어로 주고 받는 대화에서, 교회라는 정확한 발음이 아닌, 낯설은 소리가 들려왔다. 아랍어에서는 'ㅛ' 발음이 잘 되지 않고, 'ㅚ' 발음은 더욱 힘든 발음이다. 한 참 뒤에야 무슬림 유학생이 묻는 것이 '교회'라는 것을 알아챘다. 혼자 '선 오브 갓'이라는 기독교 영화를 보고는, 교회가 궁금해졌다는 것이다. 그런데, 이 무슬림 유학생은, 난생 처음 교회라는 곳을 찾아갈 방법도 몰랐다. 지난 해 여름 라마단 시작하던 날, 한 무슬림을 만났다. 예수에 대해 궁금하다는 것이었다. 나의 지인은 그 무슬림 청년에게, 아랍어로 된 성경과 짧은 소책자를 건네주었다. 내게서 부활절 달걀을 받고서 너무 좋아하던 무슬림 유학생도 있었다. 그런 기독교 문화가 궁금했지만, 달리 낯설은 한국인에게, 교회에서 도움을 받을 수는 없었다. 그러다가 내게서 뜻하지 않게 부활절 달걀을 받고는 즐거워했다.

어떤 면에서, 아니 대부분의 무슬림들로서는 처음으로 이슬람 외의 다른 종교, 다른 공동체인 교회와 기독교를 만나고 있다. 물론 대다수의 이슬람 국가에도 교회가 존재하고 기독교인도 존재한다. 그러나 많은 경우, 한 사회에 공존할 뿐, 접점이나 접촉점이 없는 경우가 대부분이다. 그런데 그것은 이상할 것이 없다, 한국에서도 적지 않은 기독교인의 경우, 사찰 문화나 사찰의 법회, 법당 등에 대해 잘 모르거나 무관심하며, 심한 경우는 한

번도 찾아가본 적이 없는 공간일 것이다. 게다가 불교의 불심이 깊은 보살이나 법사, 승려를 직접 만나 이야기를 나눠본 적이 없는 경우도 대부분 일 것이다. 하물며 다수의 무슬림들에게 기독교 문화나 교회, 기독교인은 낯선 존재인 것이다. 그런데 그 낯선 만남을 한국에서 하는 경우가 적지 않다는 것이다.

일터에서, 생활공간에서, 학교에서, 거리에서, 전철, 버스, 기차 안팎에서 그 만남의 공간도 다양하고, 전국적이다. 그런데 적지 않은 경우, '갑질'을 하는 주체로서, 은연중에 텃세를 부리는 존재로서 그 기독교인과의 만남이 이뤄지는 것 같다. 한국 교회에 돌고 있는 무슬림에 대한 배제와 소외의 영향이라 생각한다.

가족과 집을 떠나 나라를 떠나 가깝지 않은 한국에까지 온 이주자들의 사연은 다양하기만 하다. 게다가 문화와 종교, 가치관과 살림살이도 다르다. 한국인들이 적잖이 보여주는 유색인종에 대한 차별과 없는 이들에 대한 무시와 비인격적인 태도도 경험한다. 그런데, 만일 이곳에서 마음을 열수 있는 또 다른 형제와 가족, 삼촌과 숙모를 만날 수 있다면, 이주자는 정서적 안정감과 소속감을 느낄 것이다. 이들을 배제하는 이로서가 아니라 수용과 응원하는 이웃이 기독교인이면 좋겠다.

강퍅한 내 마음을 깨뜨리자

내가 중동에 머물던 그 시절, "강퍅한 무슬림 영혼들을 위하여 전쟁도 일어나는 그 어려운 곳에서 사역하시느라 얼마나 수고가 많으세요…!"라고 내게 말을 걸어오던 이들이 있었다. 그럴 때면, 나는 정색을 하고 차가운 반응을 보이곤 했다. "아니요, 별로 그렇지 않습니다…". "죄송해요. 중동 지역에 있으시니 편지도 마음대로 보내드릴 수가 없어요. 혹시나 보안에 문제가 되는지 조심스럽기도 하고 사실 번거롭거든요…" 하며 조심스럽게 소식을 전해오던 이들이 있었다. 이럴 때면 나는 대답했다. "마음대로 쓰세요. 괜찮습니다" 모국을 방문하였을 때 나눈 대화의 한 대목이다. 이슬람 지역에서 선교한다는 이유만으로도 인정을 해주는 교회 분위기가 이해는 되지만, 안타까웠다.

무슬림이라고 기독교인과 비교하여 유달리 강퍅하지도 않으며, 선교 보안도 지킬 수 있는 것, 지켜야할 것이 있지만, 이 보다 지킬 필요가 없는 것

들, 과장된 것이 더 많다. "강퍅한 현지 영혼들의 마음이 열리도록 기도를 부탁한다. 무슬림 한 사람이 돌아오기가 이렇게 힘이 듭니다." "성령님께서 역사하셔서 무슬림들의 강퍅한 마음을 녹여주시고 복음에 대해서 마음 문을 열어주시도록" 이런 식의 이야기를 종종 듣는다.

굳건한 마음의 편견의 벽

그러나 사실 뒤집어보면 사역자 자신이 전하는 복음 때문이 아니라 전하는 자세나 방법에 문제가 있는 경우가 많다. 나는 기독교 선교사들이 말하는 무슬림들의 거부감에 대한 해석에 적잖은 이견을 갖고 있다. 무슬림들이 보인다는 거부감은 예수를 믿지 않겠다는 의지적인 거부로 읽히지 않는다. 예수를 어떻게 잘 믿느냐는 절박한 삶의 고민을 두고 펼치는 이른바 구도여정의 고민으로 보고 싶다. 이것을 두고 강퍅한 무슬림 영혼 운운하는 것은 무리한 해석이라 생각한다. 아랍 현지 무슬림들 중 상당수는 기독교가 보여준 다양한 부정적인 모습과 그 결과들을 온 몸으로 겪으며 살아왔다. 그래서 생긴 경험된 거부감이 예수가 아닌 기독교인이 되는 것에 대한 두려움과 부담으로 다가오기도 한다. 아울러 사탕발림으로 자신의 영혼을 빼앗으려 한다는 낯선 이방인에 대해 진정성을 받아들일 수 없어서 그 하는 말에 귀 기울이지 않으려고 애를 쓰기도 한다. 자신의 책임을 인정하기보다 상대방의 완악함과 강퍅함을 지적하는 것이 더 쉬워 보인다. 낚시 실적이 저조하다고 물고기가 강퍅하여 미끼를 물지 않는다고 푸념을 늘어놓을 필요는 없다. 선교지 영혼들이 닫혀있는 것이기 보다 내 자신의 마음이 닫혀있는 경우가 더 많다.

'이슬람 지역에는 음란의 영, 분열의 영, 거짓의 영, 미혹의 영 등이 가득하다'고 말하는 이들을 종종 본다. 이들은 '미혹의 영에 사로잡힌 무슬림들이 완강하게 복음을 거부하고 있다'고 주장한다. 이런 이들의 목소리와 주장에 생각보다 많은 이들에게 영향을 끼치고 있다. 그 말만 듣다보면 정말 그렇게 느껴진다. 이슬람 세계에 복음의 진보가 잘 드러나지 않는 이유를 이런 영들의 방해공작으로 설명하려고 애쓰는 이들이 있다. 그러나 이런 시각과 그 주장들은 사실 확인이 필요한 부분들, 사실과 무관한 일방적인 추론과 주장인 경우가 많다.

내가 '지역 영'이나 영적 대결 같은 개념 자체를 완전히 부정하는 것은 아니다. 그러나 차분하게 그 주장을 짚어보면 얼마든지 다른 판단이 가능하다는 말이다. 유럽이나 미국 등 이른바 기독교 문화권으로 표현되는 지역의 음란 문화는 중동의 음란성에 비교될 바 아니다. 유럽과 미국의 음란의 영을 어떻게 설명할 것인가? 알다시피 미국이나 유럽은 기독교 문명권이라 말하지 않는가? 이슬람의 영향을 받은 영으로 설명할 수 없다.

굳이 거짓과 분열, 미혹이 아랍 이슬람 지역외의 다른 지역에도 얼마든지 존재한다. 어떤 점에서는 그 정도가 더 강하게 다가온다. 이것도 이슬람의 영의 영향이라 규정할 수 없다. 이슬람 세계를 비판하기 위하여 사용되는 잣대를 우리 사회에도 적용하는 겸손함이 필요한 듯하다.

낚시 나간 낚시꾼이 그날 고기를 잡지 못한 이유를 두고 '저 목이 곧고 강팍한 물고기 때문이다'고 항변한다면 말이 되지 않는다. 낚시꾼은 고기를 탓하지 않는다. 프로 낚시꾼은 자기를 돌아볼 줄 안다. 타문화권 사역자는 프로여야 한다. 프로는 남 탓을 하기 보다 자신을 돌아보는 용기가 필요하다. 복음의 진보가 무딘 것이 그들 탓이 아니라 우리 책임으로 보는 용기를 가져본다.

합리적 의심을 향한 용기

하나님의 선교를 경험하기 위해서는, 나는 엉뚱한 것이 필요하다고 생각한다. 그것은 힙리적 의심의 용기이다. 뜬금없이 '합리적 의심'을 강조하는 이유가 있다. 그것은 내가 들은 것, 내가 배운 것, 내가 본 것, 내가 알고 있는 것도 의심해보자는 것이다. 그때는 그것이 옳았다고 해도, 저 곳에서는 그런 사실이 맞다고 하여도 다른 곳, 다른 시기에는 그것이 사실이 아닐 수 있음을 받아들이는 것이다. 그러나 우리는 들어보나 마나야, 가보나 마나야, 해보나 마나야 하는 식의 '선입견' 이나 편견에 더 크게 갇혀있다. 이것을 무너뜨려야 한다는 것이다. 무슬림을 향한, 이슬람 세계를 바라보는 나의 시선은 그런 점에서 어떤 근거에 바탕을 둔 시선인지 내 스스로에게 물어봐야 한다. 만약 분명한 근거없이, 들었다, 배웠다, 봤다, 읽었다는 것밖에 근거를 찾을 수 없다면, 다시 또 물어봐야 한다. 내가 확인하는 것이 정말 사실일까?

그 합리적 의심은 사실 기독교인의 성경읽기에도 필요하다. 묘하지만, 성경은 중동을 배경으로 중동에서 벌어진 일과 중동 사람들의 이야기를 담고 있다. 그들과 만나고 이야기하고 다투고 마음 상하고 기뻐하고 즐거워하신 하나님의 이야기이다. 그런데도 성경을 읽으면서 중동이 떠오르지 않는다. 이상스러운 일이다. 중동 뉴스를 접하면서도 성경이 전혀 다가오지 않는다. 안타까운 현실이다. 요단강 두고 요르단을 모른다거나 애굽은 알돼 이집트는 성경에 안 나온다고 강변하는 일은 사라졌으면 좋겠다.

성경을 읽을수록 중동이 다가오고, 아랍 세계, 아랍 문화, 아랍인과 무슬림들이 더 가깝게 다가오면 좋겠다. 성경을 중동이라는 공간 속에서, 다양한 시대를 거쳐 오면서 일하신 하나님의 이야기로 바라보면 좋겠다. 성경이 묘사하고 있는 성경 밖 성경의 땅과 그 사람들에 대한 관심으로 발전하면 좋겠다. 성경은 성경의 땅 중동과 그 땅에 지금도 살아가고 있는 다양한 이들을 바라보도록 돕는 '창'이다. 성경의 창을 통해 성경의 땅의 사람들을 만나고, 중동을 바라보면서 성경, 하나님의 마음을 깨달으면 좋겠다. 출애굽을 이야기하면서 자연스럽게 지금의 이집트, 이집트인에 대한 관심이 회복되고, 수로보니게 여인의 이야기를 마주하면서 레바논 남부 지역이 다가오면 좋다. 바벨론 포로시기를 다루면서 이라크와 이란이 이야기 주제가 되면 좋겠다. 더 이상 성경과 성경의 땅이 단절되어 있지 않았으면 하는 바람이다. 성경 속 사람들과 지금의 중동 사람들이 분리되지 않았으면 좋겠다.

　더 이상 선교사, 선교사의 말, 선교단체의 주장에만 바탕을 둔 채 하나님의 선교를 평가하는 그런 시도가 사라졌으면 좋겠다. 무슬림을 그의 혈통이나 육정이나 사람의 기준으로 판단할 수 없다. 하나님의 구원 사역, 즉 선교도 그 지역이 닫혔느냐 안 닫혔느냐 기준으로 규정할 수 없다. 하나님은 그 한계와 제한을 넘어서서도 얼마든지 일하고 계시다. 중동은 성경의 땅이며 선교의 땅이다. 하나님의 말씀하시고 일하시는 현장 목격자로 우리를 부르신다. 지금 내가 머물고 있는 이곳도 동일한 부름의 자리이다. 눈을 들어 주변을 보라. 그리고 우리의 이웃으로 이리 자리하고 있는 이들에게 눈길을 주라. 그리고 목격하라. 하나님의 일하심을. 기대하라. 나의 편견이나 고정관념 그 너머에서 일하시는 하나님을 마주하자.

하나님의 특종 사냥에 나서자

한국 안팎에 흩어져 살고 있는 우리들은 뉴스를 통해서 우리가 살고 있는 세계 안팎을 들여다볼 수 있다. 내가 다니고 있는 학교나 살고 있는 동네 소식도 언론의 도움을 받아야만 알 수 있을 때가 많다. 언론은 특파원을 특정 지역에 보낸다. 요즘은 특정 지역에서 직접 사람을 선발하여 자사의 특파원으로 활용하곤 한다. 어떤 형태의 특파원이든 그는 그가 임명받은보 냄받은 곳에서 일어나는 일에 대해 증인의 역할을 하고 있다. 그는 자신의 사생활을 알리는 역할이 아니라 그 땅 그 사람들 사이에 일어나는 일에 대하여 알리는 책임을 수행하고 있다. 특파원은 물론이고 신문, 방송과 언론인은 이른바 특종을 기대한다. 가장 먼저 아니면 다른 누구보다 먼저 어떤 가치 있는 사실을 보도하는 것을 특종이라 말한다. 요즘은 '특종'에 해당하지는 않지만, 그렇게 표현하기 조금 뭐한 경우 '단독보도'라는 표현을 즐겨 사용한다. 특종은 첫 번째 증인으로 관련 뉴스를 처음 증거보도하는 특파원이나 기자들이 누리

는 명예이다. 첫 번째 증인의 첫 번째 증거가 가치 있다는 것이다.

취재현장에는 뉴스메이커가 있다. 아니 뉴스메이커가 있는 곳에 취재현장이 펼쳐진다. 특종을 사냥하기 위해서 그렇다. 뉴스메이커는 주가를 올리고 있는 연예인일 수도 있고 사회에서 이슈가 되고 있는 일이나 사건에 연관된 정치인이거나 일반인 일수 있다. 이들의 움직임을 담아내기 위하여 심지어는 파파라치나 스토커까지 등장하기도 한다. 가능한 수단을 다 동원하여 줄을 대려고 애를 쓰기도 한다. 별것 아닌 사생활에 얽힌 사소한 것까지 뉴스꺼리가 된다. 어떤 경우는 재탕 삼탕되는 뉴스 같지도 않은 뉴스도 있다. 내가 경험한 중동의 취재 현장도 비슷했다.

이런 언론의 특성들을 생각하며 그리스도의 증인된 우리들에게도 비슷한 역할이 있음을 생각한다. 믿는 우리 모두는 그리스도의 증인이다. 우리의 증인된 삶을 통해 사람들은 하나님을 알게 된다. 증인이 없으면 증거가 확인되지 않는 것처럼 우리들의 증인된 삶은 하나님의 살아계심과 하나님의 일하심을 알리는 좋은 매개이다. 사람들이 증인된 우리들이 있음에도 하나님을 모른다면 그것은 증인된 우리가 증거하는 삶을 제대로 살지 못하고 있다는 반증일 것이다.

그러면 증인의 증거하는 삶은 무엇일까? 그것은 그리스도께서 우리에게 나타나신 일과 우리에게 보여주시는 일들을 알리는 삶이다. 그런 점에서 증인된 우리들이 증거하여야 하는 것은 그리스도이다. 그리스도께서 우리를 통해 자신의 삶과 자신의 마음을 알리도록 우리를 선전증거하는 자로 부르신 것이다. 이런 점에서 우리 모두는 하나님의 수행 공보관이라 할 수 있다. 수행공보관은 자신이 윗사람으로 섬기고 있는 인물의 동정을 잘 알리는 책임을 지고 있다. 하나님 나라의 수행공보관인 우리들은 이른바 하나님 동정란을 채우는 기본의무를 가지게 되는 것이다. 하나님이 하신 말씀과 행하심에 대하여 힘을 다해 알리고 선전하는 역할을 지니는 것이다.

세계 곳곳에 허다한 증인들이 있음에도 우리가 접하는 하나님 동정란은 묵은 이야기만이 재탕된다. 특별히 이슬람 세계, 무슬림과 연관된 영역에서는 재탕되는 이야기조차 그다지 존재하지 않는다. 하나님은 지금도 나를 부르신 곳, 나를 보내신 곳에서 말씀하시며 일하시지만 나는 그것을 보지도 알지도 듣지도 못한다. 때문에 보도도 증거도 하지 않는다. 이런 나로 인해 하나님의 동정란은 업데이트가 이뤄지지 않는 것이다.

내가 만난 하나님은 언제적 하나님인가? 내가 가끔 증거하는 하나님은 또 언제 어떤 일을 하신 하나님이신가? 내가 보도하는 하나님 동정은 내가 직접 경험한 것인가? 아니면 남의 것 우려먹는 것인가요? 사람들은 짜깁기 뉴스에 도전을 받지 않는다. 하나님 나라의 수행공보관이며, 특파원인 나는 내게 주어진 하나님 동정란을 어떻게 채우고 있는가? 나로 하여금 가장 먼저 목격하게 하시는 하나님의 일하심을 특종보도^{간증}한 경험은 언제였는가?

타문화권 선교현장에 살고 있는 소수의 직업 선교사들과 그리스도인들이 마주하고 있는 이슬람 세계와 다문화 사회를 살고 있는 많은 이들이 마주하고 있는 다양한 무슬림과의 만남의 현장에서, 하나님의 수행공보 비서관^{증인}인 우리가 특종을 내지 못하고 있다면 그것은 하나님을 수행하지 않기 때문일 것이다. 내가 지금 이 자리에서 일하시는 하나님에 주목하지 않기에 마땅히 알려져야 할 하나님의 아름다운 일이 파묻히고 있는 것은 아닌지 모를 일이다. 수행공보관의 역할을 제대로 못하고 있는 나를 아직도 그 직책을 주고 계신 하나님의 기다리심에 이제는 부응하여야 할 것 같다.

하나님은 하나님 자신이 뉴스메이커이시다. 날마다 새 일을 행하시는 분이시기 때문이다. 그 분의 일하심을 목격하는 특권과 의무를 가진 첫 증인들로서 우리의 삶이 펼쳐지면 좋겠다. 하나님은 지금 우리에게 따끈따끈한 특종 뉴스를 안겨주고 계시다. 이슬람 세계와 온 세상에 흩어져 살고 있는, 우리 곁에도 이웃으로 자리하고 있는 수많은 무슬림 가운데서도 일하시는, 뉴스메이커되신 하나님의 업데이트된 특종 뉴스를 마음껏 확인하자. 그 하나님의 생생한 현장 이야기 특종을 낚는 하나님나라의 증인으로 여러 모양으로 여러 곳에서 살아가자.

"이슬람권에서의 집단 회심은 이미 마련되어 있다. 이미 온 세상에 흩어진 무슬림들 가운데 하나님의 일하심이 가득하게 넘치고 있다" 이런 주장에 어떤 이들은 거부감을 느낄 수도 있고, 설마 그럴까 하는 의구심도 들 것이다. 그러나 이것은 사실이다. 이슬람 세계의 내면을 냉정하게 살펴본다면 그 곳에도 사람들이 살고 있다는 사실을 새삼 발견하게 될 것이다. 하나님께서 창조하시고 섭리하시는 우리와 같은 성정의 또 다른 우리의 이웃들이 있음을 보게 될 것이다.

변화하는 시대에 개혁과 개방의 큰 물결 가운데 처해있는 그 세계, 그 안에도 우리와 동일한 고민과 삶의 자리를 지켜가는 이들을 만나게 될 것이다. 무엇보다도 그 땅의 속 깊은 이야기를 전해주는 현대판 라합들의 이야기는 우리들에게 하나님의 마음을 전해줄 것이다. 하나님께서는 2천 년 전 예수 그리스도에 전혀 관심도 없었던 동방박사오늘날의 이라크와 이란 지역 어디에 살고 있었을들을 불러내셨다. 해 뜨는 곳으로부터 해지는 곳 까지 그 분의 일하심을 밀착취재하는 마음으로 그 땅을 밟아보자.